浅川公紀
Asakawa Koki

戦後米国の国際関係

Franklin D. Roosevelt
Harry S. Truman
Dwight D. Eisenhower
John F. Kennedy
Lyndon B. Johnson
Richard M. Nixon
Gerald R. Ford, Jr.

武蔵野大学出版会

はじめに

二〇〇九年一月二十日、米国の首都ワシントンのナショナル・モールは百八十万人以上と言われる空前の大群衆に埋め尽くされた。歴史的なバラク・オバマ米大統領の就任式を一目見ようと全米各地から集まってきた人々だ。

アフリカ出身の父親と白人の母親の混血として生まれたオバマだが、米国では黒人とされる。米国史上初めての黒人大統領の誕生だったが、この就任式典にはそれ以上に意味合いが込められていた。

米国建国の歴史は、独立宣言で「すべての人間は平等に造られている」と唱えながら奴隷制を維持するという矛盾を秘めて出発した。この矛盾はその後、十九世紀半ばの南北戦争、その百年後の一九五〇年代から六〇年代にかけて全米社会を揺るがした黒人公民権運動と米国史における多くの紆余曲折を生んだ。首都ワシントンが建設される時、議事堂の基礎を据えるために黒人奴隷が駆り出され酷使されたが、黒人奴隷の汗と涙で建設された議事堂の西側で白人、黒人、黄色人種が見守る中で黒人が大統領に就任した。

黒人公民権運動の指導者マーチン・ルーサー・キング牧師は一九六三年八月二十八日にワシントンのリンカーン記念堂前で行った演説で、こう訴えた。

私には夢がある。いつの日にか、ジョージアの赤土の丘の上で、かつて奴隷であった者たちの子孫と、かつて奴隷主であった者たちの子孫が、兄弟として同じテーブルに向かい腰掛ける時がくるという夢が。……私には夢がある。いつの日にか、私の四人の幼い子供たちが肌の色によってではなく、人となりそのものによって評価される国に住む時が来るという夢が。……もし米国が偉大な国であるのなら、これは実現されなければならない。

その演説から約四十五年間を経て、この夢は最も劇的な形で実現された。オバマが二〇〇八年大統領選挙に立候補した時、この大統領選で黒人大統領が誕生すると本気で信じていた人はほとんどいなかった。その不可能を可能にした米国。米国民、さらには世界各国の国民は、この出来事の中に、権力を持つ一握りの為政者の意思が専ら反映される政治体制ではなく、草の根の国民の意思が反映される政治体制として米国の民主主義の偉大さを見た。そこに米国の不死鳥のような活力を感じ取る人々も少なくなかった。

米国の大統領という地位は、権力、影響力の大きさでは比類ないものである。米国は依然として、軍事力、経済力、政治的影響力、文化的影響力など多くの面で世界最強の国だ。米国憲法が国民を直接代表する連邦議会を国権の最高機関としているとは言え、全米国民の過半数の支持を得て選出され、軍の最高司令官として、行政府を統括する大統領の権限は、絶大なものである。大統領の人柄と態度、さらには外交政策により、世界の米国に対する見方、態度が大きく変化する。ジョージ・ブッシュからバラク・オバマへと政権が移行する中で、国際社会の米国観が激変したことを見ても、それは明らかである。しかし大統領は権力だけを引き継ぐのではなく、米国の民主主義の伝統を引き継ぎ、その伝統の基礎になっている憲法をはじめとする法体系、その背後にある建国精神をも引き継ぐ。

本書は、米国の第二次世界大戦以後の歴代大統領の外交政策に焦点を当てた。第二次大戦の連合国の勝利とともに、米国は名実ともに世界一の超大国になった。また冷戦時代が始まるとともに、米国はソ連圏諸国と対峙する自由主義諸国の指導国家の立場に立った。米国の力が世界平和を維持しているという見方がまかり通る「パックス・アメリカーナ」の時代の始まりでもあった。戦後の米大統領の権限と世界的影響力は、それまでになく大きなものになった。戦後の世界史は世界最大の権力者となった米大統領の外交政策抜きには語ることができない。

米国の外交政策、それを支えるホワイトハウス、国家安全保障会議などの政治システムは、その時々の大統領の個性を反映しつつ、進化してきた。その進化の過程には、大統領と議会、大統領と取り巻く側近や顧問、マスコミ、一般大衆など多様なステークホルダーが相互に影響を及ぼしながら変化を生み出してきた。米国が世界情勢に及ぼす影響はきわめて大きいものがあるが、予期せぬ世界情勢の変化が大統領やその外交に無視できない影響を及ぼしてきた。ソ連崩壊、九月十一日の米同時多発テロなどはその比較的最近の例である。米大統領の外交政策、それを実行する政治体制は、米国の民主主義の伝統を維持しつつ、今後も進化を続けてゆくだろう。その将来を展望するうえで、本書が何らかの判断材料を与えることができれば幸いである。

なお、各大統領のプロフィールの生い立ちの部分に関しては、ウィキペディアを含む公表された情報をその正確さを確認できる範囲で参考にさせてもらったことをお断りしておきたい。

本書を出版するにあたり、企画から刊行にいたるまで直接ご苦労を御願いした武蔵野大学出版会の芦田頼子氏には、献身的ご理解とご助言を頂いた。ここに記して感謝申し上げたい。

二〇一〇年秋

浅川公紀

戦後米国の国際関係──［目次］

chapter 3

核時代の到来——78

ドワイト・D・アイゼンハワー Dwight D. Eisenhower

Contents ◉

chapter 4

キューバ危機への対応

Contents

chapter 7 人権外交の推進——210

ジミー・E・カーター James E. Carter, Jr.

chapter 8

新冷戦の展開

chapter 9

◉目次

chapter 12

chapter 1

Franklin D. Roosevelt

第二次大戦勝利に向けて

フランクリン・D・ルーズベルト Franklin D. Roosevelt

◉――唯一の四選大統領

第三十二代米国大統領（一九三三―一九四五年）フランクリン・デラノ・ルーズベルト（一八八二―一九四五年）は、米国史上三期以上務めた唯一の大統領であり、二十世紀国際関係史の中心人物の一人である。大恐慌を乗り切り、その後何十年にもわたって米国政府を支配する強力な政治連合を形成した。外交面では、第二次世界大戦で日独伊に勝利する軍事同盟を指揮した。

フランクリン・ルーズベルトは、第二十六代大統領セオドア・ルーズベルトとは従兄弟同士だったが、一九〇五年にセオドアの姪であったアンナ・エレノア・ルーズベルトと結婚、六人の子供をもうけた。ルーズベルトは一九一二年の大統領選でウッドロー・ウィルソンを支持し、ウィルソン当選とともに一九一三―

二〇年海軍次官を務め、一九二九―三三年ニューヨーク州知事を経て、三三年に大統領になった。ルーズベルトは一九三二年の大統領選挙戦で、「三つのR、救済（relief）、回復（recovery）および改革（reform）」で世界恐慌と戦うことを誓約し、その中でニューディール（新規まきなおし）の用語を造った。前任者のハーバート・フーバーは大きな政府、計画経済的な政策を進めたが逆効果になり、大恐慌を生み出す要因を作った。このためすこぶる評判が悪く、民主党から誰が出馬していても勝利したと言われたほどである。

ルーズベルトが大統領に就任する前、フーバー政権の末期頃から経済回復の兆候が現れ、それがあたかもルーズベルトの就任によりもたらされたかのように「ルーズベルト景気」と呼ばれるなど、運がよかった。第四十一代大統領ジョージ・ブッシュ政権が景気後退に苦労したが、その末期に経済回復基調に転じ、次のクリントン大統領がその恩恵を受けた。その状況に似ている。ルーズベルトのニューディール政策はフーバーが開始した計画の延長といってもいいもので、その成果は専門家の間では疑問視されている。ルーズベルトは米国の失業者が一三〇〇万となった一九三三年に経済ナショナリズムの強い風圧の下に、ニューディール復興計画を発表した。ルーズベルトは突然ロンドン経済会議合意を反故にし、米国は今後「単独主義政策によって国内の景気回復に努める」ことを示した。[1] 米国経済が大恐慌から立ち直り、大きな経済発展に転じたのは、ニューディール政策というよりも、第二次世界大戦により生じた軍需による戦争景気がより大きな原因になったと見られている。

ルーズベルトは国内経済を立て直す時間がほしかった。加えて顧問、とくに「ブレイン・トラスト（ニューディール政策を展開した大統領顧問団）」を率いていたコロンビア大学の経済学者レイモンド・モーリーや農業経済学者ジョージ・ピークらは、このニューディールを世界の政治経済問題から隔離した状況で遂行するのがベストだと考えていた。ルーズベルトは一九三三年三月四日、議会で「われわれが恐れるものはただひとつ、恐れそのものだけである」と宣言してニューディールを始動させたが、新しい外交は始動しなかった。[2] 一九三九年九月に欧州で第二次大戦が始まるとともに、米国内におけるニューディールや不況をめぐる論議も影が薄くなった。欧州で大戦が始まったが、米国は当初中立政策を採っていた。ルーズベルトは何よりもまず内政に関心があり、ナチズムや全体主義に対抗して海外に介入したいという願望は抱いていなかった。当時欧州戦線でナチス・ドイツに押されていた英国のウィンストン・チャーチル首相、蒋介石総統夫人で米留学経験のある宋美齢が、数度にわたりルーズベルトに第二次大戦への参戦を訴えていた。しかしルーズベルトは米国の権益、領土に影響が及ばない欧州戦線での参加は望んでいたが、米国の領土ハワイ、植民地フィリピンなど米国の領土に直接被害が及ぶ可能性の高い日本との開戦には消極的だったとされる。

◉——孤立主義から国際主義へ

ルーズベルト大統領は一九三〇年代を通じて、議会の中立政策に迎合し孤立主義的な外交政策を取った。一九三九年九月三日にルーズベルトは「米国は今後も中立であり続けるだろう。しかしすべての米国民に同様に中立な考え方をするよう頼むわけにはいかない」と発言している。[3] 一九三〇年代後半には中立が再考されるようになる。一九三〇年代初頭、米国は欧州の争いから身を守り、かたくなに中立を保とうとした。小説家トマス・ウルフを初めとする大方の米国人はヒトラーとその「残忍なビールをがぶ飲みする人々（people）」に強い反感を持ったとはいえ、自滅に向かっているような欧州大陸とは一線を画そうとした。[4] 英国とフランスが自分たちの縄張りでドイツの侵略に対処できないというなら、米国は両国のために仕事を引き受けることなどできないという考えである。

米外交は一般的には相対する二つの方向、つまり孤立主義と国際主義との緊張という関連から論じられることがある。ハンス・モーゲンソーの言葉によれば、今世紀（二十世紀）の米外交は無差別な孤立主義と同じく無差別な国際主義との両極端の間を行きつ戻りつある傾向を示している。[5]一般的にはこの二つの立場は、あるときは無差別に介入し、あるときは無差別に抑制するという全く異なった外交と認識されている。米国の初期の植民地時代の指導者は国際的精神に富んでおり、この点を強調すれば、米国は基本的に国際主義の国である。米国は移民の国であり、移民の祖国である英国、スペインなどの欧州諸国、中国、ロシアなど世界に常に関心を持ってきた。米国のアジアへの関心も十九世紀以来高まっていた。それから考えると、この第一次大戦と第二次大戦の間の孤立主義的期間は例外的であったと言えるかもしれない。

それが転じたのは、一九四〇年代になって大西洋で米艦が撃沈され、四一年十二月七日に真珠湾攻撃が行われ、その四日後にドイツとイタリアが宣戦布告をするようになってからである。両大戦間の米国は戦争とは一線を画し、対外軍事介入を縮小し、国際関係において独自の決定を下す自由を保持しようとしてきた。これは、「孤立主義」より「独立国際主義」とも表現されるが、国際的には積極的だがその行動は他国から独立しているという米国のやり方を巧く言い表している。[6]もっとも孤立主義という言葉は米西戦争後の一九〇〇年頃に使用され始めたが、広く用いられるようになったのは、一九一四年に米国が第一次大戦に参戦し西半球の出来事に介入するかどうかを巡る論争の時代になってからだった。ただ、建国以来孤立主義が存在してきたことは厳然たる事実であり、程度の差こそあれ、第二次大戦後もこの傾向が存在してきたことも事実である。この思想の源は初代大統領ジョージ・ワシントンの告別演説である。ワシントンは告別演説で、次のように語っている。

欧州にはきわめて重要な利害関係がある。それはわれわれには全然関係がないか、あったとしてもきわめて縁遠いものである。そこで欧州はしばしば紛争を起こさざるをえないが、その原因は本質的にわれわれの利害とは無関係である。……わが国が海を隔てて遠く離れた位置にあることは、われわれに欧州とは異なった方向をとらしめるものであり、またそれを可能ならしめる。……このような独自の立場の利益を、どうして棄てることがあろうか。どうしてわが国自体の立場を見捨てて、外国の立場を主張する理由があろうか。またどうしてわれわれの運命を欧州のどこかの国の運命と絡み合わせて、わが国の平和と繁栄を欧州の野望・抗争・利害・むら気・気まぐれの争いにもつれ込ませることがあろうか。

ワシントンはその演説で、「海外のどの地域であろうと、永久的な同盟を結ぶのは避ける」よう米国民に力説し、「欧州は重要な利益を一式持ってはいるが、われわれにとっては何の関係もない地域であり、よしんばあったとしても非常に遠い関係でしかない」と主張した。

以来、孤立主義は米外交政策の伝統として見え隠れしてきた。米国は海外への政治的介入をしてはならないという信念は建国の当初においてすでに存在していたが、それは独立戦争の必然的帰結であったとも言える。すなわち、十八世紀末に確立されたこの信念は決して消極的意味あいを持つものではなく、むしろ積極的に独立宣言の革命的な原理を象徴している。国家の指導者は、単に英国の政治支配からの自由を求めただけではなく、「長期にわたって一連の権力の乱用と簒奪が行われ……人類を絶対的な専制政治のもとに従わせようとする」一切の政府からの自由を希求した。そして、彼らは意に反してしばしば欧州の紛争に巻き込まれた経験から、未だ脆弱な祖国が、欧州列強間の権力闘争に引きこまれることのないように細心の注意を怠らなかったのである。一七七八年、米仏同盟条約が締結されたが、これとてもワシントンが中立を宣言し、事実上米仏同盟を無効のものとして取り扱うことによって決着がつけられ、大事には至らなかったのである。

建国の父達は、何よりもまず米国がそれ自身の足で一人立ちする緊急の必要性を認識すると共に、もし米国が独立の前提条件である国民的統合を達成しようとするならば、その場合に最も重要なことは、海外の紛争に巻き込まれるのを断固回避することである、と判断するに足る現実的叡智を備えていたのであった。[7]

ウォルター・リップマンが述べているように「米国は決して欧州でいう意味の中立ではなかった。きわめて積極的な外交政策を常に持っていた。その中心的目的は、大西洋の海岸から大陸を横断して太平洋へ膨張することであった。その意味での米国の外交政策は、十八世紀の半ばから十九世紀を通じて絶えることがなかった」[8]

米国はフィリピンを併合し、マニラ近郊に海軍基地を建設して、アジア太平洋地域では海洋国の立場を強めていった。米国は太平洋地域の覇権をめぐって日本と対立しやすい立場にあったが、ルーズベルトは日本との対立が深まるのを阻止する措置を講じなかった。カリフォルニア州は一九〇六年から一九〇八年にかけて日本人移民の入植を阻止する人種法を施行し、日本からの大量移民を抑制した。このため日本は中国に目を向け、一九一五年には中国の保護国化を試みるに至ったが、そこでも中国の守護者を任ずる米国と対立するようになった。

日本は英国と日英同盟を結んでいたが、欧州諸国はこれが日本を制御するうえで有益だと考えて支持していた。しかし米国は日英同盟には反対で、太平洋地域における同盟国で日本を選ぶか、米国を選ぶかを英国に迫ったりした。

一九二二年に米国が主導してワシントンで海軍軍縮会議が開かれたが、そこでは現存軍艦の大量廃棄、三万五〇〇〇トン以上の軍艦の新規建造禁止、英国・米国・日本の主力艦比五・五・三の設定などが合意され、主力艦比を日本にのませるために米国と英国がシンガポール以北、ハワイ以西で主力艦隊の基地建設を断念する旨が約束された。この結果、日本は米英のアングロサクソンが結託して日本を排除しようとしていると考えるようになり、日本と米英との対立を深めることになった。また会議の結果、太平洋で英国、フランス、オランダの領土が攻撃されても、米艦隊がすぐに救援にかけつけることが事実上困難になった。

これは日本の西太平洋への進出を促すことになった。ワシントンで調印された条約は基本的にはアジアの現状維持を認めることになった。日本は地域の優越を保持し、他の国々は大規模な海軍を建造し費用のかかる防備施設を造らないことには日本に挑むことはできなかった。地政学上、ラテンアメリカで米国が有利に働いたように、アジアでは日本に有利に働いた。米国は議会が資金援助する意志がなかったため、海軍力で優位に立つ可能性を断念した。ある外交官は「空想の海で幽霊船が走っている」と述べている。[9] 脆弱なフィリピンは米国が暫定的に保護することになり、日英同盟は破棄された。

フーバー政権時の一九三〇年にスムート・ホーリー法が制定され、日本の輸出の一五パーセントを占める対米貿易が壊滅的打撃を受けるようになった。大統領は同法に拒否権を行使しなかった。同じく一九三〇年には米国主導で、平和維持を名目にロンドン軍縮条約が締結され、日本は不本意ながら条約に署名した。しかしこれにより日本の欧米からの離反は決定的になり、日本で軍政を掌握していた軍部は独自路線を歩む決意を固め、一九三一年に満州占領、一九三三年に国際連盟脱退と動いていった。

◉――中立法制定から武器貸与法成立へ

ルーズベルト大統領就任後、日米関係は悪化の一途をたどった。一九三三年六月にロンドンで世界経済会議が開かれたが、ルーズベルトは七月三日合意を反古にし、孤立への道を歩んでいった。ルーズベルト政権下の米国では、腐敗した欧州から米国を切り離そうとする衝動が顕著になり、一九三五年から三九年にかけて議会を中心に幾度も中立法が承認された。中立法は米国の中立を維持することに主眼があったが、侵略国と被侵略国を区別せず、両方を単に「交戦国」と見なすことによりそれを達成する特徴を持っていた。それまでは米国は行政府に交戦国を道徳的に区別する権限を与えていたが、その方針の転換を意味した。

反戦感情のもっとも明確な表明が中立法制定である。[10] 最初の中立法は一九三五年八月三十一日、イタリアの五月のエチオピア攻撃のあとに制定され、交戦国への武器禁輸を宣言する権限、交戦国船舶で米国人が旅行する場合もそれは個人の責任であり米政府は関知しないと宣言する権限を大統領に付与した。翌年の一九三六年二月に制定された中立法には、交戦国に対する借款供与が禁止項目に加えられた。スペイン内乱が一九三六年七月に勃発して中立法の内戦状況への適応に限界があることが判明すると、議会は一九三七年一月に内戦のどちらにも武器供与を禁止する決議を採択した。さらに一九三七年五月一日には対外戦争と内戦の両方に適用される中立法を制定し、その中で米国民が交戦国の船舶で航行することを禁止した。これらの中立法を実際に運営するうえでは大統領にかなりの裁量権が与えられていたが、ルーズベルトはそれをあえて行使しなかった。英国などから、米国が欧州やアジアで全体主義国の侵略から自由を守るよう働きかけがあったが、ルーズベルトは動こうとしなかった。

中立法以外にも、米国が第二次大戦に参戦するには障害があった。第一次大戦の結果、欧州連合国は米国に対する戦争債務、連合国相互間の戦争債務を課せられていた。一九三一年春には世界恐慌の影響で、欧州諸国が債務を払い続けるのは不可能な状況になっていた。一九三四年時点で米国の債権は二二〇億ドルに達していた。一九三四年四月には議会がジョンソン債務不履行法を制定した。同法により米国が戦争債務不履行国に金を貸すことが禁じられた。

一九三九年十一月には新たに制定された中立法により、現金取引、自国船による輸送を条件として、交戦国が米国から軍需物資を購入できる道が開かれた。これは米国が不慮に戦争に巻き込まれないようにするとともに、英国などを有利にする配慮を込めた法律だったが、英国などが外貨不足に苦しみ、債務不履行法で米国からの借款の道がブロックされた状況で、困難は続くことになる。

欧州でフランスが一九四〇年六月にドイツに降伏し、全体主義と戦う欧州国が英国だけという状況になった。ここに至ってようやくルーズベルトは議会を説得して、一九四一年三月に債務不履行法と一九三九年中立法を空文化する武器貸与法を成立させた。同法は、当該国の防衛が米国防衛に不可欠だと判断すれば、議会の予算支出に基づいて武器など軍需物資を付与する権限を大統領に与えるものだった。

ギャラップ世論調査によると国民の二人に一人以上が武器貸与法を支持していた。一九四一年三月議会は、上院六〇対三一、下院二六〇対一六五で本法案を制定した。最初の歳出割当は七〇億ドルだったが、最終的には五〇〇億ドル以上に膨れ上がり、そのうちの三一〇億ドルが英国に流れた。この制定により米国が同盟国側の勝利にコミットしたのは明らかで、歴史学者トーマス・A・ベイリーはこれを「非公式の宣戦布告」と呼んでいる。[11] しかし一九三〇年代後半の一連の中立法で米国の大戦への介入が遅れ、多くの犠牲が出たことは間違いない。北大西洋で米艦がドイツ潜水艦と衝突を繰り返し、米駆逐艦ルーベン・ジェイムズが撃沈される事態になって初めて、議会は腰を上げ、一九四一年十一月十七日に中立法を修正し、米商船を使って交戦国まで船荷を輸送するのを承認した。

◉——対日宣戦布告

一九四一年七月、日本軍はフランス領インドシナに進駐した。ルーズベルトは七月二十六日、米国にある日本の資産をすべて凍結する対抗措置を講じ、日本が米国石油の供給を受ける道を閉ざした。日本は米国に対しては、四一年夏から秋にかけて戦争と平和の間を揺れ動いていたが、交渉による平和的解決の方向に傾いていた。日本は四一年十一月二十日、米国が一〇〇万トンの航空燃料を売却するなら全軍を南部インドシナから北部インドシナに撤退させることを約束する和平案をワシントンに送った。ルーズベルトはコーデル・ハル国務長官にこの和平案を真剣に検討するよう促し、前向きに交渉する回答を下書きにしていた。しかしチャーチルと蒋介石がこれに反対したため、回答は送られないままになった。そのうち日本軍がインドシナに上陸した知らせがワシントンに届き、怒ったルーズベルトがインドネシア、中国から日本軍の即時撤退を要求するノート（覚書）を、ハル国務長官を通じて日本に送った。これにより日本は戦争の決意に向かい、東南アジアに南進して英領マレーとオランダ領東インド諸島を占領して戦争遂行に必要なゴムと石油を確保するとともに、ハワイの米太平洋艦隊主力部隊を戦闘不能にする真珠湾奇襲作戦をあわせた壮大な軍事作戦を立てた。ルーズベルトは事前に奇襲を示唆する情報を受けていたが、それを無視した。マーシャル将軍もハワイの海軍基地は要塞のように堅固で、海上から艦隊による攻撃で突破するのは不可能として、攻撃の可能性を軽視していた。

一九四一年十二月七日ハワイ時間の午前七時五十五分（ワシントン時間同日午後一時二十五分）、日本機が真珠湾に奇襲をかけ、一時間後に第二波の攻撃を加え、二十九機を除いて九時四十五分までに空母に帰還し、日本側はほとんど損害なしで帰途についた。米軍はこの奇襲で、全空軍力の半分が破壊され、戦艦八隻、駆逐艦三隻、巡洋艦三隻が戦闘不能になり、二三二三人の軍人が戦死した。米国は非常に大きな衝撃を受け、ルーズベルト政権のそれまでの国論分裂が吹き飛び、挙国一致で太平洋戦争に突入することになる。

真珠湾攻撃の長期的打撃は限定されたもので、海戦の鍵となる空母と潜水艦は攻撃時出払っていたため攻撃を免れ、また戦艦も浅瀬に沈んだためすぐに引き上げられて修復された。このため、すぐに戦争に突入できた。ハル国務長官は十二月七日に駐米日本大使から覚書を受けたときに、「私は五十年にわたる公的生涯を通じて、かくのごとき恥知らずな虚偽と歪曲に満ちた文書は見たことがない。かくのごとき途方もない虚偽と歪曲を口にしてはばからない政府が、この地球上に存在するとは今の今まで想像だにできなかった」と返答した。

ルーズベルト大統領は議会の上下両院合同会議で演説し、十二月七日を「汚名とともに語り継がれる日」と宣言し、対日宣戦布告を行った。日本は東南アジアを併合し、フィリピンを占領する計画を成功させたが、その後は米国の反撃にさらされ、後退につぐ後退を余儀なくされた。暗号解読をはじめとする米国の情報戦における優位、米企業を動員した兵器増産態勢に裏付けられた補給が、米軍の進撃を助けた。大きな政府による経済への計画的介入を進めたニューディールから国家が最大の購入者で消費者にもなる戦時経済への移行は、きわめてスムーズに行われた。米国は空前の人的、物的動員態勢を取り、企業力を駆使した工場で、航空機二九万六〇〇〇機、戦車一〇万二〇〇〇台、船舶八万八〇〇〇隻を生産し、陸軍も増員されて一九四三年には兵員数は七〇〇〇万人を超えていた。大戦を通じて米国が動員した陸軍兵士は一一二六万、海軍兵士は四一八万、海兵隊員は六七万、沿岸警備隊員は二四万にのぼった。一九四二年五月七日から八日にかけてニューギニアに向かう日本艦隊が米空母に探知され、攻撃を受け大損害を被った。六月三日にはミッドウェー諸島に向かっていた日本艦隊が米軍の攻撃で、空母四隻、海軍航空兵力の精鋭を失い、日本は事実上太平洋の制海制空権を失った。

連邦議会で対日宣戦布告演説を行うルーズベルト（1941年12月）

さらに米国はドイツが原子力爆弾を先に完成させるのではないかという不安にかられ、アインシュタインなどのユダヤ系科学者の協力を得て、核兵器開発計画としてマンハッタン計画を開始した。一九四三年には原爆製造のための新しい研究所がニューメキシコ州ロスアラモスに設立され、プリンストン大学高級学術研究所長のロバート・オッペンハイマーが所長に任命された。関連最先端技術分野が六分野にわたり、一二万五〇〇〇人の労力、二〇億ドル近い費用が投入され、一九四五年四月に原爆を完成した。

◉——連合軍勝利への道

第二次大戦においては、一群の傑出した軍人が戦略面で重要な役割を果たし、また全世界の自由と民主主義を守り平和を確保する国際主義を米外交の基本に定着させることに貢献した。一九三九年から四五年まで陸軍参謀総長を務め、ナチス・ドイツを主敵とする欧州戦線を重視したルーズベルトの判断に影響を与えたジョージ・マーシャル将軍（一八八〇—一九五九）、欧州でのノルマンディ上陸作戦を含むオーバーロード作戦を総指揮したドワイト・アイゼンハワー将軍（一八九〇—一九六九）、西南太平洋方面最高司令官を務め、戦後日本占領地総督の役割を果たしたダグラス・マッカーサー元帥（一八八〇—一九六四）などである。

欧州戦線において、連合軍の勝利を決定的にしたオーバーロード作戦は一九四四年六月六日に実行された。ルーズベルトとハル国務長官はフランスの抵抗運動を指揮していたシャルル・ドゴールに対して懐疑的な見方をしていたため、オーバーロード作戦実行についてはその前夜までドゴールには知らせなかった。しかしフランスでドゴールが解放後の自由フランスの指導者として広く尊敬されており、ドゴールしかフランス抵抗運動のすべての分子に対して効果的にアピールし、連合軍の進攻を支援するその努力を結束させる指導者はいないことは明瞭になった。ドゴール率いるフランス軍は、四四年八月二十五日にフランスへの解放行進を指揮することを許された。戦争末期には、米英ソ三国がドイツの将来について決定する立場にあったが、ドゴールはフランスを含めて四カ国で決定するよう要求した。ドゴールは四四年十二月にモスクワを訪問し、ドイツを念頭に置いた仏ソ相互援助協定を交渉し、五十年間の歴史を持つ仏露同盟を復活させた。一九四五年二月のヤルタ会談への準備段階で、ドゴールは三巨頭に加わって会談に参加することを要求した。チャーチルは同意し、スターリンは中立だったが、ルーズベルトはこれに断固反対したためその意見が通り、ドゴールは不参加となった。

ルーズベルトはソ連とスターリンに対して非常に甘い認識を持っていたといわれる。それが戦後のソ連邦の拡張を許した。ルーズベルトのスターリンへの甘い認識は自身の進歩的自由主義のナイーブさもあったが、「ニューヨークタイムズ」紙などのいわゆる大手マスコミのソ連報道に影響されていた面もかなりあった。ニューヨークタイムズに掲載されるハロルド・デニー、ウォルター・デュランティなどの記事はスターリンを美化する内容のものが多く、ルーズベルトの判断を誤らせる大きな要因になったと見られる。しかし、ルーズベルトの政策は米政府内にかなりの対立をもたらした。とくに一九三〇年代のスターリンによる粛清が招いた不愉快な激情を綿密に観察し、スターリンの倫理観には与したくないと思っている国務省役人の反発を招いた。[12] それでもルーズベルトは一九四一年秋までにロシアに対し一五〇万ドル以上の援助を約束し、操り難い官僚機構を動かし、ロシアへの武器貸与の延長に対する議会の承認を得るというかなりの離れ業をやってのけた。[13] 武器貸与執行証書でルーズベルトは「ソビエト社会主義共和国連邦の防衛は合衆国の防衛に不可欠である」と断言している。[14]

英国のチャーチルはドイツ以上にソ連の脅威について認識し、ドイツを撃退するとともにソ連に対しても牽制する目を持っていたが、ルーズベルトはそうではなかった。むしろチャーチルを頑迷な保守主義者と見て敬遠するところがあり、スターリンに対しては米国の国務省や英国の外務省を介して関係するよりも、自分自身の個人外交で関係を深めようとした。与えることに徹し見返りを求めないノブレス・オブリージュの精神でもってスターリンに対するならば、スターリンもそれに応えてくれると信じていたふしがある。

ルーズベルトがチャーチルのように根っからのソ連嫌いでなかったことも重要な要素かもしれない。ルーズベルトは自身の並々ならぬ魅力で歴史に残るイデオロギー的大分裂を埋めることができると信じていた。ルーズベルトはやや傲慢気味にチャーチルに書いている。「私の方が、貴国の外務省やわが国の国務省よりも上手くスターリンに対応できると思うと言っても、率直な物言いに気を悪くされることはないと思う。スターリンは貴国の上層部全員をとことん嫌っていて、私に愛着を持っている。今後もそうあって欲しいものだ。[15]」チャーチルの言動は、海軍相を務めていた第一次大戦当時からずっと反ボルシェビキに徹していたが、ルーズベルトはそうした経験もなかった。もっとも、米国民の多くは、「ドイツが優勢ならロシアを助け、ロシアが優勢ならドイツを助けるべきだ。そして大いに殺し合いをさせればいい……」というハリー・トルーマン上院議員の意見に与していた。[16]ルーズベルトは大胆にもこう宣言している。「ロシア人は申し分なく友好的だと思う。ほかのヨーロッパ諸国や世界を食い尽くすつもりなんかない。[17]」

◉――ヤルタ体制の確立

一九四五年二月にソ連クリミア半島のヤルタで行われたルーズベルト、チャーチル、スターリンの首脳会談、いわゆるヤルタ会談はその表れだった。この会談で、第二次大戦後の戦後処理についてのヤルタ協定が結ばれ、米英仏ソ四カ国によるドイツの戦後の分割統治、ポーランドの国境策定、エストニア、ラトビア、リトアニアのバルト三国の処遇など東欧諸国の戦後処理が決められ、ソ連の東欧支配への道を開いた。それに併せて、米ソによるヤルタ秘密協定が締結され、ドイツ敗戦後九十日後の対日参戦および千島列島、樺太南部（サハリン）などの日本領土のソ連への割譲、満州の港湾と鉄道へのソ連権益などが決められ、北方領土問題など戦後の日本とロシアの間の領土問題を生み出した。このほか、その後正式に発足した国際連合の投票方式について、米英仏中ソの五カ国の拒否権を認めたのもこの会談で、国際連合の安全保障理事会常任理事国を中心とする国連体制の基礎が決められた。

ヤルタ会談・左からチャーチル（英国）、ルーズベルト（米国）、スターリン（ソ連）（1945年）

ヤルタ会談の結果、ドイツは三つのほぼ均等な大きさの区域に分割され、統治権が米英ソにそれぞれ与えられた。またルーズベルトは当初、ベルリンで三分割区域が交差するようにしてベルリンも均等に三分割し、三大国がベルリンに均等にアクセスをもてるよう提案した。しかし最終的には、ソ連がベルリンの東半分を統治し、西半分は米英仏で分割統治することで合意された。しかし実際には、四カ国のベルリンへのアクセス権にはほとんど注意が払われず、その結果ソ連の統治区域の境界線がベルリンの西方一〇〇マイル以上に位置することになり、ベルリンは実質的にソ連の統治下に置かれた。「この見過ごしは、その後多年にわたってベルリンを国際的摩擦の源にすることになった」[18]。

ルーズベルトがスターリンと極東に関する密約を交わしたのは、米軍が日本本土に近づくにつれて日本軍の抵抗が激しさを増していたことから、米軍の日本本土攻略における損害を少なくすることに関心を持っていたためである。ルーズベルトは、日本と中立条約を結んでいたソ連の対日参戦がこれに有効だと考えていた。スターリンはこのルーズベルトの弱みを見抜いて、対日参戦の代償として一連の領土、権益を要求し、ルーズベルトはこれを認めた。結果的には、米国が原子爆弾の開発に成功するとソ連の対日参戦は必要なくなり、ソ連軍が日本軍と戦ったのはわずか二日だけで、ポツダム宣言は専ら米英の独断で起草され、発表された。

ブッシュ大統領（四十三代）は二〇〇五年五月に、対独戦勝六十周年記念式典への出席のため欧州歴訪中、ラトビアで冷戦下の欧州をめぐる歴史認識に関して演説し、ヤルタ協定を東欧諸国における圧制を生むなどした諸悪の根源と非難した。また国際法は当事国が関与しない領土の移転は無効という条文があり、ヤルタ秘密協定による南樺太、千島列島のロシア領有は国際条約違反という批判もある。いずれにしても、ヤルタ会談以後の戦後体制をヤルタ体制と呼び、この会談を境に米国を中心とする自由主義陣営とソ連を中心とする共産主義陣営の間で本格的な東西冷戦が始まったとされる。

◉――国際機関の創設

国際連合に関しては、チャーチルやスターリンが第二次大戦後に平和と安全を維持する国際機関の創設にそれほど大きな関心を持っていなかったのに対して、ルーズベルトは大きな関心を抱いていた。ウィルソン大統領は一九一九年、米国の国際連盟加盟キャンペーンに失敗し、世論の支持を集めることができなかった。この誤りから学んだルーズベルトは一九四五年の国連加盟の際には準備怠りない広報キャンペーンを展開し、米国民を説得することができた。[19]

ヤルタ会談に先立つこと約半年、一九四四年八月末から十月初めにかけて七週間、ワシントン市内のダンバートン・オークス邸で国連創設に関する会議が開催された。この会議で、国連総会と安全保障理事会の組織構造に関する基本的合意が達成された。総会は加盟国すべての平等な発言力を付与するよう配慮され、安保理は平和維持が戦勝四カ国（米、英、ソ、中ーダンバートン・オークス会議参加国）の総意に基づくことが配慮された。四大国は国際平和の維持に責任を持つ一方、特権として拒否権を付与されることが考案された。四カ国の代表すべてが拒否権を支持した。拒否権は、「ビッグ五（米、英、ソ、中、仏）の意見一致を見ない軍事行動には自国軍の投入を求められることはないことを絶対的に保証する」ものだったからである。[20]とくにルーズベルトは、国際連盟憲章の米議会上院批准の問題を教訓として、拒否権付与に固執していた。半面、ルーズベルトとチャーチルはともに、安保理における拒否権行使に関しては一定の制限を設けるべきだと考えていた。安全保障理事会が手続き問題を検討したり、四大国のいずれかが当事者になっている紛争の処理に関して検討する場合は、拒否権行使はしないという案を支持した。

安保理における拒否権とともに大きな争点になったのは、総会への加盟国の問題である。ソ連は当初、ソ連邦を形成する十六の共和国各々に一つの総会議席を与えることを主張した。これはスターリンが、ソ連はその体制ゆえに国際的に孤立し、欧米に数の上で圧倒されてしまうという懸念を抱いていたためだった。ルーズベルトはこのソ連の主張に強く反対し、一時はソ連一六共和国が一六議席を取るならば米国も、全州（当時四八）について一州一議席で四八議席を与えられるべきだとまで反論した。最終的には、ヤルタ会談で米英がスターリンの懸念に配慮し、ソ連はソ連自体に加えてウクライナ、ベラルーシ（白ロシア）という三つの議席を総会で与えられるという妥協案で合意が成立した。歴史家ロバート・ヒルダーブランドはこう書いている。「ビッグ三（チャーチル、ルーズベルト、スターリン）は世界平和を維持するための国際機構創設よりも、自国の安全保障の防衛、国益の擁護、世界大戦勝利の成果の享受を重要視していた[21]」。ソ連はヤルタ会談で譲歩し、国連総会の議席を三議席にすることを呑んだ。

一九四四年夏以降、スターリンはソ連軍をソ連の境界線を越えて、フィンランド、ルーマニア、ブルガリア、ハンガリー、ポーランドへ進めていった。フィンランドはソ連軍に占領されたわけではないが、ソ連の影響下で中立化させられた。それに伴い、欧米諸国にとってスターリンは交渉しにくい相手になっていった。一九四四年十月、スターリンとチャーチルはモスクワでの会談で、戦後の東欧におけるソ連圏と西側の勢力圏について話し合った。ルーズベルトはこうした勢力圏、ブロックの考え方を好まなかったが、強く反対はしなかった。

ルーズベルトは、蒋介石の中国が戦後処理を主導する四大国の一員になることを中心的に支援したが、同時に中国の蒋介石率いる国民党と毛沢東率いる共産党の仲介をスターリンに期待した。ルーズベルトはヤルタ会談では、欧州の戦争が決着し次第、ソ連の太平洋戦争への参戦を勝ち取ることに主眼を置いた。スターリンは蒋介石を嫌っていたが、同時に中国を一つにまとめることができるのは蒋介石しかいないと考えていた。毛沢東の中国共産党が蒋介石を凌ぐ力になることは、期待も予定もしていなかった。このためスターリンも、戦後処理を主導する四大国の一つ中国の代表として蒋介石を受け入れた。

◉――ポーランド問題

ヤルタ会談の大半は、ポーランド問題について話し合われた。戦時外交問題の中で、ポーランド問題ほど米英ソの連合に緊張を生み出した問題はなかった。第二次大戦中、ポーランドは西半分をドイツ、東半分をソ連にそれぞれ占領されていた。その後ドイツが独ソ不可侵条約を破ってポーランド東半分に進軍したため、その全域がドイツに占領された。これに対して米国の支援を受けたソ連軍が体制を立て直してポーランドに進軍し、ポーランドの五分の二に当たる五〇〇万人の人口を擁する東半分をドイツから奪還し、ルブリン共産党政権を樹立した。一時、ソ連軍は首都ワルシャワに迫った時にモスクワ放送で国内軍に蜂起を呼びかけ、国内軍が蜂起したが、ソ連は最終的に国内軍を見捨てた。この結果、ワルシャワはヒットラーに徹底破壊され、国内軍は壊滅した。ソ連はルブリン共産党政権を強化し、各国に正式な政権と認めさせるために、ポーランド国内軍を意図的に壊滅させたと見られている。ソ連のポーランドに対する主張はそれとは全く異なっている。スターリンはこう述べている。

二十五年間にドイツは二度もポーランドを通ってロシアを侵略した。……その侵略は戦争というよりはフン族の急襲のようだった。……ドイツがこういう仕儀に及べたのもポーランドがソ連との緩衝地帯とされていたからであり、ポーランドはロシアに敵意を持っているに違いないというのがこれまでのヨーロッパ政策だったからである。こうした状況で、ポーランドはドイツに立ち向かうには弱すぎたか、ドイツを通過させるかのどちらかだった。……ポーランドの弱さと敵意がソ連の弱さの原因であり、ドイツに東や西で好き勝手にさせることになった。……したがって、ポーランドが強力かつ友好的であることがロシアの国益には不可欠である。[22]

第二次大戦中、ロンドンにはポーランドから亡命していた指導者による亡命政権があり、英国政府はその亡命政権を正式な政権として承認していた。戦後処理において、米英ソはポーランドの国境線については合意したものの、ポーランドの政府形態については対立したまま合意に達しなかった。米英は価値観の観点からソ連がポーランドに樹立しようとした共産政権の形態を認めることができなかったし、ソ連は隣接するポーランドを共産政権とすることに固執した。一九四三年四月には、一九三九年から四一年までソ連に占領されていたポーランド領のカティンの森で、ソ連軍に大量虐殺されたと見られる数千人のポーランド軍将校の死体が発見され、ソ連とポーランドの関係をこじらせた。

ヤルタ会談後にも、ルーズベルト、チャーチルとスターリンの間で、ポーランドで実施されるべき「自由選挙」の意味について、また中欧、東欧の他の国々での選挙について大きな不一致が存在することが明瞭になっていった。チャーチルは最初からスターリンの意図については懐疑的な見方をしていたが、ルーズベルトも疲弊し病弱になる中でスターリンに裏切られたことを悟り始めた。後日、ソ連が自分たちに都合のいいように事態を解釈したときに、米国民はヤルタ合意を裏切りと非難することになる。しかしルーズベルトの伝記作家ジェームズ・マクグレーガー・バーンズの考えは異なる。

ルーズベルトはヤルタで交渉力の限界に達してしまった。ルーズベルトの見解は純真さ、無知、病気、不信の産物ではなく、さまざまな事実を受け入れた結果である。すなわち、ロシアはポーランドを占領する。ロシアは西側同盟国を信じない。ロシアには日本と戦える一〇〇万の兵士がいる。……ロシアのポーランドに対する決意は、これまで同様、絶対に変わることはない、という事実である。[23]

◉――アメリカン・ドリームの現実

ルーズベルトは自身の魅力で、中欧におけるロシアの利益、イデオロギーの違い、過去数十年間に積もり積もった不信を克服して、スターリンの信頼と協力を獲得できると信じた。自惚れが過ぎて自己欺瞞の域に達してしまったのかもしれない。もし成功すれば、制度化された世界秩序というウィルソン主義の理想が新しい国連の中で実現するかもしれない。そうなればヤルタの妥協など新時代の幕開けの単なる脚注に過ぎなくなるだろう、と信じたのかもしれない。[24]

米、英、ソのビッグスリーはそれぞれ異なる目標を持って会議に臨んだ。英国は、ドイツにフランス管理地域を設けること、ソ連のポーランド拡大を阻止すること、大英帝国を守り抜くことを目指した。ソ連は、打ちのめされた自国の経済再建のための賠償金を得、アジアを占領し、ポーランドを支配下に置き、二度と東に軍を進められないようにドイツを弱体化することを望んだ。そして米国の望みは、米国主導の国連、ソ連の対日参戦、ポーランドの共産主義政権の弱体化、中国の地位を引き上げ列強の一員にすることだった。参加者それぞれが相手の胸の内の探り合いをしてはいたが、「会議では大所高所からの合意というまずまずの決着を見た」。[25]

西側にとって、ヤルタ宣言は体面を保つのに役立ち、ロシアのほうは、スターリンが述べているように、その見え透いた意図がいっそうはっきりした。「この戦争は過去の戦争とは違う。誰が領土を占領しようと、占領した方は進軍できる限り自分の国の社会体制を押し付けることができる。他の状況ではこんなことはありえない」。[26]

こうして、ナチを押し止め、一九四二年末のスターリングラードの戦いでドイツを決定的に敗退させた赤軍が、敵をソ連から徐々に追い出し始め、ドイツ軍をベルリンに退却させるに至って、戦後の和平とビッグスリーによる協力というアメリカン・ドリームは粉々になった。ソ連は、モロトフ＝リッベントロップ協定（独ソ不可侵条約、一九三九年）調印後の一九四〇年にバルト三国（ラトビア、リトアニア、エストニア）を併合し、東および中央ヨーロッパに勢力を拡大し、戦争終結前にすでにポーランド、ハンガリー、ブルガリア、ルーマニア、アルバニアを支配し始めていた。当時ユーゴスラビアは、ドイツ占領軍に対し果敢に戦ったユーゴスラビア人民解放軍（パルチザン）リーダー、ヨシップ・チトー総司令官の支配下にあり、チェコスロバキアは赤軍の脅威にさらされていた。[27]

このようにルーズベルトは、チャーチル、スターリン、蒋介石とともに戦後世界の秩序形成に中心的な役割を果たしたが、同時にその進歩的自由主義の考えは共産主義の現実を甘く見るという結果をもたらし、ソ連圏の伸長、冷戦構造の定着を許すことにもなった。

chapter 1

◉ Endnotes

1 Robert A. Hathaway, “1933–1945: Economic Diplomacy in a Time of Crisis,” in William H. Becker and Samuel F. Wells, Jr., eds., *Economics and World Power* (New York: Columbia University Press, 1984), p.285.

2 Robert D. Schulzinger, *American Diplomacy in the Twentieth Century* (New York: Oxford University Press, 1984), p.151.

3 Samuel I. Rosenman, ed., *Public Papers and Addresses of Franklin D. Roosevelt: 1939 Volume* (New York: Macmillan, 1941), p.463.

4 Michaela Honicke Moore, “American Interpretations of National Socialism, 1939–1945,” in Allen E. Steinweiss and Daniel E. Rogers, eds., *The Impact of Nazism* (Lincoln: University of Nebraska Press, 2003), p.10.

5 Hans J. Morgenthau, *Vietnam and the United States* (Washington, DC: Public Affairs Press, 1965), p.81.

6 Joan Hoff Wilson, *American Business and Foreign Policy, 1920–1933* (Boston: Beacon Press, 1973), p.x.

7 花井等・浅川公紀編著『戦後アメリカ外交の軌跡』勁草書房、一九九七年、一〇—一二頁。

8 八木勇著『アメリカ外交の系譜』朝日出版社、一九八一年、三一〇—三一一頁。

9 Richard W. Fanning, *Peace and Disarmament* (Lexington: University Press of Kentucky, 1995), p.153.

10 Wesley M. Bagby, *America’s International Relations since World War I* (New York: Oxford University Press, 1999), p.84.

11 *Ibid.*, pp.94–95.

12 George F. Kennan, *Memoirs, 1925–1950* (Boston: Little, Brown, 1967), pp.133–134.

13 Robert A. Divine, *Roosevelt and World War II* (Baltimore: Johns Hopkins University Press, 1969), pp.81–82.

14 *Ibid.*, p.84.

15 Winston S. Churchill, *The Second World War: The Hinge of Fate*, Vol. IV (Boston: Houghton Mifflin, 1950), p.201.

16 James McGregor Burns, *Roosevelt: The Soldier of Freedom* (New York: Harcourt Brace Jovanovich, 1970), pp.111–112.

17 John L. Gaddis, *The United States and the Origins of the Cold War, 1941–1947* (New York: Columbia University

Press, 1972), p.7.

18 James E. Dougherty and Robert L. Pfaltzgraff, Jr., *American Foreign Policy: FDR to Reagan* (New York: Harper & Row, 1986), p.34.

19 Fraser Cameron, *US Foreign Policy after the Cold War: Global Hegemon or Reluctant Sheriff?* (New York: Routledge, 2002), p.106.

20 Edward C. Luck, *Mixed Messages* (Washington, DC: Brookings Institution Press, 1999), p.154.

21 Robert C. Hilderbrand, *Dumbarton Oaks: The Origins of the United Nations and the Search for Postwar Security* (Chapel Hill: University of North Carolina Press, 1990), p.246.

22 Robert E. Sherwood, *Roosevelt and Hopkins* (New York: Harper & Brothers, 1948), pp.899–900.

23 Burns, *op. cit.*, p.572.

24 James A. Nathan and James K. Oliver, *United States Foreign Policy and World Order*, 3rd ed. (Boston: Little, Brown, 1985), p.33.

25 Diane Shaver Clemens, *Yalta* (New York: Oxford University Press, 1970), p.287.

26 Milovan Djilas, *Conversations with Stalin* (New York: Harcourt, Brace & World, 1962), p.114 and Arther Schlesinger,Jr. “Origins of the Cold War,” *Foreign Affairs*, 46 (October 1967), pp.22–52.

27 Steven W. Hook and John Spanier, *American Foreign Policy since World War II*, 7th ed. (Washington, DC: CQ Press, 2007), p.31.

chapter 2

Harry S. Truman

冷戦の始まり

ハリー・S・トルーマン Harry S. Truman

◉――正邪を区別する道徳原則

第三十三代大統領（一九四五―一九五三年）ハリー・S・トルーマン（一八八四―一九七二年）は、一九四五年にルーズベルト大統領の死を受けて副大統領から大統領に昇格した。広島、長崎への原子爆弾投下を指示した。トルーマンは第二次大戦終結、冷戦時代の始まり、朝鮮戦争など多くの歴史的な事件を経験した。トルーマンはルーズベルトの急死により突然大統領に昇格した時には、民主党ボス組織が支配する後進州出身の視野の狭い国内政治家にすぎず、国際的政治手腕が要求される世界のただ中で途方に暮れるだけだろうと見られていた。しかしトルーマンは最初の低い期待に反して、就任当初から巨大な世界的問題を前に正邪の明確な判断力を駆使した果敢な決断を下し、世界的指導者としての手腕を存分に発揮した。トルーマンは歴史的には「偉大に近い大統領《ニアー・グレート》」として評価されているが、それは主として戦後世界を方向付けることになった外交政策上の一連の決断のゆえである。[1]

トルーマンは一八八四年にミズーリ州のバプテスト派の農家に生まれ、高校を卒業後に銀行の事務職に就き、一九〇六年に父親を手伝うために農業に従事した。大学卒業資格を持たない最後の大統領となった。トルーマンは幼少時代から家庭では厳しい道徳教育を受け、インディペンデンスの田舎町の公立学校では人格形成を重んじる宗教的・道徳的教育を受けた。これはトルーマンの心の中に、個人も国も他人に左右されず、聖書の十戒あるいは山上の垂訓に示された正邪をはっきり区別する明確な道徳原則に基づいて行動しなければならないという生涯変わらない信念を植え付けた。トルーマンは高い理想と勤勉を重んじるビクトリア時代の価値観を体得し、米国が建国以来国際社会の中で道徳的に優越する地位を占めているという信念を持っていた。

トルーマンは愛国心から軍に入隊し、第一次大戦ではフランスに派遣されて第一二九野砲兵隊の中隊長を務め、指揮官として傑出した勇気と技量を示した。軍現役を退いた後も、一九四五年に大統領になるまで予備役将校を務め続けた。この経験は、トルーマンをして軍に慣れ親しみ、米国に世界戦略、軍事戦略に関心を持ち続けることを可能にした。トルーマンは、米国が世界で中心的な役割を果たす使命を神から与えられていると常に考えていた。これは第二次大戦末期に大統領になり、戦争終結、戦後処理で世界をリードするうえで役に立つ信念を形成した。

二〇〇一年九月十一日に突如として米国を襲った同時多発テロは、ブッシュ政権の八年間にわたる外交、内政政策の性格を大きく規定することになった。同テロ事件前のブッシュ大統領の職務的評判は、外交経験に乏しい、国際情勢に疎いというもので、外交面では大きな期待はされていなかった。この点では、大統領就任までは、地方政治家で国際感覚、外交感覚に乏しいと見られていたハリー・トルーマンに似ている。トルーマンはキリスト教信仰に裏打ちされた強い道徳観、信念の持ち主だったが、その点もブッシュ大統領と共通項である。ブッシュ大統領は青年時代には遊び好きで酒に溺れるような生活をしていたが、四十歳の時に心境の大きな変化があって、キリスト教信仰に目覚め、強い道徳観、信念を持つようになった。さらにトルーマンは就任早々、第二次大戦の終結、戦後処理、国際連合創設、米ソ冷戦の本格化、朝鮮戦争と世界情勢の激変の波にもまれ、否応なしに外交課題に取り組まざるを得ない立場に立たされた。ブッシュ大統領も九月十一日テロという真珠湾攻撃に匹敵するか、それを上回る歴史的な危機に直面し、否応なしに外交課題に取り組まざるを得ない立場に置かれた[2]。

トルーマンの政界への進出は、一九二二年にカンザスシティの民主党員トム・ベンダーガストの支援を受けてミズーリ州ジャクソン郡の裁判官に選任されたことによる。一九三四年にミズーリ州から上院議員に当選し、ルーズベルト大統領のニューディール政策を支持して活動した。上院議員任期中に軍事費の不正使用に関する調査委員会としてトルーマン委員会が設立され、一五〇億ドル近い浪費を暴露し、トルーマンの知名度を全国的に高めた。一九四四年大統領選挙で、ルーズベルト大統領の副大統領候補になることを求められて受諾し、ルーズベルトが先例のない四選を果たすに伴い副大統領に就任した。ルーズベルトが一九四五年四月十二日に任期中に急死したため、トルーマンは突然大統領に昇格した。大統領就任後、トルーマンは外交政策に没頭することになった。

米国民にとってルーズベルトの死は「大きなショック」だったが、「そのショックはその後継者であるハリー・S・トルーマンのことを点検するときに、さらに大きくなった」。トルーマンは大学教育を受けておらず、外交経験もなかった。「英国大使は彼のことを〝凡庸〟と呼んだ。副大統領職には四カ月間就いていただけで、しかもルーズベルトは主要な出来事について彼に情報を与えていなかったし、その外交に関する見識は街角にいる凡人の域をほとんど出ないように見えた」[3]。トルーマンは自分が外交経験に乏しいことを自覚していたが、それだけに外交顧問や国務省の政策提言に耳を傾けた。また決断力が強く、一度決断したことは最後まで頑固なくらい押し通した。

◉——原爆外交の展開

大統領に就任したトルーマンの最初の大きな決断は日本への原爆投下だった。トルーマンは大統領になるまで、マンハッタン計画の存在については知らされていなかった。トルーマンは一九四五年七月十七日から八月一日、ベルリンに隣接する町ポツダムで開催された戦後処理問題を協議する米英ソの首脳会談に出席した。トルーマン自身の回顧録によると、ポツダム会談出席の最も切実な理由は、予想された日本での本土決戦を前にしてソ連の対日参戦の確約をスターリンから取り付けることだった。米国は一九四五年十一月一日に九州上陸作戦を計画していた。これはルーズベルトが二月のヤルタ会談に臨んだ目標と似ていた。会談が始まる七月十七日、スターリンはトルーマンを非公式に訪問し、ソ連の対日参戦を改めて約束した。トルーマンはその日の日記に、「ソ連は八月十五日に対日参戦をするだろう。それが実現すれば日本は終わりだ」と記した。スターリンに対するトルーマンの第一印象は悪くなかった。「スターリンとはうまくやれるだろう。

正直だが非常に抜け目がない。」[4]この印象はすぐに変わった。トルーマンは家族にこう書いている。「ロシア人ほど強情な国民にはお目にかかれないだろう」[5]。駐ソ大使としてチャーチルやスターリンら連合国首脳と調整を行ったハリマンはロシア人を「あの野蛮人ら」と呼んでいる。[6]

戦争中進められてきたマンハッタン計画の結果、一九四五年四月に原爆がほぼ完成した。四五年七月十六日、ニューメキシコ州アラモゴードで原爆実験が成功裡に実施され、その知らせがポツダム滞在中のトルーマンに届けられた。これにより原爆は実際に使用可能な段階に入ったが、原爆の出現は国際情勢にとっても重要な意味を持った。米統合参謀本部や米軍はソ連参戦が対日戦遂行上必要だという判断だったが、原爆はその判断に大きな影響を与えた。原爆実験成功は、ウィンストン・チャーチルの言葉を借りれば「西側はロシアを必要としないし……ロシアに頼む必要もない」ことを意味した。[7]ニューメキシコで実験が成功した報せが届いてからは、トルーマンはスターリンに対して大胆になり、目に見えて厳格になった。トルーマンはもうロシア人と交渉しなかった。それまでの交渉が一転して辛らつな意見のやり取りになった。チャーチルが回顧しているように、「(トルーマンは)意を決し、断固としてロシア人に立ち向かった。そしてロシアが到底我慢ならないような要求まで突きつけた。米国は完全にロシアと対立した。……彼はただロシア人をたしなめ、会議を一切取り仕切った。」[8]要するに、原爆が西側を元気づけた。チャーチルは下院で「われわれは抗いがたい権力を手中にした」[9]と述べたが、まさしくそういう状況にみえた。

世界初の原爆実験は二つの点で外交上、とりわけ対ソ優位に立っていた。第一に、原爆が対ロシア交渉の米国の立場を強固にするだろう。原爆が日本の都市に投下されてその破壊力が明らかになれば、ロシアはおびえ、東欧について譲歩してくるだろう。第二に、原爆がロシアの参戦前に太平洋戦争を終結させるかもしれない[10]。こうして米政府内では、ソ連の参戦は不必要だという考えが力を持ち始め、トルーマン大統領自身も、ソ連から対日参戦の確約を取り付けた翌日の七月十八日の日記で「ソ連が参戦する前に日本は降伏すると信じる。原爆が日本本土に投下されれば、日本は必ず降伏する」と記している。

米国は一九四五年十一月に予定通り七六万七〇〇〇人の兵力を投入して日本上陸作戦を強行すれば、二万五〇〇〇人の米軍犠牲者が出ると見積もられていた。さらに四六年三月に関東平野への第二次上陸作戦も計画されており、その際の米軍犠牲者は一万五〇〇〇人と予想されていた。米政府では四五年後半、こうした犠牲を回避するために、いかにして日本を早期降伏に持ち込むかが重要な課題となり、原爆もそのための手段として考えられるようになった。またこの頃までには、ドイツやポーランドの戦後処理をめぐり米英など西側とソ連との間の意見の相違が表面化していた。ポツダム会談でも、米英とソ連との間で、ポーランド、東欧の戦後処理、ドイツ賠償問題などで激しい意見のやり取りが行われた。対日戦の早期終結は、ソ連との交渉や戦後秩序形成に有利に働くという考えもあった。さらにトルーマンは、日本降伏後の対日占領行政へのソ連の参加を阻止する必要を痛切に感じ始めており、そのための原爆の効用を考え始めていた。米政府内でも、原爆をソ連を牽制するカードとして利用すべきだという主張が、ジェームズ・バーンズ国務長官（当時）らから出ていた。

原爆に外交および軍事目的をもたせることはバーンズ、そしておそらくトルーマンの望みだったが、原爆によって東欧における政治的優位を手中にできるかもしれないと考えた。七月下旬にバーンズが東欧に関して説明しているように、「ニューメキシコの状況がわれわれに巨大な力を与えてくれた。正確さは最終分析で確認できるだろう[11]」。原爆投下後、バーンズはいっそうかたくなになっていった。ヘンリー・L・スティムソンは日記にこう書いている。

私はその問題……つまり原爆でロシアをどう料理するか（原爆をちらつかせてロシアとどう取引するか）を取り上げた。ロシアとの協力についてはそれが何であれバーンズは大反対である。……バーンズは原爆の存在を掌中にすることを当てにしている。[12]

原爆が実用可能になったのは一九四五年七月で、その時点ではすでに欧州での戦争が終結していたので、原爆をドイツに使用する可能性は考えられもしなかった。半面、米政府のトップレベルでは、戦争終結前に原爆が使用可能になればそれを実際に使用するというのが暗黙の了解になっていた。ただマンハッタン計画に参加した科学者の多くは、同じく原爆開発を進めようとしていたドイツへの抑止力として原爆を使うことを考えていたので、原爆開発を試みてもいなかった日本への使用には反対した。また原爆をデモンストレーションとして使用する案も考慮されたが、日本側に対応の時間を与えるなどの理由で却下された。

結局、トルーマン自身、国務長官指名を考えていた上院議員ジェームズ・バーンズ、陸軍省長官で原爆問題諮問委員会委員長を務めていたヘンリー・スティムソンらは、日本の無条件降伏を獲得するために最大限のショック効果を与えるために、日本への原爆使用を決意した。[13] 原爆を早急に利用すれば、そのショックで日本は即時降伏するだろうという考えである。そしてこれは、チャーチルの言葉によれば、「大量殺人の慈悲深い短縮版」を意味した。[14]

◉——対ソ協調から対立へ

トルーマンは核兵器の力でソ連を抑止できるという考えをもち、日本の広島、長崎への原爆投下の最終命令をポツダム宣言発表の前日、七月二十五日に下した。トルーマンが原爆投下を決定した背景としては、日本の本土での決戦に臨む米軍の損失を最小限に止める、戦後の覇権争いでソ連に対して優位に立つ、そして自らを決断力のある存在として誇示したい考えがあったとされる。つまり、ロシアのアジアでの戦争への参戦を引きとめることができ、ひいては戦後日本と中国に対するロシアの要求を最小限に抑えることができる。ジェームズ・フォレスタル海軍長官が日記に書いているように、「バーンズ（国務長官）は、ロシアが参戦してくる前に何としても日本問題に決着をつけたいと言っている。……いったんロシアが入ってきたら追い出すのは大変だと思っている。[15]」そして、ロシアが意味ある参戦をする前に、何とか日本を降伏に追い込むことができれば、日本政府の戦後国内体制に関する占領支配合意に基づくロシアの発言は効を奏しないだろう。トルーマンはこう回想している。「私は日本のどこであろうとロシアには支配させせない。……私はマッカーサー将軍に全権を委ね、日本の支配を任せることに決めた。[16]」

原爆投下命令はそのまま実行され、一九四五年八月六日に広島、八月九日に長崎と相次いで原爆が投下された。ソ連は当初、八月十五日に対日参戦を予定していたが、急きょ予定を繰り上げて八月八日に参戦した。原爆投下とソ連参戦という二つの衝撃的な事態に直面し、日本は八月十四日にポツダム宣言を受諾して無条件降伏した。トルーマンは二発目の長崎投下後、「さらに一〇万人も抹殺するのは、あまりにも恐ろしい」として三発目以降の使用停止命令を出した。戦後、原爆開発見直しが行われ、トルーマンは一九四五年十月に議会に原子力に関する教書を送付し、一九四六年八月には原子力法案が成立して原子力委員会（AEC）が設置された。トルーマンは一九五三年一月七日に水素爆弾の開発成功を明らかにするに至る。

第二次大戦を通してロシアは復活し、イギリスは衰退し、中国はもがきつつ進みはじめ、一方米国は急成長した。「爆撃も受けず、占領もされず、人的被害も比較的少なかった」米経済は終戦頃には全速力で稼動していた。[17] 米国のGNPは一九三九年の九〇五億ドルから一九四五年には二一一九億ドルに跳ね上がった。米国の奇跡的生産高という表現が使われた。大戦終結までに米国は「世界の工場であり銀行、審判にして警察官、説教者にして教師」となっていた。[18]

戦後、米国とソ連は共通の敵を失い、対立の様相を深め、本格的な冷戦時代が幕を開けた。戦争中は枢軸国と戦うために協調していた米国とソ連の関係は、一九四五年末から四六年にかけて対立関係へと変化していった。ルーズベルトは戦後米国の安全保障への最大の脅威はドイツ復活だと考え、ソ連との戦時同盟を戦後も維持することによりそれを阻止しようと考えた。しかしそのルーズベルトも死去する直前の一九四五年四月初めにはソ連への幻滅を深め、側近に「スターリンと一緒に仕事はできない。彼はヤルタでの約束を一つ残らず破った」と漏らしていた。トルーマンも一九四六年初めには「ロシア人を甘やかすのをやめるつもりだ」と述べ、ソ連に対して強硬路線を取る方針を明確にした。

一九四六年一月にトルーマンはバーンズ国務長官にこう書き送っている。

思うに、ロシアがトルコに侵攻して黒海から地中海を手に入れようとしていることは明らかである。ロシアには声を荒げ、鉄拳を食らわせてやらなければ、別の戦争が起こるだろう。ロシアが理解できる唯一の言葉は「何師団もっているか」である。

これ以上妥協するべきではない。ソ連の子守にはもうウンザリだ。[19]

一九四六年三月にはトルーマンは、前年に首相の座を退いていたチャーチルをミズーリ州の田舎町フルトンに迎えたが、そこでの演説でチャーチルは「いまやバルト海のステッティンからアドリア海のトリエステに至るまで、ヨーロッパ大陸を横断する鉄のカーテンが降ろされた」と欧州を舞台にした冷戦時代の到来を告げた。さらにトルーマンは一九四六年七月初めに、クラーク・クリフォード補佐官に対ソ政策再検討のための覚書を作成するよう命じた。同補佐官は九月二十四日、国務省、統合参謀本部、情報機関、司法省などの協議とコンセンサスに基づく覚書を大統領に提出した。このクリフォード覚書は、ソ連の膨張を抑制できる強力な軍事力を持つことを勧告し、軍事的手段によるソ連封じ込めを打ち出したものだった。

これに先立つ一九四六年初め、スターリンはマルクス・レーニン主義を明確に打ち出し、資本主義世界に内在する矛盾・対立のゆえに戦争が不可避であるという演説を行った。米国務省はモスクワの米大使館にスターリン演説の分析を要請し、それに対してソ連問題専門家のジョージ・ケナン代理大使が同年二月に国務省に分析を打電した。第二次大戦後の米国の対ソ政策は、ケナンが唱えたソ連観に基づく封じ込め政策である。ケナンが二月にモスクワの米大使館から送った世界共産主義者の世界問題に対する見解という米政府の要請に答えた八千語にものぼる長文の電報は、封じ込め政策のもとになったソ連政権の性格についての見解を示した。それによると、ソ連の共産主義政権は、西側諸国を最初から敵視しており、共産主義思想に基づいてソ連は西側諸国の体制を転覆することを義務と見ているというものだった。
この長文の電報はソビエトの行動について説明を要請した苛立った国務省に対する回答だった。ケナンはこの中で、ソ連を膨張主義国家であると規定し、対ソ強硬論を展開した。

ソビエトの権力は……理性の論理に鈍感なくせに、力の論理にきわめて敏感である。そのため、いかなる場合でも強い抵抗にあえば容易に後退しうるし、また、通常そうである。したがって、ソビエトの敵は力を行使する構えを見せさえすれば、力の論理に敏感なソビエトが後退するので、ソビエトの敵は実際に力を行使するところまで行く必要がない。[20]

◉――対ソ政策の見直し

国務省は対ソ政策再検討の一環としてケナンをワシントンの本省に召喚し、対ソ政策の分析、立案に携わらせた。一九四七年一月に国務長官に就任したジョージ・マーシャルは、同年五月に国務省内に政策企画室を設置し、その室長にケナンを抜擢した。ケナンは同年七月、「フォーリン・アフェアーズ」誌に「X氏」による匿名論文という形で、「ソ連行動の源泉」という題の論文を発表し、膨張主義のソ連に対する「封じ込め政策」を提唱した。この論文はケナンを一躍有名にし、「封じ込め政策」は対ソ政策だけでなく第二次大戦後の米国の冷戦外交全般にわたる基本政策となった。

この封じ込め政策が採用される前、第二次大戦後の米国のソ連観はソ連を同盟国とみる友好的見方から、基本的に三つの大きく異なる戦略的見方が存在する状況へと変化していった。第二次大戦末期から終戦直後にかけて、米国では、ドイツと戦い、ヤルタ会談など戦後処理の会議に米英とともに参加したソ連を戦争の同盟国と見る考え方が支配的だった。米国内には、大戦で米国が確保した戦略的立場を守るために米軍の撤退は急ぐべきでないという見方もあったが、米国民の間には海外から国内に目を向けたいというムードが支配的だった。これを感じ取ったトルーマン、米議会は、世界史上最も急激な軍事部隊の撤収を進めた。[21]

現役任務に就いていた米軍兵士の数は一九四五年には一二〇〇万人を超えていたが、一九四八年には一五〇万人以下にまで急激に減った。しかし、その後遠からずして、ソ連の膨張政策が鮮明になり、米国の対ソ政策が根本から見直されることになった。この結果、ソ連については三つの戦略的立場が存在するようになる。[22]

一つは、ウィンストン・チャーチルに代表される見方である。チャーチルは以前から、米軍を欧州から引き揚げることには反対していた。ソ連がヤルタ会談の合意通りに東欧諸国で自由選挙実施を許し、東部ドイツから赤軍を撤収することを保証するには、米英軍のプレゼンスが必要であるという見方をしていた。チャーチルは一九四六年三月に米国ミズーリ州フルトンを訪れた際に、米国の一般大衆への演説でこの見方をはっきり表明している。チャーチルは、このフルトン演説で、「バルト海のステッティンからアドリア海のトリエステにかけて鉄のカーテンが降ろされている」と述べ、その鉄のカーテンの向こう側はモスクワの支配に服従していることを訴えた。この演説は、「鉄のカーテン」演説とも呼ばれている。チャーチルの基本的見方は、ソ連は「無制限の力と教義の拡張」を求め、世界を支配しようとしている敵対勢力であり、米英はソ連に対する力の優位を確立する必要があるというものだった。このためには、米国は西側諸国に積極的な軍事、経済援助を進める必要があるという考えだった。チャーチルは国連における米英ソの一体化の夢は消え去り、冷戦が始まったことを訴えた。この演説の際に、演壇にはトルーマン大統領も並んで座っていた。

二番目は、当時米国の商務長官だったヘンリー・ウォーレスに代表される見方であり、チャーチルの対極にある立場だった。ウォーレスは、ソ連が中南米に干渉すべきでないと同じように、米英も東欧に干渉すべきではない、ソ連に隣接する東欧への干渉に対してソ連が敵対的に反応するのは当然であるという考え方を表明した。また米国が自国の勢力圏を民主主義化しようとするのと同じく、ソ連も自国の勢力圏を社会主義化しようとするのであり、チャーチルのような対ソ強硬路線はソ連の敵意をあおり、いたずらに国際的緊張を高めるだけであると強調し、相互不干渉、相互信頼による平和共存を主張した。

三番目はチャーチルとウォーレスの中間の立場で、米国政府、米一般大衆はこの二つの間を揺れ動いていた。こういう中で、米国政府が一時的に採用したのが、第三の戦略的立場である。これは当時米国務長官だったジェームズ・バーンズに代表される立場で、米英ソの協調時代は終わったとの認識のうえで、米国はソ連を中心にした共産主義に対して積極的に巻き返しを図るようなこともしないかわりに、ソ連と友好関係を維持するためこれ以上の譲歩をすることもしないという立場である。この背景には、米国はすでに一方的な軍備削減を進め十分に譲歩してきた、協力関係を欲するなら今度はソ連がすべき譲歩を行うべきであり、言葉だけでなく行動で米国への友好を示すべきであるという考えがあった。バーンズは、この三番目の戦略を、「堅実と忍耐の政策」と呼び、米国がこのぐらつかない確固とした態度を維持し続けるならば、いずれソ連も疲弊し、穏健化すると考えた。

◉――封じ込め政策の具体化

この後、ケナンは、米国がソ連の膨張政策に対して、確固とした封じ込めを長期的に行う政策を取るべきだと主張した。具体的には、ソ連を取り巻く戦略的地点に軍事基地を確保し、ソ連を包囲することを打ち出した。これは部分的にバーンズの「堅実と忍耐の政策」を引き継ぎ、同時にソ連が世界支配を目指して無制限に膨張する敵対的勢力と見て対抗することを主張したチャーチルの要素も含んでいる。封じ込め政策は一九四七年初めに政策として具体化させ、やがて四七年半ばには、自由主義圏が全体主義圏（共産主義圏）により脅かされており、米国は全体主義圏と世界的に闘争しなければならないというトルーマン・ドクトリンにつながってゆく。トルーマンは、ギリシャ、トルコへの四億ドルの援助を議会に要請する中で、共産圏との対決姿勢を鮮明にし、「武装した少数者や外部の圧力による征服の意図に抵抗しつつある自由な諸国民を援助することこそ、米国の政策でなければならない」と述べた。四七年半ばには、米国が戦争で疲弊した西欧諸国に対して大規模な復興援助を行うマーシャル・プランが具体的な形を取り始めるが、これもチャーチルが主張していた米国による西側諸国への積極的な援助と同一の方向である。こうして米ソは本格的な冷戦時代に突入してゆく。

米国の核兵器を独占しようとする意図、核兵器を背景にソ連との外交を有利に進めようとする試みは「原爆外交」と呼ばれ、冷戦時代の米ソ対立を深める大きな要因になっていった。米国は国連を通じて米国主導の核分裂物質、核兵器の国際管理体制を構築することにより、ソ連の原爆開発・製造を阻止しようとした。しかも米国は国際管理体制への段階的規定を設け、その最終段階まで原爆の独占を維持できる内容にした。ソ連はそれに対抗して核兵器の全面廃棄案を提案し、一九四六年末には国連を舞台にした核の国際管理をめぐる交渉が暗礁に乗り上げてしまった。この結果、米ソは核軍拡競争に本格的に突入することになり、核兵器など軍事力を中心にした米国の力の外交の幕を開けた。

トルーマンが大統領に就任したあと一時間もしないうちに決定したのは、国際連合創設のためのサンフランシスコ会議を予定通り開催することだった。一九四〇年、四四年の大統領選の共和党候補だったウェンデル・ウィルキー、トーマス・デューイ、かつて孤立主義者だった上院議員のロバート・タフト、アーサー・バンデンバーグなどは、米国が平和維持のための国際機構創設に主導的役割を演じるよう主張した。一九四三年十月に四大国の外相がモスクワで会議し、国連創設計画を発表した。国際主義の世論が高まる中で、トルーマンはウッドロー・ウィルソンの意を継いで国際連合の設立を積極的に支援した。一九四五年四―六月、サンフランシスコで開かれた連合国会議で国連憲章が採択され、六月二十六日に五〇カ国が署名し、さらに十月十五日にポーランドが署名して、原加盟国五一カ国体制のもとで、十月二十四日国連は正式に発足した。サンフランシスコ会議のためにスターリンにより派遣されたモロトフ外相とトルーマンは、ワシントンで会談した。トルーマンは鋭い口調で、ポーランド問題は米国とロシアがヤルタ合意に基づいて協力できるかどうかの象徴的試験だと明言した。経済協力への予算を議会が承認するためには幅広い公衆の支持が必要だと述べ、ロシア側に誠意を見せるよう迫った。[23] トルーマンは、前ファーストレディのエレノア・ルーズベルトを含む代表団を一九四六年一月十日の第一回の国連総会に派遣した。

トルーマンは、マーシャル・プランに対する広範な支援を獲得し、またトルーマン・ドクトリンを展開することにより欧州におけるソ連の軍事力を牽制し、外交面での成果をあげた。トルーマン・ドクトリンとマーシャル・プランはともに、東西冷戦対立を象徴する外交政策である。トルーマン自身、この二つの政策を「クルミのそれぞれ半分を構成する」と述べ、マーシャル・プランはトルーマン・ドクトリンを経済的に支える役割を果たした。

◉――トルーマン・ドクトリン

トルーマン・ドクトリンは、トルーマン大統領が一九四七年三月十二日に行った議会への一般教書演説で発表したもので、ギリシャとトルコに必要な援助をしなければ欧州各地で共産主義のドミノ現象が起こるだろうと訴え、王党派政権が左翼勢力と内戦（一九四六―四九年）を繰り広げていたギリシャをはじめとする共産主義に抵抗する政府への支援を呼びかけた。

世界史の現時点において、ほとんどすべての国民がいずれかの生活様式の選択を迫られている。その選択すら思うようには行われていない場合が多いのである。その生活様式の一つは、多数の人々の意思に基づき、自由な制度、代議制の政府、自由選挙、個人の自由、言論、宗教の自由などの保証、政治的抑圧からの自由ということを特徴にしている。第二の生活様式は、多数の者の上にむりやり押し付けた少数者の意思に基づいたものである。それは、恐怖と抑圧、統制された新聞、放送、買収された選挙および個人の自由の抑圧の手段によったものである。

武装した少数分子あるいは外部の圧力による征服の試みに抵抗している自由な諸国民を支援することこそが合衆国の政策でなければならない、と私は信じている。[24]

トルーマン・ドクトリンは最初から二重の目的を持つことになった。第一に、トルーマン政権内の強いコンセンサスに基づいて作成された外交政策の見解と立場についての公式声明だった。第二に、トルーマンの声明は米国民向けだった。それで、トルーマンは米国民に世界の安全保障が危険にさらされていることを納得させ、その上で、米国が世界的役割を担うことに対する米国民の支持を高める意図があった。このようにトルーマンは四半世紀の米外交政策の議論と主な問題の特徴を説明しようとし、大方は成功を収めた。ハンス・モーゲンソーの言葉によると、トルーマンの演説は冷戦の「知的資本」になることになっていた。[25]

この契機になったのは、一九四七年二月二十一日に英国政府が米国政府に渡した二通の覚書で、経済的苦境に陥った英国が従来のような援助を続けることは困難であり、三月三十一日をもってギリシャ・トルコへの援助を打ち切らざるをえないこと、その後は米国に肩代わりしてほしいことが書かれていた。米国は、大英帝国の衰退とともに、パックス・ブリタニカに代わるパックス・アメリカーナ建設の決断を迫られていた。トルーマン演説の起草者の一人ジョセフ・M・ジョーンズは、英国が「あらゆる負担とすべての栄光とともに、世界の指導者という仕事を米国に手渡した[26]」と述べている。しかも「政府は迅速に、秩序をもって、しかも反対意見もなく行動することに決めた[27]」。

一九四六年十一月の米中間選挙では共和党が勝利し、十四年ぶりに共和党が上下両院それぞれの過半数を制した。共和党は財政保守主義の立場から、海外援助のような多額の支出には懐疑的だった。ギリシャへの本格的援助を議会指導者に説得する過程で、一九四七年二月二十七日のホワイトハウスでの会合で、ディーン・アチソン国務次官（当時）は、米国が責任を回避すれば「ギリシャの崩壊はイランに影響し、やがて東方の全域に及ぶであろう」と警告し、地中海から中東、アフリカ、欧州に至る共産主義運動のグローバルな脅威を強調した。

トルーマン大統領は一九四七年五月二十二日に援助法案に署名し、トルコとギリシャへの軍事・経済援助として四億ドルの援助を与えた。トルーマン・ドクトリンは、米国が「武装少数派、あるいは外圧により試みられた征服に抵抗している自由な民族」を支援するという政策である。米国はこのドクトリンにより、新しい世界秩序形成の中心国家としての責任を引き受けたことになる。トルーマン・ドクトリンは、戦後の世界を「全体主義」と「自由主義」という二つの世界に分極化されたものとして捉え、米国的価値観や生活様式に挑戦するソ連に勝利することにより、米国の価値観を世界に普及させることを目指した。この意味で、ソ連を「悪の帝国」と呼び、米国を中心にした自由と民主主義を世界に拡大することを目指したレーガン・ドクトリン、二〇〇一年同時多発テロを契機に圧政の終焉を目指し米国に代表される自由の世界的拡大を打ち出したブッシュ・ドクトリンに通じるものがある。またモンロー・ドクトリンが米国の体制の西半球への拡大を目指したのに対して、トルーマン・ドクトリンはそれをさらに世界的に拡大させることを意図したものであり、モンロー・ドクトリンの世界版と言ってもいい。米外交の重要な里程標となったことは間違いない。

これに先立って、ルーズベルトの米ソ協調外交からトルーマンの米ソ対立外交に移行する象徴的出来事があった。トルーマン政権の中で、ルーズベルトの米ソ協調路線はウォーレス商務長官に引き継がれていた。ウォーレスは一九四六年九月十二日にマジソン・スクエア・ガーデンで「平和への道」と題する演説を行い、平和の必要性、米ソ協調と相互承認を唱えた。これは対ソ強硬論者の反発を買い、バーンズ国務長官と共和党大物議員アーサー・バンデンバーグがトルーマンにウォーレス更迭を求めた。トルーマン大統領は四六年九月二十日にウォーレス解任を決断したが、これはルーズベルトの米ソ協調路線とたもとを分かち、冷戦外交に移行する象徴的出来事だった。

◉――マーシャル・プラン

一方、マーシャル・プランは米国が第二次大戦後に計画、実行した欧州復興計画のことで、一九四七年六月五日にマーシャル国務長官がハーバード大学卒業式場で行った演説で提案したことから、その名が付けられた。具体的内容としては、欧州の敗戦国や発展途上国に対して、無償または低金利で援助を行うことを骨子とした。その狙いは、大戦で被害を被った国々を早期に復興させることにより、東欧、さらには欧州全土における共産主義勢力の伸張を食い止めることにあった。欧州復興を米国の政策のよりどころにするという考えには、多くの魅力的な側面があった。米国は欧州復興を通じてソ連を挫折させ、欧州全体を統合し、米国の莫大な経済援助歳出予算を将来的に軽減ないし削除できる可能性が少なからずあったからである。[28]

当時、米ソのイデオロギー対立以上に、西欧諸国経済の崩壊が社会的、政治的な危機をもたらす恐れがあり、それが差し迫った問題だった。それを放置すれば、米国経済も停滞し、世界の資本主義体制そのものが危機に直面する可能性があった。トルーマン大統領にとって、欧州の経済、社会、政治の危機を回避することは、膨張主義を追求するソ連の封じ込めのためにも必要なことだった。経済的にも、米国が戦時経済から平時経済に順調に移行するためには、経済の牽引役として海外輸出を推進する必要があった。しかし米国が欧州への輸出を推進しようにも、当時欧州諸国にはドルが不足しており輸入代金を支払うことができない状況があった。マーシャル・プランはこのドル・ギャップを解消し、米国の輸出市場を欧州に確保する方策でもあった。マーシャルは米国の欧州への支援が欧州のみならず米国のためになることを訴えた。

ヨーロッパの復興に何が必要であるかを考える際に、人命の損失、都市、工業、鉱山、鉄道など目に見える破壊は正確に見積もることができる。だが、この目で見える破壊よりも、ヨーロッパ経済の構造全体の方が一層深刻であることが、この数カ月の間に明らかになった。……

ヨーロッパは今後三、四年間に食料と必需品を外国、主に米国から得なければならないが、その需要が支払能力をはるかに上回っており、多額の援助が付加されなければならない。そうでなければ、ヨーロッパはきわめて深刻な経済的・社会的・政治的崩壊に直面せざるを得ない。……

ヨーロッパの諸国民が自暴自棄に陥ったならば、世界全体が沈滞することになり、混乱が起こる可能性があるが、それは別にしても、米国経済への影響は必至である。世界に正常で健全な経済を取り戻させるために、米国はできる限りのことをするのは当然である。正常で健全な経済がなければ、政治的安定も平和もありえないのである。[29]

米国のマーシャル・プラン発表を受けて、英国とフランスはソ連に三カ国外相会談を呼びかけ、一九四七年六月二十七日にベヴィン英国外相、ビドー仏外相、モロトフ露外相が会談したが、モロトフ外相はマーシャル・プランの受け入れを拒否した。英仏外相は七月三日、マーシャル・プラン受諾会議を七月十二日に開催することを発表した。ソ連は当初、東欧諸国に対して会議に参加したうえで米国の意図を批判する戦術をとるよう指示した。しかしソ連は、翌七月四日にダグラス駐英米大使とベヴィン英国外相の会談内容を入手し、米英がマーシャル・プランをソ連圏切り崩しの道具と考えていることを察知し、東欧諸国に対して受諾会議への参加をしないよう方針転換を打電した。東欧諸国の中でもポーランド、チェコスロバキアはソ連の思惑とは別個に戦後復興資金を欲していたため、受諾会議への参加を計画していたが、最終的にソ連の圧力で七月十日に参加撤回を決めた。

当初の米国の申し出はソ連および東欧を含むすべての欧州諸国が援助対象だった。マーシャル演説のヨーロッパとはアジアの西の地域のすべての国を意味した。[30] これは十分計算した上のことである。もし米国が西欧諸国だけを対象にしていたら、欧州分裂と冷戦激化の責めを負い、政治的に不利な立場に陥ったことだろう。もし実際ソ連が参加したら、米議会は二つの理由からマーシャル・プランを支持しなかっただろう。その第一は経費《コスト》で、ソ連は戦争でおびただしい損害を被っており、その復興費は天文学的数字になっただろう。第二は日々膨れ上がっていた対ソ感情である。しかしこれは覚悟しなければならない賭けだった。米国はこの危険を承知で賭けに出た。マーシャル・プランの援助を拒否して欧州分裂の責めを負うのは、米国ではなくソ連でなければならなかった。幸いなことに、スターリンは米国に「はったりをかますな」と言えず、援助の提供を拒否し、東欧の衛星国にもソ連に倣《なら》うよう命じた。[31]

ソ連が東欧諸国とともにマーシャル・プランに参加することは、ソ連圏にとって様々な不都合を生じさせることが明らかだった。東欧が西側諸国に経済的に依存することになり、ドル資金がソ連圏に大量に流入することになるだけでなく、国の財政を公開することも義務付けられることになる。ソ連にとっては受け入れがたいことだった。巨大な経済力によって「鉄のカーテン」をこじ開けようとする米国の試みは壁にぶつかった。このためマーシャル・プランは東欧諸国を対象外として、西欧諸国の戦後復興にもっぱら充てられることになり、欧州の東西分断を加速化する役割を果たすことになった。

欧州諸国が緊急に必要としていた資金は約八〇億ドルと見積もられていた。一九四八年三月、米議会は経済協力法を制定し、初年度の予算として四〇億ドルの資金を承認した。一九五一年末までに合計一二四億ドルがマーシャル・プランのもとで欧州復興に投入された。

こうして一九五〇年には早くも欧州の生産高は戦前の二五パーセント増となり、その二年後には戦前の二〇〇パーセント増となった。英国の輸出は好調、フランスのインフレは緩和、ドイツでは生産高が一九三六年のピーク時に達した。ドル不足は一二〇億ドルから二〇億ドルに減少した。欧州の都市は再建され、工場は稼動し、店には再び商品が並び、農業生産高も上がった。マーシャル・プランは大成功だった。しかもその費用といえば、同じ四年間の米国民所得のほんのわずかに過ぎなかった。この成功を達成したのは欧州の人々であるが、ウィンストン・チャーチルが「歴史上もっとも崇高な行為」と呼んだマーシャル・プランなくしてはこの急速な回復は不可能だっただろう。[32]

◉――NATO創設

米国は戦後、ドイツの戦後処理に中心的に関与した。一九四五年十一月から四六年十月までドイツでニュルンベルク裁判が行われた。ヒットラーやナチスの秘密警察の長だったハインリッヒ・ヒムラーらは自殺したが、ナチスの二二人の幹部が戦犯として裁かれ、一一人に死刑、八人に長期禁固刑が下され、三人が無罪となった。裁判では米国最高裁判事だったロバート・ジャクソンが首席検察官となり、米司法長官だったフランシス・ビドルは判事を務めた。戦争終結時点ではドイツの産業基盤はまだ八〇パーセントから八五パーセント健在だったが、米国を中心とした連合国は占領下のドイツの産業基盤を弱める政策を進め、多くの工場を破壊・解体した。この結果、一九四六年にドイツの工業生産は一九三六年の水準の三四パーセントにまで落ちていた。米国はドイツ弱体化の政策を二年間継続したが、徐々にドイツの工業力は欧州復興にとっても重要であることを認識し始めた。またドイツを経済的に弱めることが共産党の伸長につながる恐れがあり、欧州における共産主義の伸長を阻止するためにはドイツが必要になるとの認識を持ち始めた。

米国はドイツの復興なしでは欧州の資本主義の自立は達成できないと考えるようになった。それがドイツ占領政策の転換となっていった。米国は戦後、日本の占領政策においても、日本の政治、経済基盤を解体する政策から、日本を共産主義拡張を阻止するための同盟国として強化する政策に転換していった。[33]

こうした米ソの冷戦時代が本格的に始まることになった。冷戦幕開けの原因としては、いくつかの要因が考えられる。一つには、英国、ドイツ、日本などのパワーがなくなるにつれ、米ソの友好協力の理由が薄れていった。またそれに伴い世界に生じた真空地帯に米国、ソ連が進出するに伴い、米ソ間の摩擦の領域が広がり、米ソ対立・紛争の可能性も高まっていった。ソ連はバルト三国、フィンランド、ポーランド、ルーマニアの一部を併合し、ポーランド、東ドイツ、ルーマニア、ブルガリア、ハンガリー、アルバニアに傀儡《かいらい》政権を樹立した。極東では南サハリン、千島列島を領有し、満州地域の港湾、鉄道を支配下に置いた。

米国は第二次大戦を境に世界的な大国として成長していった。米国の工業生産量は倍増し、強大な艦隊、空軍力を保有するようになり、原爆を独占した。世界中の金の三分の二を保有し、欧州の旧帝国、日本が支配していた地域を影響下に置くようになった。米国は国連信託統治地域として、マリアナ諸島、マーシャル諸島、カロリン諸島を獲得し、日本、ドイツの一部を占領下に置いた。米国はその最大の艦隊を地中海に、二番目の艦隊を東アジアに配置し、英国、フランス、北アフリカ、トルコ、サウジアラビア、パキスタン、台湾、韓国、その他の国々に軍隊を駐留させた。遠からず米国は世界の四五カ国と同盟関係を結んで行く。

米国、ソ連の軍事力は他の国々に追随を許さない圧倒的規模を誇ったので、米国はソ連にとって、ソ連は米国にとって最大の軍事的脅威となった。この米ソ対立関係の構図は、米国、ソ連のイデオロギー的な違いによりさらに深まった[34]。

一九四八年三月、米国の後押しを受けて、英国、フランス、ベネルックス三国（ベルギー、オランダ、ルクセンブルグ）は集団防衛と経済的・社会的・文化的協力を謳ったブリュッセル条約に調印して、集団安全保障に乗り出した。トルーマンは一九四九年一月の一般教書演説で、北大西洋条約機構（NATO）の結成を計画していることを発表し、同年四月四日にはワシントンに一二カ国代表が結集して、NATO条約に調印した。これは米国が、欧州諸国の復興にとってマーシャル・プランを通じた欧州への経済的援助だけでは不十分であり、安全保障面での安心感を提供する必要を認識し始めていたことの表れであった。NATO発足により米国は欧州における軍事的主導権を確立し、さらにドイツの再軍備への道を開いた。これは冷戦の軍事化を促進することにもなった。マーシャル・プランの経済援助を管轄していた経済協力局（ECA）は一九五〇年に相互安全保障局（MSA）に統合され、一九五二年には米国の対外援助の八〇パーセントは軍事的性格のものになった。

ＮＡＴＯ創設は米国にとって先例となった。欧州諸国との「紛糾時の同盟」にもずっと慎重だった米国が、平時に同盟にコミットすることになった。とりわけ条約第五条では「締結国は、ヨーロッパまたは北米における一または二以上の締結国に対する武力攻撃を全締結国が、国連憲章第五一条の規定によって認められている個別的または集団的自衛権を行使して、北大西洋地域の安全を回復し、維持するためにその必要と認める行動（兵力の使用も含む）を個別的におよび他の締結国と共同して直ちにとることにより、その攻撃を受けた締結国を援助することに同意する」ことが規定された。米国は勢力均衡のギャップをもはや許さないし、新たな戦争が勃発し、それに引きずり込まれるような事態は許さない。すなわち米国は、欧州の均衡を保つことに自動的にコミットすることを保証した。米政府の観点では、ＮＡＴＯは二つの重要な役割を担うことになっていた。第一に、ソ連の脅威に対抗するために、同盟国による集団防衛を強化させソ連の挑発に対抗する。第二に、同盟各国の軍事力を米国主導の同盟傘下に置くことにより、二度の世界大戦の口火をつけた西欧諸国間の対抗意識を緩和する、の二つである。欧州、米国どちらの指導者もあまり強調しなかったものの、この地域的集団安全保障という役割が指導者の予想では非常に重要な役割を演じた。[35] 一九五五年に西ドイツがＮＡＴＯに加盟したとき、地域内の緊張緩和における同盟の役割は一段と大きくなった。

米ソ冷戦を戦うための米国の国内体制も整えられていった。一九四七年七月には国家安全保障法が成立し、情報収集・工作活動を進める中央情報局（ＣＩＡ）、陸海空の三軍を統合する国防総省、軍の統一的指揮権行使のための統合参謀本部（ＪＣＳ）、国内、外交、軍事政策の統合を計る国家安全保障会議（ＮＳＣ）が設置された。

これに伴い、軍の政策決定過程における発言力が大幅に強化されることになった。これは米ソ冷戦時代の特徴になっていった。国務省でソ連の封じ込め理論を生み出したケナンは、マーシャル・プランには賛同したが、NATO結成による冷戦の軍事化、トルーマンの一九五〇年一月の水爆開発決定、それに伴う米ソ核軍拡競争、ドイツ再軍備には反対を唱え、マーシャルの後を継いで国務長官になっていたアチソンと対立し、国務省政策企画室長を辞任した。

◉――NSC68文書と朝鮮半島

トルーマンは国務省、国防総省に軍事・外交政策の包括的な再検討を命じていたが、一九五〇年四月にその再検討作業の結果として国家安全保障会議文書NSC68がまとめられた。同文書は経済的、軍事的に同盟諸国の強化を呼びかけ、国防費をその当時の一三五億ドルから三五〇億ドルへ激増させることを勧告した。一九五〇年六月に朝鮮戦争が勃発し、NSC68に基づく軍事支出の大幅増大が議会により承認され、米国の外交政策は軍事重視へと大きく動いてゆくことになった。

NSC68の草案作りは、ポール・ニッツェと政策計画スタッフの直接指揮の下、国務省と国防省の計画グループによって行われた。NSC68の起草者はトルーマン・ドクトリンの起草者とは異なり、対照をなす米ソ両国の生活様式には関係なく、本質的には世界は二極だと考えていた。世界の政治と権力の両極化は一時的というよりはむしろ、「本質的に形を変える」世界権力分布であり、米ソ両国のような全く対照的な目的と理念を持つ世界大国が「対立が固有と化した」国際システムにおいて、互いに対立していると考えた。[36]

ソ連の目的は三面飾りであり、(一)世界共産主義のイデオロギーと政治の中心としてのソ連の強化、(二)既存の衛星国に対する支配の強化と新たな衛星国の拡大、(三)ソ連の世界制覇(覇権)の野望に対立する権力中枢の「全廃ないし強制破壊」、の三面から成る。

NSC68は世界的緊張の長期化、ソ連の軍事拡張、絶え間ない共産主義者の侵略を予測した。ある研究者によると、「ユーラシア大陸の工業地帯を取り込んで第三世界の周辺に統合し、国際システムにおける米国の圧倒的な地位を維持するために危険を冒す必要に迫られる場合を考えると、通常兵器の再軍備と戦略兵器の優越は絶対不可欠」だとみなされた[37]。米政府は巨額の国防予算と税率アップを支持するよう国民を説得しなければならなかった。

トルーマン大統領は明らかにこれらの観点と規範のどこかに位置した。一九五〇年代半ばまではディーン・アチソンの脅威論に近かったようだが、アチソンの反応を精力的に遂行する気にもなれなかった[38]。したがって、NSC68が提案した政策は宙ぶらりんなままだった。しかし一九五〇年六月二十四日に北朝鮮軍が三八度線を越えて韓国に進軍し、不確定要素のほとんどが霧消し、アチソンの手段が採用されることになる[39]。

NSC68は国家安全保障会議が発した共産主義が欧州を越えて拡張していくことに対する緊急の警告である。この政府報告書の筆頭執筆者であるポール・ニッツェは、「われわれが直面している問題は重大であり、中華人民共和国のみならず文明世界そのものの実現ないし崩壊という問題まで含んでいる[40]」と書いている。この報告書は米国防費増大に対する議会の承認を得るために出されたものである。しかし、それにも増して重要なことは、NSC68作成者が一般大衆に警告を発しようとしたことで、報告書で主張されている冷戦の拡大《エスカレーション》には大衆の支持が必要と思ってのことである。しかし問題は、どうやって米国民を納得させ報告書の処方箋を支持させるかにあった。「われわれはそれに頭を悩ませていた。そうこうするうち、ＮＳＣ６８にとってはありがたいことに、朝鮮半島問題が降りかかってきた」とアチソンの側近は述べている。[41] 朝鮮戦争勃発三カ月後の一九五〇年九月、トルーマンはＮＳＣ６８の履行を命じた。

東アジアでの出来事がＮＳＣ６８の兵役動員を即座に承認する形となり、一九五〇年六月の北朝鮮の韓国侵攻が、国連の庇護の下に米軍の軍事介入を引き起こした。そしてこの介入がケナンの封じ込め戦略の最初の試金石となった。朝鮮戦争は、冷戦が時として「熱く」なり、大国をして国境の端から端まで実際の戦闘に突き込ませることもあることを証明した。

1950年6月に勃発した朝鮮戦争への介入を宣言する宣誓書にサインをするトルーマン大統領

第二次大戦終結以来、朝鮮は分断国家となった。戦後解決の条件では、北緯三八度線以北の日本軍の武装解除をソ連が、以南を米国が担い、新政府創設までの間、国を二分することになっていた。しかし、冷戦が始まりこの分断は永続化した。分断に終止符を打ち、統一朝鮮を樹立しようとする米国のあらゆる試みは失敗した。[42] 米国は一九四七年にこの問題を国連に提訴、朝鮮半島全土における自由選挙の保証人になるよう求めた。しかしソ連は北朝鮮での選挙を認めず、選挙は南朝鮮（韓国）だけで実施され、北朝鮮は専制国家になっていった。選挙後、米国は大韓民国を公認し、李承晩政権をその正統な代表と認めた。

南北両政府とも自分の方が朝鮮民族の正統な代表であると主張し、双方とも朝鮮半島を支配するために半島の再統合に向け専心した。その意味では、一九五〇年六月二十五日に北朝鮮が韓国に侵攻して勃発したこの戦争は、何とかして相手の排除をはかる二政府間の内戦だったといえる。しかし、一九四五年以降の朝鮮半島の出来事が米ソ冷戦の敵対心の縮図となっているがゆえに国際戦争でもあった。一九四九年三月にスターリンが承認していることが証拠によって後日明らかになっているが、スターリンの承認なくして北朝鮮の侵攻は起こらなかっただろう。[43]

一九四八年の大統領選挙で、世界情勢の激変の中で外交に追われていたトルーマンは内政にも焦点を移し、「フェアディール政策」を打ち出し、共和党候補トーマス・デューイとの激戦のあとに二期目の当選を果たした。朝鮮戦争が勃発しトルーマンは再び、外交政策に力を注ぐことになった。朝鮮戦争の戦況は、中国軍の参戦もあって停滞した。一九五〇年十一月に国連軍総司令官のダグラス・マッカーサーが中国本土への核攻撃を主張したが、トルーマンは戦争の拡大を恐れてマッカーサー司令官を解任した。この解任劇はトルーマンの人気を低下させることになり、次の大統領選不出馬を表明した。一九五二年大統領選挙では朝鮮戦争が外交の最大の焦点になった。朝鮮戦争は同大統領選で当選した共和党ドワイト・アイゼンハワーの下、一九五三年七月に板門店で休戦協定が調印され、ようやく終結を見ることになる。

トルーマン在任中、十九世紀前半の英軍との戦闘による火災が原因になってホワイトハウス崩壊の危険が取りざたされ、改善を行うことになった。改築中はホワイトハウスの近くのブレア・ハウスに滞在していたトルーマンは、一九五〇年十一月一日にプエルトリコの民族主義者グリセリオ・トレソーラとオスカー・コラッツオによる大統領暗殺未遂にあった。警察とシークレットサービスにより保護され、事なきを得た。

◉Endnotes

1 James E. Dougherty and Robert L. Pfaltzgraff, Jr., *American Foreign Policy: FDR to Reagan* (New York: Harper & Row, 1986), p.92.
2 拙著『アメリカ外交の政治過程』勁草書房、二〇〇七年、第九章参照。
3 Wesley M. Bagby, *America's International Relations since World War I* (New York: Oxford University Press, 1999), p.137.
4 Robert H. Ferrell, ed., *Off the Record* (New York: Harper & Row, 1980), p.53 参照。
5 Harry S. Truman, *Memoirs, Vol. I, Year of Decision* (Garden City, NY: Doubleday, 1955), p.402.
6 Journal, August 1, 1945, Box 19, and Memorandum of Conversation with Harriman, July 17, 1945, Box 18, Joseph Davies Papers, Library of Congress.
7 Winston S. Churchill, *The Second World War, Triumph and Tragedy* (Boston: Houghton Mifflin, 1953), p.639.
8 William A. Williams, *The Tragedy of American Diplomacy*, rev. ed. (New York: Delta, 1962), p.249.
9 *Ibid.*
10 Thomas G. Paterson, J. Garry Clifford, Shane J. Maddock, Deborah Kisatsky and Kenneth J. Hagan, *American Foreign Relations, Vol. 2: A History since 1895* (Boston: Houghton Mifflin, 2005), pp.226–227.
11 John L. Gaddis, *The United States and the Origins of the Cold War, 1941–1947* (New York: Columbia University Press, 1972), p.264.
12 Gar Alperovitz, *Cold War Essays* (New York: Doubleday/Anchor Books, 1970), p.70.
13 Dougherty and Pfaltzgraff, *op. cit.*, p.49.
14 Churchill, *op. cit.*, p.545.

15 Walter Millis, ed., *The Forrestal Diaries* (New York: Viking, 1951), p.78.
16 Truman, *op.cit.* p.412.
17 David Reynolds, "World War II and Modern Meanings," *Diplomatic History*, 25 (Summer 2001), p.470.
18 Thomas J. McCormick, *America's Half-Century* (Baltimore: Johns Hopkins University Press, 1989), p.33.
19 Gaddis, *op. cit.*, p.289.
20 George Kennan, *Memoirs, 1925-1950* (Boston: Little, Brown, 1967), pp.557–558.
21 Stephen E. Ambrose, *Rise to Globalism: American Foreign Policy since 1938*, 5th ed. (New York: Penguin, 1988), p.79.
22 Steven W. Hook and John Spanier, *American Foreign Policy since World War II*, 17th ed. (Washington, DC: CQ Press, 2007), pp.37–39.
23 Dougherty and Pfaltzgraff, *op. cit.*, pp.47–48.
24 "The Truman doctrine: Special Message to the Congress on Greece and Turkey,"March 12, 1947, *Public Paper of the President of the United States* (Washington, DC: Government Printing Office, 1947), p.536.
25 Hans Morgenthau, *A New Foreign Policy for the United States* (New York: Praeger, 1969), p.1.
26 Joseph M. Jones, *The Fifteen Weeks* (New York: Harcourt, Brace & World, 1965), p.7.
27 *Ibid.*, p.11.
28 James A. Nathan and James K. Oliver, *United States Foreign Policy and World Order*, 3rd ed. (Boston: Little, Brown, 1985), p.83.
29 U.S. Department of State, A Decade of American Foreign Policy: Basic Documents 1941–1949, rev. ed., 1985, pp.806–807. 邦文の全訳は永田実著『マーシャル・プラン―自由世界の命綱』中公新書、一九九〇年、二四九―二五二頁。
30 Peter Calvocoressi, *Survey of International Affairs 1947–1948* (New York: Oxford University Press, 1952), p.91. マーシャル国務長官は一九四七年六月十二日の記者会見で、マーシャル・プランの対象地域に関する質問に対し、それがアジアの西のすべての地域を意味していると答えた。

31 マーシャル・プランの代わりにソ連は相互経済支援評議会（ＣＭＥＡ）を創設し、東欧諸国の経済支援を行ったが、支援の規模はマーシャル・プランに比べ小さかった。

32 Hook and Spanier, *op. cit.*, p.58.

33 花井等、浅川公紀編著『戦後日米関係の軌跡』勁草書房、一九九五年、第一章参照。

34 Bagby, *op. cit.*, p.143.

35 この二つの目的が、宣言した敵が崩壊した後もＮＡＴＯが存続していることの説明の手助けとなる。Steven W. Hook and Richard Robyn, "Regional Collective Security in Europe: Past Patterns and Future Prospects," *European Security*, 8 (Autumn, 1999), pp.82–100 参照。

36 NSC-68: United States Objectives and Programs for National Security (Washington, DC: April 14, 1950), p.4.

37 Melvyn P. Leffler, *A Preponderance of Power: National Security, the Truman Administration, and the Cold War* (Palo Alto: Stanford University Press, Stanford Nuclear Age Series, 1993), p.314.

38 Paul Y. Hammond, "NSC-68: Prologue to Rearmament," in Warner R. Schilling, Paul Y. Hammond and Glenn H. Snyder, *Strategy, Politics, and Defense Budgets* (New York: Columbia University Press, 1962), pp.340–341.

39 Nathan and Oliver, *op. cit.*, p.107.

40 Ernest R. May, ed., *America Cold War Strategy: Interpreting NSC-68* (New York: Bedford, 1993), p.26.

41 Edward W. Barrett in "Princeton Seminar," October 10–11, 1953, Box 65, Dean Acheson Papers, Truman Library.

42 William W. Stueck, *The Korean War: An International History* (Princeton: Princeton University Press, 1955) and Bruce Cumings, *The Origins of the Korean War* (Princeton: Princeton University Press, 1981) 参照。

43 Kathryn Weathersby, "The Soviet Role in the Early Phase of the Korean War: New Documentary Evidence," *Journal of American-East Asian Relations*, 2 (Winter 1933), pp.425–458.

chapter 3

Dwight D. Eisenhower

核時代の到来

ドワイト・D・アイゼンハワー Dwight D. Eisenhower

◉——第二次大戦の英雄

第三十四代大統領（一九五三―一九六一年）ドワイト・デビッド・アイゼンハワー（一八九〇―一九六九年）は、ドイツ系のデビッド・ジェイコブとイーダ・エリザベス・ストーバー・アイゼンハワーの七人息子の三番目として、一八九〇年テキサス州デニソンで生まれた。一九一一年にニューヨーク州ウェストポイントの米陸軍士官学校に入学し、一九一五年に卒業、テキサス州、ジョージア州での歩兵軍務、メリーランド州での戦車隊軍務を経て、一九一七年に陸軍大尉、一九二〇年に少佐に昇格した。一九二二年にパナマ運河地帯でフォックス・コナー将軍の副官、一九二五年にカンザス州フォート・レヴェンワースでの指揮官、参謀学校勤務、一九二七年ジョージア州フォート・ベニングでの大隊指揮官などを歴任した。その後、ワシントンの陸軍戦争大学に着任し、一九三〇年代になってからはジョージ・モゼリー将軍（国防副長官）の副官を務めた。さらに陸軍参謀総長ダグラス・マッカーサー将軍がフィリピン政府の補助軍事顧問を務めた時には主任武官として同行し、一九三五年までフィリピンで活動した。

第二次大戦発生当時の一九三九年に米国に戻り、一九四一年にテキサス州フォート・サム・ヒューストンで第三軍の司令官ウォルター・クルーガー将軍の首席補佐官に任命され、同年准将に昇格した。一九四一年十二月の真珠湾攻撃の後、アイゼンハワーは一九四二年六月までワシントンで参謀業務につき、戦争計画部門の主任レナード・ゲロー将軍のもとで太平洋防衛の主任代理、主任を務め、作戦部門首席補佐官ジョージ・マーシャル将軍のもとで首席助手補佐官に任命された。マーシャル将軍がアイゼンハワーの管理・統率能力を高く評価し、上級司令官抜擢への道を開いた。

ガーリー・ウィルスが指摘しているように、アイゼンハワーは、

> 戦闘に秀でるという本来の目的への野心が阻害された羨望と陰謀が渦巻く平和時に、陸軍に入った。そして確かな足取りと稀に見る生存本能で滑りやすい銃剣の階段を昇っていった。[1]

第二次大戦中の一九四二年六月、アイゼンハワーはロンドンの欧州戦域司令部の総指揮官に着任し、連合軍のモロッコ、アルジェリアの上陸作戦を総指揮した。さらに一九四二年十一月からは連合軍の北アフリカ陸海空三軍最高司令官になった。一九四三年十二月には欧州におけるオーバーロード作戦の計画、実行に総責任を担う連合軍最高司令官に指名され、一九四四年六月六日のノルマンディー上陸作戦における連合軍の

2期目の就任式に臨むアイゼンハワーとニクソン（1957年1月）

総指揮を行った。同年十二月には陸軍元帥に昇進し、同年末まで欧州における四五〇万人の連合軍全軍の総司令官を務め、卓越した指導力、外交力を発揮した。一九四五年五月八日のドイツ降伏後は、ドイツで米国の占領地帯の軍政長官になったが、ジョージ・パットン将軍にその地位を譲り、一九四五年十一月には陸軍参謀総長に任命された。一九五〇年十二月には北大西洋条約機構（NATO）の最高指揮官に任命され、NATO軍の最高司令官となった。

　アイゼンハワーは第二次大戦の英雄となり、一九四五年の終戦以来、大統領候補として言及されるようになった。しかしダグラス・マッカーサーは一九三六年以来、共和党からの大統領候補指名を求めたのに反して、アイゼンハワーは政界進出への関心を示さなかった。政党の所属も公言しなかったが、一九五二年大統領選挙で民主党、共和党両方から候補になるよう要請を受けた。当初は拒否したが、最終的に二十年間の民主党政権支配後の新しい指導者を求める国民の気運が高まったこともあって、共和党からの出馬を承諾した。五二年大統領選挙ではオハイオ州選出の上院議員ロバート・タフトを破って党指名を獲得した。共和党保守派でカリフォルニア州選出上院議員のリチャード・ニクソンを副大統領候補として、本選挙ではイリノイ州知事で民主党候補になったアドレイ・スティーブンソンを破って大統領当選を果たした。この選挙において、アイゼンハワーは共和党内のあらゆる層をまとめ、民主党、無党派からも超党派的な支持を得た。これは外交政策における超党派的なコンセンサス形成の基盤となった。ガーリー・ウィルスは「アイゼンハワーは兵士だったが、パットン将軍のように戦争を空想的にとらえたりはしなかった。アイゼンハワーは何よりも先ず、資力の行使には慎重で浪費をしないリアリストであり、マッカーシーのような人物に反対を表明できる人間でもなかった。一九五三年の大統領就任時、米国は疑念と病的興奮で二分した。アイゼンハワー大統領としての最大の国内業績はこのムードを沈めたことだ」と述べている。[2]

◉――ダレスと二人三脚外交

一九五二年大統領選挙では朝鮮戦争が外交の最大の焦点になった。共和党政策綱領はヤルタ協定を批判し、トルーマン政権の単なる共産圏封じ込め政策を越え、共産圏の解放を目指す積極的な外交政策を盛り込んだ。アイゼンハワーは共産圏解放を基本的に支持したが、解放の手段はあくまで平和的手段に限定するという立場を取った。アイゼンハワーは大統領になれば韓国を訪問し、膠着状態にあった朝鮮戦争を終結させると公約した。アイゼンハワーは大統領当選後、実際に韓国を訪問し、一九五三年七月に休戦協定に署名した。この間、共和党は封じ込めを「無益で不道徳」と非難した。[3] ジョン・フォスター・ダレスは代替として「解放」を提案した。ダレスが言わんとしたのは、東欧の「囚われの人々」を「共産主義の奴隷状態」から解放することだった。[4] しかし、どうやるかを詳しく説明したことはなかった。解放は五二年大統領選挙を左右するものではなかったが、「アイ・ライク・アイク"I like Ike"」の響きよい韻はアイゼンハワー勝利に、確かに効果があったかもしれない。アイゼンハワーは、素朴な話術と健康的な中西部のイメージを持つ、謙虚で誠実な人物に見えた。冷戦はますます軍事問題の様相を呈していったので、この職業軍人で戦争の英雄は、格別面白みのない民主党候補スティーブンソンを破った。朝鮮に行くというアイゼンハワーの公約が一般投票五五パーセント獲得に寄与したことは間違いない。

アイゼンハワー大統領のもとで国務長官を務め冷戦時代の米外交を推進したダレスは、祖父と伯父が国務長官を務めた名門の出で、一九五〇年にはトルーマン民主党政権下で対日講和担当の国務省顧問を務めたほか、共和党内の外交顧問を長く務め、豊富な外交経験を積んでいた。アイゼンハワーは、外交はダレスに任せ自分はゴルフに興じるといった評価を受けていたが、実際にはダレスに外交の重要事項を逐一報告させていた。ガーリー・ウィルスが指摘しているように、「アイゼンハワーは物事を平易にみせることにかけては職業的な本能を持っていた。彼は実際よりも仕事をやっていないように見えたが、それはそう見えることを望んだ。ゆったりした雰囲気が信頼を醸し出した。[5]」ダレス国務長官（一九五三―一九五九年在任）の方はアイゼンハワーに比べ融通が利かない、理路整然とした冷戦型政治家だったが、両者の「見解は目だって平行線」で、「決定を下すのは大統領だったことを資料が裏付けている[6]」。

ダレスとアイゼンハワーの関係は最初は緊迫していたものの、両者の信頼関係のアプローチが定着した。ダレスが米国の外交政策を支配しているように見えた。ダレスが好戦的に道徳的メッセージを放っては大胆な政策の範囲内で新しい政治攻勢を展開し、常に前面に出ているように見えた。[7] 朝刊の一面は、何度となく厳しい顔をしてワシントンや諸外国の首都で飛行機を乗り降りする国務長官の写真を掲載した。これとは対照的に、アイゼンハワー大統領は常に笑顔で、愛想よくくつろいでいた。アイゼンハワーの外交政策関連の演説では、東西の緊張緩和の可能性や機会がしばしば強調された。アイゼンハワーは米ソ対立に終止符を打つという強い、しかも本心らしい純粋な願望を明確にし、それが国際政治の鍵になっていった。ダレスの写真が国際面を飾ったのに対し、アイゼンハワーの写真はスポーツ欄向きだった。と言うのも、大統領は常にバーニング・ツリーやオーガスタでゴルフに興じているように見えたからである。

間違いなくこの二人の間には考え方に大きな違いがあったし、ソ連に関しては意見が食い違っていたと思われる。しかし、朝鮮半島やさらには米国防配置の削減や統合といったアイゼンハワー政権が直面した緊急の国家安全保障問題に関しては一致していた。二人とも、これらの問題の対応いかんによっては、党があれこれ言ってくるのは承知していた。振り返ってみると、アイゼンハワー政権が直面していた朝鮮半島や封じ込め維持といった優先課題を、政治的に危険をはらんだ国内情勢の中で処理するには、アイゼンハワーのスタイルとダレスとの関係はうってつけだった。

ダレスは一九五二年五月、国務長官に就任する前に解放と報復をテーマに論文を書き上げた。五四年一月十二日にダレスは外交問題評議会で演説を行い、新政権の政策協議と計画の結果を説明した。[8]

地域防衛は大量報復パワーというさらなる抑止力によって強化されるべきである。……自由社会が攻撃を抑止する方法は、自ら進んで、自分たちの選んだ手段で力強く即応できることにある。

この演説でダレスはトルーマンの封じ込めが防衛的、反作用的で、費用がかかると批判した。[9]アイゼンハワー政権は「負担可能な費用で最大の抑止を」という新たな米国の政策概念を進めていた。[10]ダレスはこの大量報復演説を通して、米国の外交政策は妥協のない厳格なものだというイメージを植え付け、トルーマン政権が構築した封じ込めの枠内で米国の政策を継続するというアイゼンハワー政権の決定を覆い隠すことに成功した。ことが起きたときのオプションはほとんどなくなった。局地戦が発生した際には米空軍、海軍がバックアップするが、まずは地域軍に頼る。それで不十分だったり攻撃が大規模だった場合は、残るは核戦争だけということになる。

◉———ニュールック戦略

ダレスは解放と報復を外交の中心的な焦点にし、大量報復、巻き返しといった言葉で表現される外交を展開した。また陸軍を中心にした通常戦力で戦い多くの犠牲を出した朝鮮戦争の教訓から、米国が圧倒的に優位な空軍力と核戦力に依存する軍事戦略を支持した。

スターリンの死とソ連の核能力増強により、米国防戦略の早期見直しが促進された。コードネームをソラリウム（サンルーム）と名づけられたこの国防戦略は、一九五五年までにロシア政府が奇襲攻撃をかけてきたら、米国に一二〇〇万人もの死傷者が出ると予測していた。[11]一九五三年十月、アイゼンハワー政権最初の予算作りのために、外交政策任務と国防計画を統合する仕事が始まった。アイゼンハワーは、陸海空三軍に「軍事的見地から必要とあれば、戦術、戦略いずれの核兵器の使用をも含めた立案」を認めるとする国家安全保障会議文書（NSC162／2）を承認した。[12] これにより、些細な小競り合いは別として、すべての戦争が最低でも戦略核戦争の様相を帯びることになった。そして、地上軍ではなく大量報復能力が今や、ソ連の攻撃に対する一番の抑止力とみなされるようになった。もっとも、具体的にどのような形の攻撃になるかは明確にされなかった。局地的な攻撃を抑止するために米国の地上軍を利用することには合意したものの、地域軍を使うかについては曖昧なままだった。これらの決定、とりわけ陸軍の規模縮小が一九五七年までの国防予算削減に道を開いた。一九五七年にアイゼンハワー政権はニュールックの完全遂行を目指した。

米国防戦略見直しの産物であるアイゼンハワー—ダレスによるニュールックは、「侵略を抑止ないし反撃するに足りるだけの」通常兵力と、米国が脅威に対してその都度「好きな手段で精力的に応酬できる」経費節減型の「大量核能力（massive atomic capability）」を組み合わせたものである。[13] ダレスのいう「大量報復」を、アイゼンハワー大統領は「敵が何か悪さを始めたら、その時は徹底的にやっつける」と簡潔に表現している。[14] 核抑止に頼る方が安くすむ。その理由を大統領はこう説明している。「国防費を野放しにしたら、インフレに陥る。……次に来るのは統制で、ついには軍事国家（軍事政策中心の全体主義国家）になり、……そしてそれほどまでしてわれわれが守ろうとした価値そのものを失うはめになる」。[15]

巨大な核兵器庫と強力な軍隊を有する米国は、たとえ戦争の瀬戸際まで行くことになろうとも、危機下において譲歩はしないという「瀬戸際作戦」を実践してきた。「勝利は最後の十五分まで気力を持ちこたえられる者のもとに行く」とダレスは書いている。[16]

通常戦力よりも核戦力による抑止力に依存する大量報復政策は、通常戦力の維持コストよりも核戦力の維持コストの方が安上がりである点に着目して、最小限の軍事コストで最大限の効果を維持しようとする考えに基づいていた。アイゼンハワーは米ソ冷戦は五十年は継続する長期的戦いだと見ており、長期戦のためには米国経済の健全さが重要であると考えていた。このためアイゼンハワー政権は経済力と軍事力のバランス維持を安全保障政策の基本原則にしていたが、大量報復政策もその原則を反映したものだった。

大量報復政策には重要な問題点があった。それは朝鮮戦争のような限定的な戦争には核兵器を常に使用できるとは限らないことだった。大量報復政策はソ連のような核保有国に対する抑止力としては効果があったが、地域紛争に対する抑止効果はなかった。この問題点を補うために、アイゼンハワー政権の安全保障政策においては同盟が重要視されるようになった。一九五三年十月二十九日の国家安全保障会議文書NSC162／2は、「米国は同盟国の支持なしではその防衛の必要を満たすことはできない」と指摘している。アイゼンハワー政権は、韓国、中華民国（台湾）と相互防衛条約に署名し、東南アジア条約機構などにより外交、安全保障の同盟関係をアジア、中東などに拡大した。この一連の同盟関係の構築により、トルーマン政権時代には欧州と日本にだけ焦点に絞っていた米国の国際安全保障政策の範囲は、北東アジア全域から中東にまで拡大していった。

◉――核の脅し

アイゼンハワーの一九五二年大統領選、就任当初において最も重要な外交問題は朝鮮戦争だった。朝鮮戦争とその軍事的膠着状態は米国の力の限界を象徴した。大統領選挙中、アイゼンハワーは当選すれば戦争の名誉ある解決を見出すために韓国を訪問すると公約した。朝鮮戦争の休戦交渉は一九五一年七月から継続中で、五二年秋には戦争捕虜交換問題をめぐり交渉が行き詰まっていた。これは国連軍捕虜になっていた中国軍、北朝鮮軍兵士の多くが共産政権下の中国、北朝鮮への帰還を欲しなかったことにもよる。このため米国は休戦交渉を有利に進めるために軍事作戦を継続した。アイゼンハワーの韓国訪問公約が休戦協定交渉にもたらした影響はともかく、一九五二年十一月四日の大統領選挙圧勝に貢献したことは間違いない。

朝鮮戦争はトルーマン時代に始まっていた動員計画プロセスに効力をあたえた。アチソンが述べているように、朝鮮へ部隊を派遣するには、「理論の領域からNSC68勧告を切り離し、緊急予算の争点にすること」であった。[17] 一九五三年度国防総省予算は、一九五〇年の一七七億ドルから五二六億ドルに跳ね上がった。米国の軍事増強には陸軍のさらなる増強、戦略核兵器の開発、欧州に陸軍四師団を追加し合計六師団とする、一九五二年初飛行のB52ジェット爆撃機、五二年十一月の熱核兵器装置の爆発、戦略空軍地下司令部（SAC）の航空機を一六〇〇機に増強することなどが含まれた。

アイゼンハワーは行動だけでなく脅しと言葉を使う用意があった。そしてその脅しは、穏やかに伝えられはしたが、ぶっきらぼうで威圧的だった。[18] ピーター・ライアンズは「二月にアイゼンハワーの命令で、休戦交渉の成果が芳しくないようなら、原爆の二つや三つ『無駄使い』することになるかもしれない、との伝言を慎重に伝えた」と報告している。[19] アイゼンハワーは一九五二年十二月に韓国を訪問したが、朝鮮戦争はアイゼンハワー就任後約半年継続した。アイゼンハワーはじめ政権内の人々もこの脅しが五三年三月の和平交渉のプラスになると考えていた。これについては議論の余地がある。三月初めに共産主義世界にとって歴史上重要な出来事が起こったからである。ソ連および共産主義勢力の象徴であり、妥協なき人物の象徴スターリンが突然、亡くなった。共産主義世界ではそれまでの長期政策に重要な変化が起こった。中国政府の政策における自由裁量度が増したことも、こうした変化の一例である。スターリンの死後数週間で、中国は朝鮮戦争に決着をつけようと決心する。一九五三年四月、病気および負傷兵の交換が行われたが、交渉は本国送還問題で行き詰まった。

一九五三年三月にスターリンが死去し、ソ連はニキータ・フルシチョフの台頭に至る移行期に入った。休戦交渉で、中国は国連軍の監督下の戦争捕虜の自主的帰国計画を受け入れたものの、一九五三年には再び交渉が行き詰まった。再びアイゼンハワーは密かに核兵器行使の脅しをかけ、時を移さず、北朝鮮に唯一残っていた戦略目標を爆撃した。一九五三年五月十日、十一日にヤールー川（鴨緑江）の水力発電ダムが爆撃され、五月十三日には北朝鮮の灌漑用ダム五カ所が爆撃された。まだ十二以上のダムが残っていたが、言わんとすることは明らかだった。米国は、北朝鮮を兵糧攻めにすることや火葬にすることも含め、やれることは何でもする用意がある、ということである。[20]

ダレス国務長官はインドのネール首相を介して中国政府にメッセージを送り、戦争が受け入れ得る条件で終結しないなら原子爆弾の使用を考えるという脅迫を行った。その脅迫を裏付けるために核弾頭を沖縄に移転し、さらに中国の基地の爆撃、中国港湾の封鎖の可能性をちらつかせることにより、中国に圧力をかけた。一九五三年七月二十七日に板門店で休戦協定が調印され、ようやく終結を見た。朝鮮戦争では、米国は三万二六二九人の米軍兵士が死亡、一〇万三二八四人の負傷者を出した。米国は一九五三年八月、韓国と相互防衛条約に署名した。[21]

米軍事力の重点を通常戦力から核戦力、陸軍から空軍に移すアイゼンハワー政権の戦略を反映して、朝鮮戦争以降、通常戦力の削減が行われた。米陸軍は朝鮮戦争終結時には二〇師団編成だったが、一九五七年には一四師団に削減された。また同期間に海軍はわずかに削減され、空軍は逆に一一五飛行隊から一三七飛行隊に増強された。海外に固定的に駐留する米軍部隊が削減され、同盟国の軍隊との提携強化、米本土に拠点を置く緊急展開部隊が強調された。さらにアイゼンハワー政権は一九五三年十月、欧州に戦域核兵器を配備する決定を下した。一九五〇年代初めまでには、米国はキロトン数の低い核兵器の開発に成功し、NATO軍事戦略として核抑止力の概念を現実的オプションとして組み込むことが可能になった。一九五四年十二月には、NATO閣僚会議は欧州に戦術核兵器を配備する合意に達し、五四年から五七年の間にソ連が西欧諸国を攻撃する場合に戦術核兵器を使用する軍事戦略が形成されていった。米国は、軍事力は米国の重要な国益が脅かされた時にのみ使用を考慮すべきだが、一度軍事力行使に踏み切った場合は、勝利するまでどこまでも軍事力の水準をエスカレートさせてゆくという軍事ドクトリンを持っていた。戦術核兵器の配備はその軍事ドクトリンに合致していた[22]。

ダレス国務長官が考案した解放の考えは、報復の概念とは相容れない側面を持っていた。報復は、軍事攻撃を受け米国の国益が脅かされた場合に、核兵器を含むいかなる兵器をも活用する用意がなければならないことを意味した。これに対して、解放はそもそも軍事力行使以外の方法でソ連に対して攻勢を仕掛けることを意味した。アイゼンハワーとダレスは大統領当選前から、軍事力に裏付けられた解放政策を推し進めることは、ソ連との戦争につながりうることを認識していた。そして、ソ連との戦争を回避することがアイゼンハワー政権の外交の中心的目標になった。

東ドイツ、ポーランド、ハンガリーなどで起こった動乱に示されたように、東欧はソ連が最も脆弱な領域になっていた。米国は東欧でソ連支配への反対勢力を助長するために自由ヨーロッパ放送などの手段を活用することができたが、それがソ連の軍事力により弾圧されることは目に見えていた。東欧圏はソ連がこの上なく重要視している地域であり、ソ連はそこで圧倒的軍事力を活用することを厭わないからである。そういう地域では米国の平和的説得手段の行使は成功しない。米国はソ連の軍事力に対抗し得る通常戦力を東欧地域で持っていなかったし、報復概念につきものの脅威のエスカレートを東欧地域に適用することもできなかった。このことから、解放の概念は当時の米国の国内政治状況に呼応して生まれてきたものであり、ソ連に対する受身的かつ防衛的な政策から、さまざまなやり方でより積極的な攻勢の政策に転換することが必要だという考え方を反映したものだった。

◉——試金石の東南アジア、台湾

朝鮮戦争後に、アイゼンハワー政権の戦略にとって最初の試金石になったのは東南アジアである。一九五四年に北ベトナムのディエン・ビエン・フーでホー・チ・ミン率いるベトミン（ベトナム独立同盟）武装勢力がフランスの植民地支配に最終攻勢をかけ、五月七日にそれを陥落させた。アイゼンハワーにとって、「ホー・チ・ミンはいうまでもなく筋金入りのコミュニストであり、その指揮下のベトミンは北で中国共産党に支援されている軍だった」[23]。アイゼンハワー政権は、中国共産党が助成してきた攻撃の波を阻んできた防壁が東南アジア一帯で破られたときに、フランスのパワー崩壊が差し迫っているのを目の当たりにした。一九五四年四月にアイゼンハワーはこう説明している。

まず第一に、あなた方には世界が必要としている物質の生産地という特別な利点がある。そしてあなた方は、自由世界とは相いれない独裁政治下では多くの人々が見落としがちな可能性を秘めている。最後に、あなた方は、……いわゆる「ドミノ」理論なる理論がある。ドミノ牌を一列に並べ、最初の牌を倒すと瞬く間に最後の牌はどうなるかはわかりきっている。[24]

第二次大戦中はフランスの植民地だった東南アジアのほとんどの地域を日本が占領し、大戦後もフランスは戦前の支配力を全面的に回復することはできなかった。トルーマン政権末期までには米国がフランスのインドシナにおける植民地費用の約半分を肩代わりし、一九五四年には四分の三を肩代わりするまでになっていた。米国は当時、フランスに対してインドシナの独立に向けて交渉を妥結するよう奨励しながら、フランスの政策を支持し続ける方針を維持していた。中国は朝鮮戦争終結後、フランスと戦うベトミン勢力への支援を増大することができるようになった。フランスは植民地支配崩壊の窮地に追い込まれ、米国の直接軍事介入を要請した。アイゼンハワーは、インドシナを失うことは東南アジアの他の国々をも共産主義の直接的脅威にさらす結果になると考え、トルーマン以上にインドシナを重視し、勢力を投入した。

ベトナムとインドシナについてアイゼンハワーはこう述べている。

ベトナム全体の損失に西のラオス、南西のカンボジアの損失を加えると、何百万人もの人々が降伏しコミュニストの奴隷になったに等しい。物質面においては貴重なスズの鉱床を失い、ゴムと米の巨大な供給を絶たれたことを意味する。そして中国との緩衝地帯を任じてきたタイは、やがて東側国境全域が侵入や攻撃にさらされることになろう。もしインドネシアが陥落したら、タイだけでなくビルマやマレーシアも脅威にさらされ、インドネシア全体および東パキスタン、東アジアの危険が高まるだろう。[25]

しかしアイゼンハワーは、インドネシア住民の支持と国際社会の支援が米国のコミットメントの前提になると考えた。欧州で軍事介入できる能力を持つ国は英国だったが、チャーチル政権は軍事介入には反対していた。さらにオーストラリア、ニュージーランドもフランスを支援するためのインドシナ軍事介入には反対だった。アイゼンハワー政権自体も、朝鮮戦争が終わったばかりの時期にアジアで別の紛争に巻き込まれることを嫌い、空軍力、地上軍の投入は避けたいと考えていた。しかし同時に米国は、もし中国がインドシナに軍隊を派遣して戦闘に参加する場合は直接介入することを誓約し、米国の介入には中国の軍事拠点に対する原子爆弾使用のオプションも含まれていた。

ディエン・ビエン・フー陥落の約二週間前から、米英仏中ソの参加によりジュネーブでインドシナ問題解決のための会議が開かれていた。一九五四年六月には、ピエール・メンデス・フランスがフランスの首相に就任し、インドシナ問題の平和的解決を七月二十日までに達成することを公約した。現地の軍事状況がフランスにますます不利になる中でジュネーブ会議の重要性が増し、一九五四年七月二十一日に北緯一七度線でベトナムを分割し、北側をホー・チ・ミン軍が支配し、南側を米国中心に支援される非共産政権が支配することでジュネーブ協定が達成された。米国はジュネーブ協定の調印国ではなかったが、合意に反対しないことを約束していた。米国は南ベトナムの成立が共産主義拡張を阻止する防壁と考え、一九五五年十月に成立した南ベトナムのゴ・ディン・ジエム政権を支持した。アイゼンハワー政権は一連の相互防衛条約でアジア周辺部を取り囲む安全保障の防壁を構築していたが、南ベトナムをそこに加えることを希望していた。アイゼンハワーは一九五四年九月に東南アジア条約機構（SEATO）の創設を米国の東南アジア政策の中心的要素として構想、五五年二月十九日にSEATO条約が発効した。この間、ダレスとアイゼンハワーは即座にインドシナに関するジュネーブ協定の結果を打ち消しにかかった。「重要なことは」とダレスは、会議が散会となった直後に次のように述べている。「過去を嘆き悲しむのではなく、これを機に、北ベトナム喪失が東南アジアや太平洋西南地域に共産主義が拡張する先陣となるのをなんとしても防ぐことである。」[26]一カ月半もたたないうちにダレスは、マニラに米国、英国、フランス、オーストラリア、ニュージーランド、パキスタン、タイ、フィリピン代表を集め、共産主義の拡張を防ぐためにSEATOを設立する。

ダレスは会議参加国と米議会からNATO合意に盛り込まれた防衛エリアに対する一種の事前コミットメントを手に入れたかったが、適わなかった。その代わり、SEATOは「SEATOの制度上の手続きに応じて……共通の危機に対処する」ことになった。この他、転覆、ゲリラ戦、それに類する活動の際の合意も同様にあいまいなものだった。[27]ベトナム、ラオス、カンボジアはSEATOには直接加盟しなかったが、SEATO条約議定書はその防衛範囲の中にインドシナを含めていた。しかしSEATOは、東南アジア地域におけるインドネシア、ビルマ、マレーシアなどの主要国の加盟を勝ち取ることはできなかった。さらにSEATO条約の集団安全保障条項は、NATOの北大西洋条約のような自動的防衛協力の強い内容を欠いていた。またSEATOにおいては、NATOのような統合指揮組織は形成されなかった。SEATOはベトナム戦争に対しても大きな影響を与えることができず、サイゴン陥落二年後の一九七七年六月三十日には解消された。

アジアにおけるもう一つの焦点は台湾だった。一九五四年九月三日、中国人民解放軍が台湾の統治下にあった中国本土に近い金門島、馬祖島への砲撃を行った。しかしアイゼンハワーはこの段階が局地戦のままで済むはずがないと主張した。アイゼンハワーの予測では二つの結果しかありえなかった。つまり朝鮮戦争型の関与か世界戦争のいずれかである。どちらも受け入れがたかった。にもかかわらず、アイゼンハワーは国内の圧力に応えねばならず、自身も「共産主義中国の戦いは徹底しており、われわれが止めなければ、極東に災いを招くことになる」とするダレスの査定は正しいという考えに傾いていた。[28] 米国は当初この問題を国連に委ねるよう提案したが、国連が広範な内戦問題を自らに不利な決議をする懸念を示した蔣介石がこれを拒否した。その結果、残された唯一の道は蔣介石との防衛条約（米華相互防衛条約）締結で、そのための交渉が開始されていく。

一九五四年十二月二日、米国は台湾との間に相互防衛条約を締結し、台湾防衛のコミットメントを確認した。五四年十二月のダレス国務長官と中国国民党政権の駐米大使の間の書簡交換により、米国は台湾が攻撃された場合に防衛する誓約の確認とともに、蔣介石が米国の事前同意なしで中国に対する軍事攻勢をしないという保障を取り付けようとした。一九五五年三月、米国は中国が台湾の領土に対して直接軍事攻撃を行う場合は、米国は対抗措置を講じざるをえず、場合によっては中国軍事拠点に対する原子爆弾使用もあり得るというシグナルを中国に送った。この警告に対して、中国の周恩来外相は一九五五年四月のインドネシアのバンドンでのアジア・アフリカ会議で、米国に和解のシグナルを送り、米中間で台湾海峡に関する会合がジュネーブで開始された。米中は大使級協議を一九五八年にワルシャワに場所を変えて継続した。この間、蔣介石は金門、馬祖に駐留させる軍隊を一〇万人規模にまで増強し、一九五八年八月末に中国は台湾を解放する意思を公表し、金門島への砲撃を再開した。米国は第七艦隊の艦船に金門島への補給を行う台湾艦船を中国領海ぎりぎりのところまで護衛させた。これにより、中台の対立が沈静化し、危機が回避された。一九五四年、五八年の二回にわたる中国の金門島、馬祖島砲撃に際して、ソ連は中国への支持声明を出す以外には何もしなかった。このことが、一九五〇年代末の中国のソ連離れに拍車をかけた。一九七〇年代初めのニクソン・ショックによる米中国交正常化の動きが本格化するまで、米中両国は大使級協議を続けた。

◉――中東に肩入れ開始

アイゼンハワー政権は米政府として中東に本格的に肩入れを始め、以後、米国の中東地域関与の基盤を作った。その最も顕著な事件がスエズ戦争だった。アイゼンハワーは一九五六年、スエズ運河の管理をめぐる論争で英国とフランスのエジプトへの軍事介入を強く非難し、米国の経済的支配力をテコに英仏にエジプトから手を引かせた。これを契機に、米国と英仏など西欧諸国間の外交政策が袂を分かち始め、英国の植民地支配力の後退とともに米国は世界的な超大国として台頭するようになった。スエズ問題は英国の衰退を加速させた。反共産主義同盟としてイスラエルを何としても味方につけておきたかったアイゼンハワーは一九五八年八月、そのユダヤ国家に初めての武器売却を行った。

スエズ危機は、エジプトのナショナリズムの高まりと英国の残存する安全保障上の利害の対立という形で起こってきた。地中海と紅海とを結ぶスエズ運河は主にフランスの資金で建設され、一八六九年に運営が開始されたが、英国にとって「帝国の生命線」とも言うべきものだった。英国は一八八二年以来、スエズ運河を保護するためにエジプト領内に軍隊を配置していた。一八八八年のコンスタンチノープル協定で、スエズ運河は商船、海軍艦船の通行に対して常時開放されていなければならないことになっていた。一九三六年の英エジプト条約により、英国は八万人の軍隊を収容可能な大規模な軍事基地を運河沿いに建設していた。一九五二年、エジプトではナセル中佐率いる「自由将校団」が軍事クーデターでファルーク国王を国外追放し、五三年にナギブ初代大統領の下で共和制を宣言した。一九五四年、英国とエジプトは、英国軍を段階的にスエズから撤収し一九五六年に撤収を完了すること、地域の安定、運河の安全が脅かされる場合は英国軍が戻る権利を留保することなどを規定した協定で合意した。同時に英国は、ソ連が中東、南西アジアに進出するのを防止するための地理的防壁を構築するために、トルコ、パキスタン、イラン、イラクとバグダッド条約という防衛同盟を結んでいった。米国はバグダッド条約に加盟していなかったが、それを支持していた。[29]

一九五六年六月、ナセルが大統領に就任し、七月にスエズ運河の国有化を宣言した。アイゼンハワー政権は、運河が国有化されても、ナセルが運河を閉鎖しない限りはエジプトに対する武力行使は行うべきではないと考えた。しかし英仏は、ナセル政権の転覆を目指し、それは武力行使によらなければ達成できないと考えた。一九五六年十月二十九日、英仏はイスラエルを誘ってスエズに進攻し、スエズ戦争が勃発した。アイゼンハワー政権は、英仏の植民地主義に基づくスエズへの軍事介入に米国が加担しているという印象を与えれば、米国の第三世界における威信が低下し、ソ連の中東その他への影響力拡大を招くことを懸念していた。一九五五年十月にはチェコスロバキアとエジプトが武器と綿花を交換する武器供与で合意し、ソ連はチェコを通して中東地域への進出を試みていた。このためアイゼンハワー政権は、ソ連がエジプトのナセルに援助を開始する前に紛争を収拾することが重要だと判断し、停戦しなければ英国向け原油輸出を停止すると英仏に圧力をかけた。英仏は米国からの圧力に屈し、スエズから撤退した。イスラエルもスエズ戦争で占領したシナイ半島から撤収したが、イスラエルに対する奇襲攻撃の拠点になってきたガザ地区には軍隊を駐留させた。米国はイスラエル建国以来、イスラエルを通じて中東への関与を強めていったが、同時にアラブ諸国がソ連との同盟関係を強めるのを防止することも重要な国益だった。このため一九五七年初め、米国はイスラエルに圧力をかけて、国連緊急軍（UNEF）をイスラエル軍に代わって駐留させるよう働きかけた。

米国は中東では帝国主義、植民地支配のしがらみを持たず、それらを持つ英国とは距離を置くようになる。米国の中東政策と英国の中東政策の乖離は、バグダッド条約の締結、米国のイスラエルへの武器援助で鮮明になり、スエズ危機で最も顕著になった。スエズ危機は英仏の衰退を象徴すると同時に、米国の世界的大国としての台頭を示す出来事になったといえる。

アイゼンハワー政権はまた、中東など第三世界への対応で、中央情報局（CIA）を中心に反政府活動、政府転覆などの工作を積極的に行使した。アイゼンハワーはCIAを外交政策の主要手段のひとつに格上げした。CIAは、国務長官の弟アレン・D・ダレス長官の下、多くのアイビー・リーグ出身の弁護士や研究者を雇い、諸外国のデータ収集と政策、目標、戦闘能力の評価作成に当たらせた。それとは別に、CIAは大統領に、「究極の侵害による終結（termination with extreme rejudice）」や「健康変更（health alteration）」すなわち暗殺といった「内密のオプション」を提示した。[30]こうして、冷戦に「ルールはなく」、「国が長年持ち続けてきた『フェアプレイ』概念を見直すべきという仮定のもとで稼動する」CIAは、次第に転覆、妨害、敵の破壊といった権限を有していった。[31]

一九五一年にイランで誕生したモサデク民族主義政権は石油の利権をめぐり英国との対立を深めていた。

アイゼンハワー政権はモサデクの民族主義に脅威を感じ、それまでの中立的な調停役から英国寄りに政策をシフトさせた。米国は国際石油企業に働きかけ、イラン産石油の世界市場への輸出を阻止する動きに出た。さらに米国は、CIAを使ってイラン軍内部の協力者を動かし、イランで大規模な街頭デモを組織し、混乱に乗じてモサデクを逮捕させた。さらに国外逃亡中だったパーレビ国王をイランに帰国させ、王権復帰を実現した。モサデク逮捕後、シャーはダレスCIA長官と協議後、ローマから戻った。それより早い一九五三年八月二十一日には、アイゼンハワーはCIA中東担当カーミット・ルーズベルトからのメモを受け取っている。それには「シャーは別人になった。外国勢力の専制的な決定ではなく国民から選ばれた国王だという意識があったため、初めて自分の能力を信じるようになった」とあった。[32] イランの経済支援は即座に四五〇〇万ドルに拡大した。そしてその一カ月後ルーズベルトはアイゼンハワーから国家安全保障勲章を授かった。[33]

さらにアイゼンハワーは一九五七年一月五日、議会に対して二つの要求を骨子とする中東特別教書案、いわゆるアイゼンハワー・ドクトリンを打ち出した。アイゼンハワーの要求の一つは、中東地域の国々の独立を保持するために軍事援助と二億ドルの経済援助を行うというものだった。二つ目は、中東のいかなる国に対してもソ連あるいはその衛星国が直接的な軍事的脅威を与える場合は米国の軍事力行使を承認するというものだった。ドクトリンは米軍の軍事介入の可能性をちらつかせながら、ソ連の中東進出を牽制するためのものだった。共産主義者が中東の「真空地帯」につけ入ろうと企み、「米国はソ連の支援を受けたアラブ急進派を阻止しなければ、イスラエルは『おしまい』だ」と強調することによって、大統領とダレスはアイゼンハワー・ドクトリンで封じ込めをよみがえらせた。[34] この一月五日の議会演説でアイゼンハワーは、「国際共産主義に支配された国家による公然たる武力侵略」に抵抗している中東諸国を助けるために、軍事、経済援助だけでなく、米軍を使う許可を求めたのであった。[35] この二つの要求に基づくドクトリンは、米国が初めて、中東地域を国家安全保障にとって重要な地域として認識した点で重要である。

◉——スプートニク・ショックからミサイル・ギャップ論争

アイゼンハワー政権時代、民主党主導の米議会では軍産複合体の利益を代表するスチュワート・サイミントン上院軍事委員長（当時）らの民主党大物議員が軍事費増大を求める圧力を強めた。一九五七年十月四日にソ連が世界初の人工衛星スプートニクの打ち上げに成功すると、議会の軍備増強派は「スプートニク・ショック」に乗じてソ連に対する危機感をあおった。「ソ連科学の勇敢さを誇示した」直径五十八センチメートル、重量約八十三キログラムのこの衛星が米国の「自尊心」に「大いなる打撃」をもたらした。[36] この危機感はさらに、一九五八年には米国よりもソ連が多くのミサイルを保有しているという「ミサイル・ギャップ」の議論に発展していった。大統領委託研究である「ゲーザー・レポート」が、ソ連は軍事的にも経済的にも米国を追い越すのではという不安をいっそうかき立てた。一九五七年十一月に出たこの報告書は、米国の「抑止力」改善に要する軍事増強を勧告した。[37]

財政赤字拡大は不本意だったものの、アイゼンハワーが費用のかかる決断を下したことで、この委員会の影響力は明白になった。これにはミサイル増強、航空総軍戦略爆撃機の分散配備、レーダーテクノロジーの改善、対ミサイル防衛強化、国防総省再編が含まれた。[38] それでも、一九五六年からU－2高高度偵察機がソ連の軍事能力を調査していたために、アイゼンハワーはスプートニクが米国の安全保障を危険にさらすこと

ソ連が1957年10月に打ち上げた世界初の人工衛星スプートニク1号

がないのはわかっていた。大統領は安全保障関連情報をリークする神経症気味の扇動政治家に内心腹を立てながら、軍事情報は出さずに国民を安心させようと努めた。[39]だが、国民のいらだちは納まらなかった。一九五八年一月、米国は最初の衛星エクスプローラー一号の打ち上げに成功した。同年七月議会は米航空宇宙局（NASA）を創設、NASAは国防総省と連携し、スタンフォード大学やマサチューセッツ工科大学などのハイテク研究に連邦財政援助を行うようになった。そうして大学の研究が国家の安全保障情勢の要請に従事する事態になった。[40]スプートニクはまた「ジョニー（ジョンの愛称）」が「イワン（ジョンのロシア語名）」についていけるように、中等教育改革に火をつけた。一九五八年九月に国防教育法（National Defense Education Act: NDEA）が制定され、科学、数学、外国語の新たな教育計画に連邦から援助が行われた。

こうしてアイゼンハワーは対ソ政策において、ソ連からの攻撃に対して究極的対応ができる軍事能力をもとにした政治・軍事戦略を模索した。同時に、ソ連に対する対抗措置がどのような形態を取るかはわざとあいまいにした。米国はソ連、中国に対して、「大量の原子爆弾、熱核爆弾による報復」（ダレス国務長官の一九五四年一月の外交評議会での演説、同四月の「フォーリン・アフェアーズ」誌）手段を維持し続けることを通告した。[41]これは米国の核兵器における優位を活用し、最大限の破壊力を維持しつつ、ソ連に対する柔軟かつ多様な対応を可能にする態勢を追求するもので、先に述べたニュールック戦略と呼ばれた。

核兵器と外交政策問題領域の研究者リーダーの一人、ハーバード大学講師ヘンリー・キッシンジャーは一九五四年に「並外れた能力を有する人々」で組織された研究グループの責任者になった。このグループは「核時代の外交政策の策定と遂行に関わるあらゆる要因を探ること」を委任された。[42] 一九五六年にキッシンジャーは、米ソ間で戦争が起こるようなことがあれば、核兵器の使用は避けられないと主張した。したがって、問題はいかにして戦争の範囲を限定するかだった。[43] 著書『核兵器と外交政策』の中でキッシンジャーは、米国の政策策定者が採用可能な軍事戦闘能力の範囲をこう述べている。「二十世紀は『自国の力を知らしめる』時代である。つまりわが国の力は迅速かつ決定的だと思わせる能力と心積もりが必要である。それは、ソ連の攻撃を抑止するためだけでなく、決定的行動をとる能力をもたない米ソどちらにも与しない国々を印象づけるためでもある」。要するに、どんなレベルの軍事力に対しても少なくともそれに見合った反応で対応する心積もりである。[44] 見合った対応とは、「われわれサイドに」インドシナや朝鮮半島、東欧やベルリンとは異なる「好ましい戦略的変化を起こす見込みが最も高い」戦術核兵器の行使や、限定戦争戦略も含まれる。[45] キッシンジャーはこう述べている。

今日の戦略の主な課題は、ソ連の挑戦に対抗できるように戦闘能力のスペクトラムを工夫することである。この戦闘能力は、敵より優れた報復能力によって実際に敵が全面戦争にはいるのは巧みに抑止しながらも、敵を全面戦争によってしか抜け出すことができない不測の事態に直面させることができる能力がなければならない。政治家にとって最も難しい決断は、全面戦争に突入して国家の本質を危険にさらすか否かであるので、全面戦争を開始する決断を敵側に押し付けることのできる国家の方が、心理的には常に優位に立てる。戦後のソ連のあらゆる動きはこれが特徴だった。ソ連は、それ自体は何ら全面戦争に値しないが、他の戦闘能力では対処しきれないような問題でわれわれに立ち向かってきた。全面紛争の危険を冒したくなかったがために、われわれは朝鮮半島であえて中国を敗北させなかった。立ち向かいたくない危険を引き受けることなくして、インドシナ危機の軍事解決などあろうはずもなかった。ハンガリー介入の提案を前に、水爆によるホロコーストを恐れて、われわれは尻込みした。限定戦争戦略はこの方向性を変えるか、あるいは少なくとも阻止するかもしれない。従って、限定戦争は大量報復の代わりではなく、その補完である。限定戦争は戦争拡大に対する制裁を供給する大量報復の能力である。[46]

一九五八年末までに、ほとんどの戦略家は、大量報復を実行可能な戦略概念とみなした。米国には局地戦を戦う能力と意志が必要だという点で一致していた。[47]唯一の論争は、核兵器を局地戦に使うべきかという点に集中した。一九六〇年初めまでキッシンジャーは、戦略兵器を早めに使うことを放棄し、その代わり、多彩な通常戦闘能力を使って、核兵器は「必ずしも唯一の頼みの綱ではないが、最後のオプションにすべき」だと主張するようになった。[48]

◉――デタントの予兆

ジョン・フォスター・ダレスが一九五九年五月に死亡し、アイゼンハワーは米国の外交政策を自ら指揮することになった。そして自身の人間的魅力を総動員して、残された任期中に米国の政策の方向性を変えようとした。その結果は、あるアイゼンハワー政権研究者によると、「これまで六年間のパターンが完全に崩れ、世界中が驚きで放心するほどの突然の急転換だった」[49]。アイゼンハワーの個人外交模索の試みはソ連最高指導者のそれと一致した。フルシチョフは抜け目ない芝居がかりと田舎くささはあったものの、多くの点で米国の官僚制度の鏡像であったソ連の外交および国防官僚制度に独自の烙印を押そうとしていた。こうして、フルシチョフの国内的必要性、西側との経済関係拡大による利益、中国との熾烈な戦い、そしておそらくは個人的本能が、アイゼンハワーの新たな出発に対して積極的に応じさせることになった。やがて一九五九年九月のフルシチョフ訪米につながる。

その段階に至る前に、それまでの米ソ関係のパターンが崩れる前兆がいくつか見られた。デタント（緊張緩和）への流れである。一九五四年から五五年にかけて、列強の首脳会談への要求が高まった。ウィンストン・チャーチルが雄弁な嘆願をし、米民主党は議会で交渉を要求した。これに対しダレスは、首脳会談はソ連に大規模なプロパガンダを行う機会を与えることになる、ソ連側と米側の人物が対等だという印象を与える、他国が気をもんだり提携しなくてすむために中立主義が促進される、そして外敵あっての全体主義なのでソ連は本気で交渉することはないだろうと反論した。ダレスは「われわれは確固不動であることでこんなに長い道のりを歩んできたのだから、笑顔に応じたばかりに巨大建築全体に傷をつけるようなことだけはなんとしても避けたい」と述べている。[50] しかしアイゼンハワーは、ソ連政府に「自由世界の顔を殴るようなことを許すべきでない」と釘をさす一方で、「今」が交渉には「幸先のよい時機」だと考えていた。[51]

一九五五年七月十八日から二十三日にかけて、ソ連、米英仏首脳がスイスのジュネーブで会談した。アイゼンハワーとダレスは議会に「ジュネーブはヤルタの二の舞にはならない」ことを保証した。[52] 四巨頭会談はなんら具体的合意に至らなかった。終盤に参加者の一人が会議を振り返って「会議が開かれたという以外、大した成果はなかった」と述べている。[53] 誰もが自分が優位に立とうとした。東西両陣営共、それぞれ自分の望み通りの条件でドイツの統合を望んだ。両陣営とも軍縮には前向きだったが、方法で意見が分かれた。アイゼンハワーは劇的な「領空相互査察（open skies）」を提案したが、これには米ソ両国が地図を交換し、それぞれの軍事施設を航空視察に委ねる必要があった。[54] ソ連の軍縮要求に対抗するために考えられたこの米国の提案について、アイゼンハワーは後に「われわれはソ連が受け入れないのは承知のうえだった。それでも巧い手だと思っていた」と述べている。[55] とは言うものの、アイゼンハワーは「新たな和解と協力の精神」を賞賛し、米国民に秘密協定は一つも結ばなかったことを請け合った。[56] 儀式的なことに終始した会議の後にソ連政府は西ドイツを承認し、フルシチョフはデタントを支持した。ジュネーブ会議は、戦後初めて米ソ指導者が話し合いのテーブルにつく機会となった。しかし、フルシチョフはこうも付け加えている。「われわれがマルクス、エンゲルス、レーニンを忘れると思う人がいたら、それは間違いである。つまらない者が口笛を覚えたとたん吹くと、こういうことになる[57]」。

デタントのテストケースであるオーストリア問題では、米ソ二大国は協力し実りある冷戦外交を展開したが、これは非常に稀なケースといえる。[58] 一九五五年五月に両国は、十年の占領に終止符を打ち、独立中立国オーストリア誕生に合意した。この合意に至ったのは、オーストリアからの熱心な働きかけがあったからだけでなく、米ソ両国が勝利の要素を見出したからである。両陣営共にオーストリアが相手陣営に入ることを許さなかった。ソ連政府は平和共存の約束を実践できた。米政府は、ソ連勢力の撃退を願う東欧のモデルになればと歓迎し、オーストリアからのソ連軍撤退が東欧に「蔓延」するのを念じた。[59]
同じ一九五五年五月、米ソ両国は国連が提唱した交渉で、核兵器の製造および使用禁止、通常兵力削減、勧告に従っているかを監視するための調査機関設立をうたった条約の締結寸前までいったかにみえた。これらの内容は米国が長年主張してきたことであった。「すべてがあまりに出来すぎていてとても信じられなかった」とあるフランス人官僚は述べている。[60]その通りだった。数カ月後、米国は軍縮提案から身を引いた。冷戦の精神構造にどっぷり浸かった米役人、とくに統合参謀本部は、ソ連が欺くと思った。さらに重要なのは、ダレスとアイゼンハワーが単なる「雪解け」ではなく、「冷戦の勝利」を欲しがったことである。[61]

◉——キャンプ・デービッド精神とU-2撃墜事件

ジョン・フォスター・ダレスが死亡し、外交政策遂行は完全にアイクの手に委ねられた。新国務長官クリスチャン・ハーターは共和党国際主義者エスタブリッシュメントの一人だったが、ダレスのように世間の注目を浴びることを求めはしなかった。アイゼンハワーは残る任期一年六カ月を、世界各国を訪問し世界平和の創設に尽力することにした。アイゼンハワーはソ連との関係を改善し、兵器競争を終結できるのではと考えていた。このために、一九五九年九月にニキータ・フルシチョフを米国に招いた。[62]
明らかにフルシチョフは、いちかばちか個人外交によってデタントを追求しようとしていた。しかしこの訪米の大成功がこの賭けを正当化したようだった。フルシチョフは一九五八年には権力基盤を強固にしていた。そして間髪をおかず、第二次大戦終結以来続いているドイツ分割をめぐる行き詰まりを打開しなければならないと宣言した。一九五八年十一月十日フルシチョフは、米国および西側同盟国に対し、一〇万の兵力を西ベルリンから撤退させ、かつてのドイツの首都を「自由都市」とし、ベルリンへのアクセスについては東ドイツ政府と交渉するよう要求した。翌年九月の訪米までにこの要求は撤回された[63]。

一九五九年九月、アイゼンハワーに温かく迎えられたフルシチョフは初の米国訪問を劇的な国連演説で開始した。その演説でフルシチョフは「三年以内の全面軍縮」を提案した[64]。ダレスの死後、外交の最前線に出ることが多くなったアイゼンハワーは、米国の広大さと多様性に直に触れることで「御影石に色よいきず（堅物にいい影響を与える）」をつけられればいいと思った[65]。フルシチョフはＩＢＭ工場を視察し、中西部の穀物農場の生産力に目をみはり、ハリウッドの映画撮影所を訪れた。その際、フレンチカンカンのむき出しの足を見て、これぞ西側資本主義の廃頽とばかりに立腹してみせた。「平和共存」を売り込み、「われわれは資本主義を葬る」という声明を誰一人文字通りに受けとらなければ、軍事的意味にもとらない、と述べた。「あなた方は資本主義の下で生活している。われわれは社会主義の下で生き、共産主義を築いていく。自分のシステムの方が良いことを証明した方が勝利するだろう[66]」。

滞在十日目、ソ連首相はメリーランド州の大統領別荘キャンプ・デービッドに出向いた。二日間にわたり両首脳は戦争の四方山話をし、ベルリン問題を協議した。アイゼンハワーは、フルシチョフがベルリンの最後通牒を放棄するまでは、新たな首脳会談開催には同意しないつもりだった。フルシチョフは放棄に同意し、これが「キャンプ・デービッド精神」を生み出し、両陣営がデタントに向けそれぞれの方策を進んで語り始めた。フルシチョフは後に、アイゼンハワーは「心から冷戦を解消し、関係を改善したがっていた」と政治局に報告しているが、その際、アイゼンハワーに助言している穏健派が「馬鹿者ども」を支配している、と付け加えている。[67]フルシチョフとおそらくアイゼンハワーはキャンプ・デービッド会談で、両国が政治的に何とかやりくりすればデタントは可能だと信じるようになったのかもしれない。[68]当初、一連の首脳会談で、重大な冷戦の領土問題が解決されるかもしれないと思われた。まずキャンプ・デービッドで注目すべきフルシチョフ―アイゼンハワー会談が行われ、次に両陣営の各同盟国の間で交渉が行われ、一九六〇年春にパリでの開催が決まった四巨頭会談へと続いた。予定では、これら全活動のクライマックスが一九六〇年夏に組まれていたアイゼンハワーのモスクワ訪問になるはずだった。約十四年後にデタントが開花する奇妙な前触れだった。

しかし、一九六〇年にデタントの形が整いそうに見えたとたんに、それが粉々になってしまった。最も劇的な破砕は同年六月、米国のU－2偵察機撃墜で幕を開けた。偵察機とパイロットのフランシス・ゲーリー・パワーズがソ連の都市スベルドロフスク近郊の飛行場に姿を現してからというもの、冷戦が再び現れ、デタントのできかかっていた形が突如として、ほとんど跡形もなく消え失せた。時がたっても、U－2撃墜事件の奇妙な本質は消えなかった。J・ウィリアム・フルブライト上院議員は、一九七五年に引退する際にこう述べている。

フルシチョフが六〇年代にここ（米国）にやってきたときは、より多くのソ連の資源をソ連の発展に注ぐために、今われわれがデタントと呼んでいるものを追い求める心積もりだった。アイゼンハワー大統領とフルシチョフが何らかの合意に達しようと努力している真っ只中にU－2事件がいったいどうして起こり得たのか、しばしば疑問に思ってきた。あれが事故だったのか計画的なものだったのか、誰にもわからないだろう。[69]

パワーズ飛行士は東西関係の中に放り投げられ、わけもわからず回収され、まるで磨き直された人間モンキースパナのようだった。U－2偵察機が撃墜されたとき、アイゼンハワーの言葉を借りると、大統領は「熱心すぎる部下の犠牲」になった、という内密の推測があった。アイゼンハワーはこれを否定している。「結局のところ……」とアイゼンハワーは指摘している。「重要な事柄について権威を持って米国の代弁をできないと思われたくなかったので」原則として飛行を認めた。[70]

アイゼンハワー政権の歴史的評価は、かたくなな保守主義、受身のスタイル、限定的な業績、新たな環境に適応することへの躊躇に重点が置かれてきた。近年、多くの問題に対する穏健なアプローチ、政策決定時の指揮権、政治的勘、軍縮へのコミットメントなどから、アイゼンハワーの「思慮深さと冷静な判断」が強調されるようになった。[71]

◉Endnotes

1 Garry Wills, *Nixon Agonistes: The Crisis of the Self-Made Man* (Boston: Houghton Mifflin, 2002), p.119.
2 *Ibid.*
3 Ronald R. Krebs, *Dueling Visions: U.S. Strategy toward Eastern Europe under Eisenhower* (College Station: Texas A&M University Press, 2002), p.17.
4 Saki Dockrill, *Eisenhower's New-Look National Security Policy, 1953–61* (New York: St. Martin's, 1996), p.18.
5 Wills, *op. cit.*, p.131.
6 Richard H. Immerman, "Conclusion," in Immerman, ed., *John Foster Dulles and the Diplomacy of the Cold War*

(Princeton: Princeton University Press, 1990), p.266.

7 John Foster Dulles, "A Policy of Boldness," *Life,* Vol.32, No.20 (May 19, 1952), pp.146–160 参照。

8 John Foster Dulles, "The Evolution of Foreign Policy," Speech before the Council on Foreign Relations, January 12, 1954, *Department of State Bulletin*, Vol.30, No.761 (January 25, 1954).

9 *Ibid.*, p.107.

10 *Ibid.*, p.108.

11 Thomas G. Paterson, J. Garry Clifford, Shane J. Maddock, Deborah Kisatsky and Kenneth J. Hagan, *American Foreign Relations, Vol. 2: A History since 1895*, 6th ed. (Boston: Houghton Mifflin, 2005), p.280.

12 Glenn H. Snyder, "The New Look of 1953," in Warner Schilling, Paul G. Hammond and Glenn H. Snyder, *Strategy, Politics, and Defense Budgets* (New York: Columbia University Press, 1962), p.436.

13 Dockrill, *op. cit.,* p.4 and William B. Pickett, *Dwight Eisenhower and American Power* (Arlington Heights, IL: Harlan Davidson, 1995), p.104.

14 Ronald E. Powaski, *The Cold War* (New York: Oxford University Press, 1998), p.102.

15 Shane J. Maddock, "The Fourth Country Problem," *Presidential Studies Quarterly,* 28 (Summer 1998), p.554.

16 Gordon H. Chang, *Friends and Enemies* (Stanford: Stanford University Press, 1989), p.70.

17 Dean Acheson, *Present at the Creation* (New York: Norton, 1969), p.420.

18 Dwight D. Eisenhower, *Mandate for Change* (Garden City, NY: Doubleday, 1963), p.181.

19 Peter Lyons, *Eisenhower: Portrait of the Hero* (Boston: Little, Brown, 1974), p.534.

20 *Ibid.* and Joyce Kelko and Gabriel Kelko, *The Limits of Power: The World and United States Foreign Policy, 1945–54* (New York: Harper & Row, 1972), p.681 and p.794.

21 James E. Dougherty and Robert L. Pfaltzgraff, Jr., *American Foreign Policy: FDR to Reagan* (New York: Harper & Row, 1986), p.94.

22 *Ibid.*, p.96.

23 Eisenhower, *op. cit.*, p.333.

24 News Conference, April 7, 1954, *Public Papers of the Presidents, Dwight D. Eisenhower, 1954* (Washington, DC: U.S. Government Printing Office, 1960), pp.382–383.

25 Eisenhower, *op. cit.*, p.333.

26 Marvin Kalb and Elie Abel, *Roots of Involvement: The U.S. in Asia, 1784–1971* (New York: W. W. Norton, 1971), p.89.

27 Southeast Asia Collective Defense Treaty, Article IV, in Richard A. Falk, ed., *The Vietnam War and International Law* (Princeton: Princeton University Press, 1968), p.562.

28 Eisenhower, *op. cit.*, p.464.

29 Thomas G. Paterson, *Meeting the Communist Threat* (New York: Oxford University Press, 1988), p.161.

30 Loch K. Johnson, *America's Secret Power* (New York: Oxford University Press, 1989), p.17 and p.27.

31 *Ibid.*, p.10.

32 Eisenhower, *op. cit.*, p.165.

33 Richard Barnet, *Intervention and Revolution*, rev. ed. (New York: Mentor, 1972), pp.264–268 参照。

34 Douglas Little, "The Making of a Special Relationship," *International Journal of Middle East Studies*, 25 (1993), p.564.

35 Ray Takeyh, *The Origins of the Eisenhower Doctrine* (New York: St. Martin's, 2000), p.152.

36 Campbell Craig, *Destroying the Village* (New York: Columbia University Press, 1998), p.70.

37 Michael Mandelbaum, *The Nuclear Question* (New York: Cambridge University Press, 1979), p.66.

38 David Snead, *Gaither Committee: Eisenhower & Cold War* (Columbus: Ohio State University Press, 1998), p.158.

39 Peter Roman, *Eisenhower and the Missile Gap* (Ithaca: Cornell University Press, 1995), p.139.

40 Stuart Leslie, *The Cold War and American Science* (New York: Columbia University Press, 1993), p.2 and p.43.

41 John Foster Dulles, "Policy for Security and Peace", *Foreign Affairs*, 32 (April 1954), pp.353–364.

42 Henry Kissinger, *Nuclear Weapons and Foreign Policy* (New York: W.W. Norton, 1957), p.vii.

43 Henry Kissinger, "Force and Diplomacy in the Nuclear Age," *Foreign Affairs*, 34 (April 1956), pp.349–366.

44 Kissinger, *Nuclear Weapons and Foreign Policy*, p.264
45 *Ibid.*, p.147.
46 *Ibid.*, pp.144–145.
47 Morton Halperin, *Limited War in the Nuclear Age* (New York: John Wiley, 1963), p.62.
48 Henry Kissinger, "Limited War: Conventional or Nuclear? A Reappraisal," in Donald G. Brennan, ed., *Arms Control, Disarmament and National Security* (New York: Braziller, 1961), p.146.
49 Townsend Hoopes, *The Devil and John Foster Dulles* (Boston: Little, Brown, 1973), p.492.
50 Ronald W. Pruessen, "From Good Breakfast to Bad Supper: John Foster Dulles between the Geneva Summit and the Geneva Foreign Minister's Conference," in Günter Bischof and Saki Docrill, eds., *Cold War Respite* (Baton Rouge: Louisiana State University Press, 2000), p.268.
51 Richard H. Immerman, "Trust in the Load but Keep Your Power Dry," in Bischof and Dockrill, *op. cit.*, p.41.
52 Sherman Adams, *First Hand Report* (New York: Popular Library, 1962), p.177.
53 Raymond L. Garthoff, *A Journey through the Cold War* (Washington, DC: Brookings Institution Press, 2000), p.24.
54 Richard G. Hewlett and Jack M. Holl, *Atoms for Peace and War* (Berkeley: University of California Press, 1989), p.299.
55 Herbert S. Parmet, *Eisenhower and the American Crusades* (New York: Macmillan, 1972), p.406.
56 Public Papers, *Eisenhower, 1955*, p.730.
57 Denis Healey, "When Shrimps Learn to Whistle," *International Affairs*, 32 (January 1956), p.2.
58 Günter Bischof, "The Making of the Austrian Treaty and the Road to Geneva," in Bischof and Docrill, *op. cit.*, p.154.
59 Kurt Steiner, "Negotiations for an Austrian State Treaty," in Alexander L. George et al., eds., *U.S.–Soviet Security Cooperation* (New York: Oxford University Press, 1988), p.75.
60 Matthew Evangelista, "Cooperation Theory and Disarmament Negotiations in the 1950's," *World Politics*, 42 (July 1990), p.503.

61 Pruessen, *op. cit.*, p.268.

62 Robert D. Schulzinger, *American Diplomacy in the 20th Century* (New York: Oxford University Press, 1994), pp.255–256.

63 *Ibid.*, p.256.

64 David Wolff, "One Finger's Worth of Historical Events," Working Paper No.30, *Cold War International History Project* (Washington, DC: August 2000), p.12.

65 Dwight D. Eisenhower, *Waging Peace: The White House Years, 1956–1961* (Garden City, NY: Doubleday, 1965), p.432.

66 Nikita Sergeevich Khrushchev, *Khrushchev in America* (New York: Crosscurrents, 1960), p.120.

67 Deborah Welch Larson, *Anatomy of Mistrust: U.S.–Soviet Relations during the Cold War* (Ithaca: Cornell University Press, 2000), p.96.

68 Hoopes, *op. cit.*, p.496.

69 J. William Fulbright, "Reflections on a Troubled World," Interview conducted by Warren Howe and Sarah Trott, *Saturday Review*, January 11, 1975, p.14.

70 Eisenhower, *Waging Peace*, p.553.

71 Robert R. Bowie and Richard H. Immerman, *Waging Peace: How Eisenhower Shaped an Enduring Cold War Strategy* (New York: Oxford University Press, 2000), p.6.

chapter 4

John F. Kennedy

キューバ危機への対応

ジョン・F・ケネディ John F. Kennedy

◉——二十九歳で連邦下院議員

第三十五代大統領（一九六一—一九六三年）ジョン・F・ケネディ（一九一七—一九六三年）は、一九一七年にマサチューセッツ州ブルックラインで、アイルランド系移民のジョセフ・P・ケネディの二番目の息子として生まれた。十三歳の時にコネチカット州の寄宿学校であるチョート・スクールに入学し、一九三五年には英国のロンドン・スクール・オブ・エコノミックスに一年間留学した。米国帰国後、プリンストン大学に入学したが、クリスマス休暇中に黄疸で退学を余儀なくされ、一九三六年秋にハーバード大学に転校した。ハーバード大学在学中にフットボールの試合で背中をひどく痛めたが、第二次大戦中の一九四〇年に同大学を優等で卒業した。

ケネディは一九四一年に海軍士官となり、四三年三月にはパトロール魚雷艇の艦長として太平洋戦争の様々な作戦に参加した。一九四三年八月にソロモン諸島付近のニュージョージアの西を哨戒していた時に、大日本帝国海軍の駆逐艦「天霧」との偶発的接触で船体を引き裂かれる事故に遭遇した。ケネディは負傷者を命綱で結びつけて三マイル遠泳して近くの島にたどり着き、ココナッツに刻んだメッセージで友軍に救出された。ケネディはこの行動のゆえに、ハルザー海軍提督から感謝状、名誉負傷章、海軍メダル、海兵隊メダルを授与された。しかし従軍中に負った背中の負傷が悪化し、マラリアにかかり、一九四五年前半に終戦の数カ月前に名誉除隊した。

その後、政界進出のチャンスが到来する。ケネディは第二次大戦後、戦死した兄ジョセフ・ケネディ・ジュニアに代わって政界に進出し、一九四六年にマサチューセッツ州の連邦下院選挙に民主党から出馬し、精力的なキャンペーンを展開した。共和党候補に大差で勝ち、二十九歳で連邦下院議員になった。下院議員を三期務めたあと、一九五二年には連邦上院議員選挙に出馬して、共和党候補ヘンリー・カボット・ロッジ・ジュニアを約七万票の差で破り、上院議員に当選した。一九五三年に、フランス系移民の名門の娘だったジャックリーン・リー・ブーヴィエと結婚した。上院議員就任後の二年間に、ケネディは脊柱の手術を何度も受けて上院本会議を長期欠席したが、その間に八人の上院議員についての本『勇気ある人々』を出版し、それが後にピューリッツァー賞を受賞した。

上院議員時代において特筆すべきことは、ケネディのマフィアとの戦いである。ケネディは、組織犯罪と労働組合の癒着・腐敗を追及する上院のマクレラン委員会の委員を務めた。ケネディの実弟ロバート・ケネディは司法省から出向で同委員会の首席顧問になり、検事役を務めた。同委員会は、米国最大の組合員数を誇るトラック運転手労組チームスターとマフィアの繋がりを暴き、とくにチームスターの委員長ジミー・ホッファとマフィアの関係が暴露された。これを契機に、ケネディ兄弟とホッファの因縁の対決が始まった。また、同委員会は、ルイジアナ州ニューオリンズが港湾労働組合を牛耳るマフィアの関与で、バティスタ政権下のキューバからのヘロイン密輸の中継基地として利用されていたことを明らかにした。この委員会の活動がケネディ兄弟の知名度を高めたといえる。

◉——米史上最年少、初のカトリック大統領

ケネディは民主党から一九六〇年大統領選挙に出馬し、予備選を勝ち抜いていった。民主党の幹部は、カトリック教徒であるケネディでは大統領選に最終的に勝利を納めることはできないと判断した。民主党幹部を代表してハリー・トルーマン元大統領はミズーリ州インディペンデンスで記者会見を行い、ケネディに出馬を止めるよう呼びかけた。しかしケネディはニューヨークで記者会見を開き、十四年間の政治経歴、若さなどは出馬反対の理由にならないことを強調して説得力のある反論を展開した。

ケネディは一九六〇年七月の民主党全国大会で党大統領候補指名を獲得し、副大統領候補にテキサス州選出上院議員リンドン・B・ジョンソンを指名した。ケネディは指名受諾演説で、米国民に対して「ニュー・フロンティア」精神を訴え、現状に固執せず新しい未来への先駆者になるようアピールした。米国民は「歴史の転換期」に立っており、「公益をとるか個々の快適さをとるか、卓越した国になることをとるか衰退する国になることをとるかの選択を迫られており、全人類がわれわれの決定を待ち受けている」とケネディは宣

言した。[1]

共和党大統領候補に指名されたのは、アイゼンハワー政権で八年間副大統領を務めてきたリチャード・ニクソンだった。大統領選挙においては、世論調査は外交が米国民の最大の関心事であることを示していた。とくにソ連、一九五九年にカストロが革命を達成したキューバへの外交が注目された。ケネディは十四年間の議員時代に強固な反共主義の立場を取り、トルーマン政権が中国の共産化を許したことを批判し、一貫して国防費増大を支持した。ケネディは、世界情勢は「神のもとでの自由と神なき独裁の対立」であると強調し、アイゼンハワー政権がソ連の大陸間弾道ミサイル（ICBM）配備における優越を許し、「ミサイル・ギャップ」を生み出したと批判した。さらに同政権が第三世界において十分に強力に冷戦を戦っていないとし、キューバが「共産主義の衛星国」になるのを許したと非難した。ケネディは、カストロ政権転覆を目指すキューバ亡命者の部隊を強化することを訴え、必要とあればキューバ進攻を認めると述べた。アイゼンハワー政権は密かにキューバ亡命者によるキューバ進攻の準備を進めていたが、ニクソンはケネディのキューバに関する発言を「無責任で危険」であり、国連憲章と国際条約の違反であると批判した。

ケネディは議会のマクレラン委員会での活動で名声を高めていたが、知名度では現職副大統領のニクソンに及ばなかった。この知名度での劣勢を逆転させたのは、大統領選挙としては初めてのテレビ討論だった。テレビ討論では、ニクソンがケネディを論破しようとする余り細かい話に集中したのに対して、ケネディは超然とした立場から国民に直接語りかけ、好印象を与えた。第二回テレビ討論では、「（米ソ）首脳会談に出向き再会する前に、米国は経済的な強さと軍事的強さを増すことが重要だと思う。パワー・バランスやパワー・ウェーブがわれわれから離れようとしている状態で交渉したところで、ベルリン問題であれ他の問題であれ、

米大統領選として初のテレビ討論（左がケネディ、右がニクソン両候補）（1960年10月）

満足いく決定に到達するのは非常に困難である」と対ソ交渉の前提条件を語った。[2]

一九六〇年十一月八日の選挙は歴史に残る大接戦となったが、ケネディが勝利した。ケネディは選挙で選ばれた大統領としては米国史上最年少四十三歳で、また初めてのカトリック教徒の大統領になった。ケネディは一九六一年一月二十日、第三十五代大統領に宣誓就任し、「米国民よ、祖国があなたに何をしてくれるかを尋ねるな。あなたが祖国のために何をできるかを尋ねよ」という呼びかけで知られる就任演説を行った。演説の中でケネディは、世界の国々に対して、人類共通の敵である暴政、貧困、疾病、戦争と戦うために参加するよう呼びかけた。この就任演説は最も偉大な大統領就任演説の一つとして評価されている。ただケネディはカリスマ性に富んでいたが、六三年十一月二十二日にテキサス州ダラスを遊説中凶弾に倒れ、在職期間一〇〇〇日と短かったこともあり、大統領としての具体的な成果は乏しかったとされる。

ケネディは国際政治学教授で元情報将校、東アジア担当国務次官補のディーン・ラスクを国務長官に、ハーバード大学元学部長、元情報将校のマクジョージ・バンディを国家安全保障担当大統領補佐官、ハーバード大学経営学教授、フォード自動車社長のロバート・マクナマラを国防長官に指名した。ケネディは就任後間もなく、一連の外交危機に直面することになる。

◉――ベルリン危機

ケネディが大統領就任後、最初に手がけた主要外交政策はキューバ問題である。一九五九年一月のキューバ革命以降、フィデル・カストロは米国の経済封鎖のゆえに、ソ連に急速に接近しつつあった。アイゼンハワー前政権は末期、ニクソン副大統領（当時）の主導のもとでCIAが中心になって、亡命キューバ人を訓練してカストロ政権を転覆させるキューバ進攻計画を密かに準備していた。ケネディが大統領になるや、作戦を指揮してきたCIA長官のアレン・ダレス、CIA秘密工作局次長リチャード・ビッセルらがケネディに計画を説明し、実行するよう勧告した。一九六一年四月四日に、キューバ進攻のためのピッグス湾進攻計画に関する最後の会議が、ケネディ大統領、ラスク国務長官、マクナマラ国防長官、ダグラス・ディロン財務長官、ダレスCIA長官、ライマン・レムニッツァー統合参謀本部議長らの出席のもとに、国務省で開催された。ケネディは会議で、米正規軍を絶対に投入しないという条件で、進攻作戦の実行を許可した。しかしCIAは進攻作戦の実行部隊である亡命キューバ人部隊に米正規軍援助を約束していた。

ピッグス湾進攻計画は完全な失敗に終わり、事件への米政府の関与があからさまになり、ケネディ政権は国際的な批判にさらされることになった。米軍投入を拒否したケネディ大統領は、亡命キューバ人団体、CIA、軍部からも反感を買った。ケネディはこの事件を契機に、CIAのダレス長官、チャールズ・カベル副長官を更迭し、ジョン・マコーンをCIA長官に指名した。CIAはその後もカストロ暗殺計画を密かに進めようとしたが、ケネディがそれを知っていたかどうかは不明である。

ピッグス湾事件から二カ月もしないうちに、ベルリン危機が勃発した。一九六一年六月、ケネディとソ連のフルシチョフ書記長兼首相はウィーンで米ソ首脳会談を行ったが、ベルリン問題、核実験禁止、ラオス紛争が中心議題になった。米ソの対立はベルリンをめぐって表面化した。明らかにソ連に強い立場で交渉に臨みたいというケネディの願望は、ウィーン会談まで二週間を切る五月二十五日に議会で行った意表をついた強硬な演説によく表れている。「国家の緊急事態にあたって」と題する演説で、ケネディは次のように明言して会談への出席を説明した。「尋常ならざる時期に来ている……そして私は『フリーダム・ドクトリン』推進のためにこの場にいる。」ソ連は「強力な大陸間爆撃力を有している。戦争を行うための莫大な戦力を有し、ほぼすべての国によく訓練された地下組織があり……短期間に決する能力を持っている。異議を唱えることのない社会を有し……暴力と破壊（国家転覆）技術にかけては長い歴史を持っている。[3]」見事な切込みだった。

フルシチョフはウィーン会談で、ドイツに関して米ソが合意に達しなければ、ソ連は六カ月以内に東ドイツと平和条約を締結し、ベルリンの統治権をドイツに返還するとし、そうなればロシアは西側に東ドイツ領を横切るアクセスを保障できなくなると脅した。ケネディは米国のコミットメントが信頼できるものであることを示すために、米国はベルリンに留まる必要があると主張し、米国のドイツ占領権を損なうことは深刻な結末を招来すると警告した。フルシチョフはこれに対して、「私は平和を欲するが、あなたが戦争を欲するならばそれはあなたの問題だ」と述べ、アクセス・ルートを東ドイツに返還すると言い張った。さらに西ベルリンを管理していた米英仏など西側が東ドイツ領土を侵害するならば「戦争になるだろう」と脅迫した。ケネディは「非常に寒い冬になるだろう」と応酬した。ウィーン会談は米ソ対立を激化させる結果になった。

ケネディは、西ベルリンを「西側の勇気と意思の最大の試験場」と呼び、米国がベルリンをめぐって核戦争を戦うことを躊躇すれば、フルシチョフはそれを度胸のなさと受け止めるかもしれないと考えた。ケネディは欧州に四万五〇〇〇人の軍隊を増派し、議会に国防支出の三二億ドル増額を要請し、二五万人の予備役の正規軍編入を要請した。通常および非通常戦争能力の増強要求に加えて、ケネディは新しい全国核シェルター計画を発表した。すべての連邦、州、市町村の建物、そして個人の家までもが補助金の対象となり、当時保留されていた予算要求は即座に三倍になった。偉大なる市民防衛の労作は民間の戦略家、とりわけハーバード大学のヘンリー・キッシンジャーや後にランド研究所に移ったハーマン・カーンに支持された。[4]

一九六一年八月十三日、ソ連は突如、共産主義統治下にある東ベルリンを西ベルリンから分離するために長さ四五キロにわたる壁を一方的に建設し始めた。東西ベルリンの境界通行点にコンクリート壁の建設が始まり、東西ベルリン間を市民が移動する通路がふさがれた。一九四九年以来、東ベルリンから西ベルリンに技能労働者、スパイ、難民を含む二〇〇万人以上が脱出していた。ベルリンの壁はこの難民流出を停止するものだった。壁の建設により避難民の脱出は遮断された。ケネディは「ドイツ人がドイツの統合を求めているからといって……何百万人もの米国人を殺す危険を冒すのは全くばかげているように思える。もし自分が核戦争の脅しをかけるなら、もっと大きな理由でなければならないのではないか」と述べている。[5] そして不承不承ながら壁を受け入れた。ベルリン特使ルシウス・クレイ将軍は大統領の知らないうちに、壁を叩き潰すために米軍戦車に地ならし機を装着した。こうした準備がソ連情報部の知るところとなり、十月二十七日、チェックポイント・チャーリー（C検問所）を挟んで、米軍M48戦車一〇台とロシア軍戦車一〇台が対峙し、あやうく「核時代の『OK牧場の決闘』さながら」の事態となった。[6] この戦争ゲームのヨーロッパの死者は何千万人にも達するだろうというNSCスタッフのシミュレーションの結果を受け、ケネディはフルシチョフとの交渉に秘密チャンネルを利用した。緊張の十六時間後、米ソ両国の戦車は引き返し、危機が回避された。後にフルシチョフは米国の役人に「あなたたちから子供みたいに尻を平手で叩かれてから随分たつが、今度はわれわれがそちらの尻をビシッと道具を使って叩く番だ」と述べている。[7]

ケネディは一九六三年に西ベルリンを訪問し、西ドイツ人の傷ついた感情を和らげた。ケネディは西ベルリン駐留軍を増強した。ソ連と東ドイツの間で平和条約が結ばれるには至らなかったが、ベルリンをめぐってその後も米ソの緊張が続いた。

◉――キューバ・ミサイル危機

一九六二年にはキューバをめぐって核戦争にもなりかねない緊張した事態が発生した。キューバ危機である。一九五九年初頭キューバ革命政府が成立し、同政府に対して米国は六一年四月、CIAの工作によるキューバ反革命軍の進攻作戦を起こして失敗していた。一九六二年九月、ソ連・キューバ武器援助協定が締結されていた。キューバ危機は、米空軍のロッキードU－2偵察機が一九六二年十月に、ソ連がキューバに建設中の核ミサイルサイロの写真を撮影したことから始まった。ケネディは国家安全保障会議（NSC）特別幹部会議（エクスコム）を設置し、直ちに対応措置を検討した。エクスコムは連日にわたり危機への対応策をめぐり協議を展開していくことになる。

エクスコムの会議で、統合参謀本部の参謀はキューバ奇襲爆撃を主張したが、マクナマラ国防長官、ロバート・ケネディ司法長官は海上封鎖を主張した。ケネディはキューバ海上封鎖を決断し、アチソン元国務長官をフランスに、国務次官を英国、西ドイツに派遣し、NATO同盟国の支持を取り付けた。また中南米諸国には米大使館を通して情勢を説明した。さらに元大統領のフーバー、トルーマン、アイゼンハワーをホワイトハウスに招いて、ケネディ自ら状況説明を行い、議会指導者にも直接ブリーフィングを行った。ケネディはまた軍最高司令官として国内の軍隊を米国南東部に移動し、戦略空軍の警戒態勢を最高レベルに引き上げ、一八〇隻の海軍艦船をカリブ海に展開して、キューバ、ソ連への軍事的圧力を高めた。

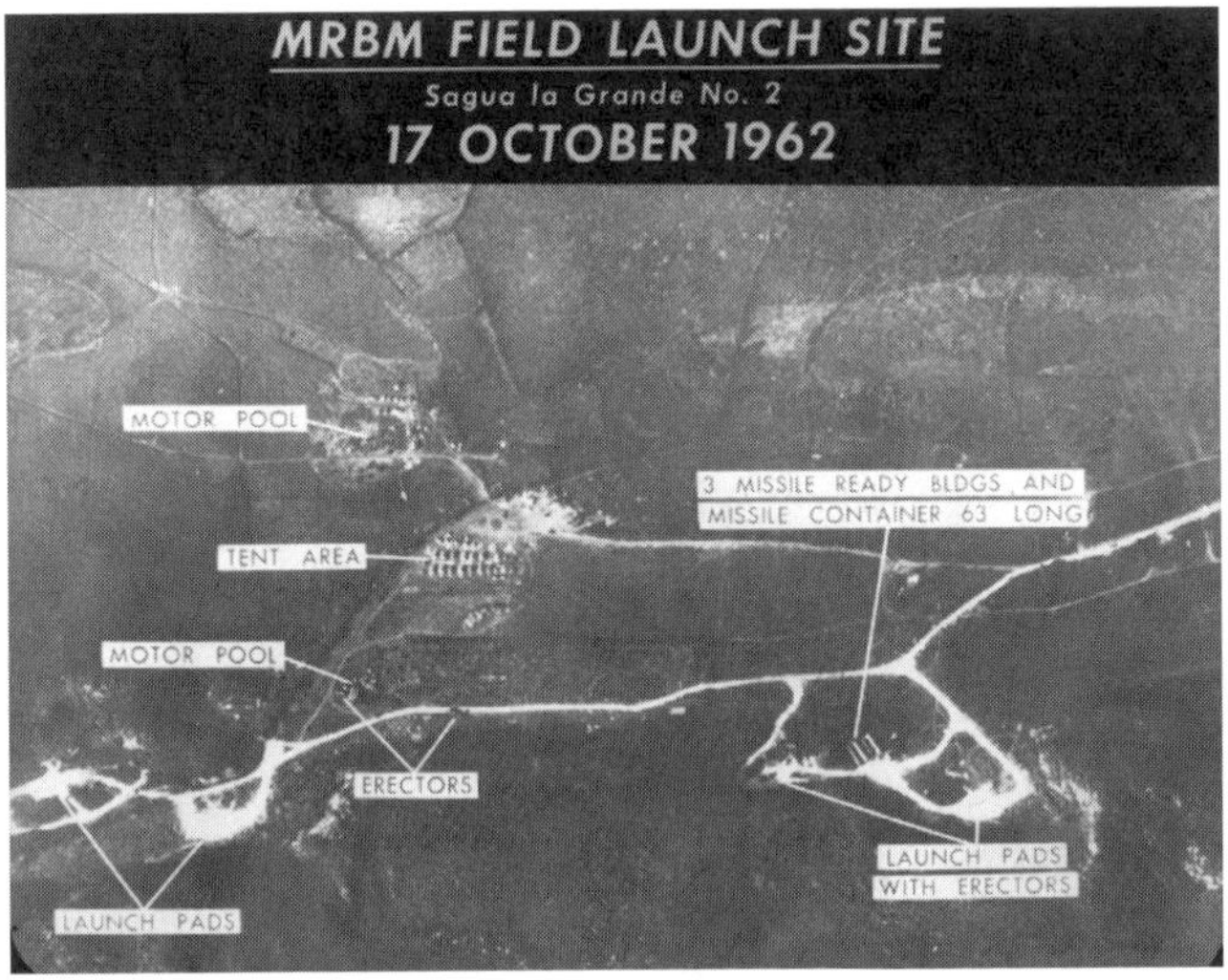

ソ連のMRBM（ソ連製準中距離弾道ミサイル）発射基地の航空写真
（1962年10月）

こうした軍事的準備を背景に、ケネディ大統領は一九六二年十月二十二日、国民向け演説を行った。ケネディは、ソ連がキューバに建設中の攻撃用ミサイル基地は米国にとって重大な脅威であるとし、キューバの「隔離」を言明した。隔離は国際法上の封鎖であり、攻撃用兵器積載の全船舶の反転を求め、拒否すれば撃沈するという強硬手段である。ソ連の攻撃用ミサイルがキューバに持ち込まれた事実と米国のキューバ海上封鎖措置を発表した。演説は米海外情報・文化交流局（USIA）を通じてスペイン語で中南米諸国に放送された。米州機構（OAS）はこれを受けて、十月二十三日、全会一致でキューバ海上封鎖措置の支持を決議した。十月二十四日にはキューバ海上封鎖が発効し、ソ連船一八隻のうち一六隻が引き返した。キューバも二〇万の正規軍、民兵を動員、全人民武装で備えた。その間ミサイル積載のソ連船団は、カリブ海上をキューバに向かい、米国との衝突の危機が刻々と迫った。米・ソ・キューバ三当事国の要請で開かれた国連緊急安保理事会も双方の応酬に終始し、ウ・タント国連事務総長の斡旋も効果がなかった。十月二十五日には、アドレイ・スティーブンソン米国連大使がアナトリー・ドブルイニン・ソ連国連大使と偵察写真を使って対決した。

キューバ国内では搬入資材によりミサイル基地建設が進められた。十月二十七日には、ルドルファ・アンサーソン少佐が操縦していたU－2偵察機がキューバの地対空ミサイル（SAM）により撃墜される事件が起こった。これに対して、エクスコムではほぼ全員がキューバのSAM基地に対する攻撃を支持した。一触即発の状態だった。ケネディは同基地攻撃がソ連によるベルリン、トルコの米ミサイル基地に対する報復攻撃を誘発しかねないことを強調し、攻撃は実行しないことを決定した。フルシチョフは十月二十六日に柔軟な内容の書簡、二十七日には強硬な内容の書簡を米国に送り、ロバート・ケネディ司法長官とセオドア・ソレンセン大統領顧問が柔軟な内容の書簡への回答を起草し、送付した。フルシチョフはこの回答への返事で、米国がキューバに進攻しないことを条件に、キューバのミサイル基地を解体することで同意した。

◉——キューバ危機の教訓

キューバ危機は冷戦を緩和すると同時に加速させた。危機の間、コミュニケーションをとることの難しさを実感した米ソ両国は、危機後、危機回避のために直接回線を設けた。一九六三年八月にホワイトハウスとクレムリンの間にテレタイプ型回線である「ホットライン」を設置した。これにより六月に調印した米ソ両国のホットライン協定が実質スタートした。両国とも核戦争の危機に肝をつぶし、それがより協調的関係へと進み、同年八月には米英ソ三国間で大気圏内および水中の核実験を禁止した条約が締結された。地下核実験を除く核爆発を禁止する部分的核実験禁止条約である。六月に行ったアメリカン大学での演説でケネディは、巨額の兵器支出への懸念を表明し、軍備管理を訴え、米国民に冷戦体勢の再検討を求めた。フルシチョフはこのケネディ演説を「ルーズベルト以来最高の大統領」であると評価した。[8] この演説の約二カ月後に、部分的核実験禁止条約が締結されたのである。

その後のケネディの演説は再びタカ派的色合いを帯びていくが、キューバ危機後、ソ連とのデタントの兆しが見られた。核実験禁止条約、ホットライン、両国間の民間交流の広がりはミサイル危機を上手く解決できた結果だと広く信じられている。それにつけても、キューバ危機は冷戦および国際システムの歴史の分岐点であることに間違いはない。しかし、冷戦の一部であり冷戦の産物であるとする理解は適切である。キューバ危機は多くの点で冷戦のクライマックスであったことは確かである。

キューバ危機は三つの期間に分けることができる。[9] 第一の時機は、U–2偵察機によってミサイル基地の建設が確認された十月十四日から、米国政府が海上封鎖を決定し、ケネディがテレビで公表した日迄の期間。第二の時期は米国政府の決定に対してソ連が反応を示し始めた日迄の期間。この期間がもっとも危機的な時期であった。第三の時期は、米ソ両国が事態収拾の交渉を開始し、危機を回避した日迄の期間である。

まず問題は、キューバ危機は米国にとって予期されたものであったかということである。米国は、すでに、キューバが攻撃用ミサイル基地を建設中であるという情報を危機発生以前に持っていた。しかしながら政府内ではソ連がミサイル基地をキューバに持ち込むことはないと考えていた。したがってU－2偵察機によるミサイル基地発見という情報は、米国政府によって全く予期しないものであった。

第二に、キューバ危機の決定はどのようなグループによってなされたかという問題である。キューバ危機決定において中心的な役割を担ったのは、後に「エクスコム」と呼ばれる十五名前後のきわめてインフォーマルなグループであった。この「エクスコム」における討議の重要性を、ソレンセンは次のように述べている。

ソビエトの行動が前例のない性質のものであったこと。それが非常に多くの省の管轄に属する問題であったこと。情報の入手が困難であったこと。機密保持の必要から下僚に仕事を委ねることが不可能であったこと。これらの事情が相まって、この討議に参加した各省責任者たちの間に一つの水平化効果をもたらし、各人が各々互いに他の前提と主張に自由に挑戦できる空気を作った。この集団に参加したものは一人残らずギブ・アンド・テイクの討論が進むにつれて自己の見解を変更した。すべての解決策、あるいは解決策の組合せはことごとく冷酷に俎上にのせられ、その欠点がはかられた。われわれが鋭く対立するさまざまな見解から出発したことは、大統領の言葉によれば、一つの政策に到達するためにはきわめて貴重なことであった。[10]

以上のソレンセンの言葉は、キューバ危機の決定に直接参与した人物だけに生々しい実感が伴う。

この「エクスコム」では次の六つのオプションが考慮されたといわれる。(1) 何の反応もしない、(2) ソ連に対する外交的圧力と警告を与える、(3) カストロ政権と内密に接触する、(4) 封鎖手段によって間接的軍事行動を始める、(5) ミサイル基地に関係のある特定の軍事基地に空中爆撃を加える、(6) キューバへの直接進攻。「エクスコム」は討議を重ね、結局マクナマラ長官によって提案された海上封鎖案と軍部が支持した空爆案の二つに絞って大統領に提案した。ケネディ大統領はこの二つの選択肢の中からフルシチョフにも若干の選択の道を開いておくことを考慮して、海上封鎖案に決定した。ケネディの決定の配慮で重要なことは、相手を袋小路に追いやらないことによって交渉の可能性を開く点にあったと言える。[11] ケネディ大統領は、キューバ危機の究極的な教訓は、われわれ自身が相手国の立場になってみることの重要さであると述べている。キューバ危機については、ケネディ大統領の弟ロバート・ケネディによる『キューバ・ミサイル危機回顧録』が生々とその臨場感を伝えている。[12]

ケネディはこうして核戦争の危機を回避し、一方フルシチョフはこの時の対応が部分的理由になって一九六四年十月に失脚した。キューバ危機後アーサー・M・シュレジンジャーはこの出来事を叙情的によみがえらせている。「しかしミサイル危機がもたらした最大の衝撃はキューバに留まらなかった。西半球にさえ留まらなかった。……ミサイル危機以前は、人々の懸念はわれわれが自分たちのパワーを無駄に使うか、あるいは全く使わないことだった。しかしあの十三日間は世界に、そしてソ連にも、権力行使に対する米国の決意と責任感をみせつけることになった。この決意と責任感が続けば東西関係史の転換点になるかもしれない。[13]」当時国務省政策企画会議の一員で、後にカーター政権で国家安全保障担当大統領補佐官を務めたズビグニュー・ブレジンスキーは、キューバ危機の教訓は米国の最高位に属するものであると明言し、「今日、米国は実質的には世界唯一の軍事パワーである」と説明している。[14] その米国とは対照的にソ連は世界パワーではない、とブレジンスキーは言明している。一時フルシチョフはその逆を信じていたかもしれないが、キューバ危機はソ連の能力の限界を証明した。「米国の精力的な対応のために、ソ連指導者はソ連の終末論的パワーすなわち核抑止力はソ連を世界パワーにするには不十分であることを認めざるを得なかった。」

キューバ危機の収拾は、ケネディの外交における最大の成果と考えられる。

◉——東南アジアへの関心

ケネディのキューバ危機経験、フルシチョフとの会談の経験は、ベトナムをはじめ東南アジアへの政策にも影響を及ぼした。東南アジアでは、アイゼンハワー政権からケネディ政権への移行期にはラオスが焦点になっていた。アイゼンハワーはラオスを東南アジア全体における鍵と見なし、ケネディに対してもラオス問題は引き継ぐ問題の中で最も難しい問題であると語った。さらにアイゼンハワーはケネディに、二五万人の米軍部隊をラオスに派遣するよう提案し、中国あるいはロシアに対してはもし介入するならば爆撃することを脅すべきだと助言していた。

ラオスでは政府と共産勢力パテト・ラオの対立が続いていたが、ラオス政府は西側にも共産主義諸国にも与しない中立政策を取っていた。ただラオス政府は米国からの軍事、経済援助を受け入れており、二万五〇〇〇人からなるラオス軍は全面的に米国の経済援助により成り立っていた。ＣＩＡは一九五八年、ラオスをより信頼に足る反共国家にするために右派軍人によるクーデターを支援し、クーデターを成功させた。この結果、ラオスは内戦状態になり、ソ連のパテト・ラオへの援助が強化された。ラオスの内戦は、ロシアが援助し米国がその威信にかけてコミットするに及んで、一触即発の状況になった。ケネディは、最初の記者会見の表現によれば、「平和な国、つまり別の陣営に支配されていない独立国」ラオスを守るためは、米軍を派遣することも辞さないことをフルシチョフに示そうとした。[15] 共産主義陣営の支援を受けたパテト・ラオ軍が三月上旬にビエンチャンで攻撃を開始、三月二十三日にケネディは「パテト・ラオに対する外からの支援を停止させない限り平和はこない」と厳粛に警告した。[16] そしてこの警告に続き、米軍をメコン川を渡ってビエンチャンから隣国タイに移動させた。米国はラオス政府を防衛するためにタイの軍隊を同国に導入し、一九六一年までには三億ドル相当の武器、物資をラオスに提供した。これは米国の人口一人当たりの援助額としては当時、世界で最高である。

ケネディ政権のラオス問題に対する認識はアイゼンハワー政権と大きな隔たりはなかった。パテト・ラオへのソ連の援助があからさまになったため、ケネディは第七艦隊を東シナ海に派遣し、海兵隊をヘリコプターとともにタイに移動させた。そして先に述べたピッグス湾の悲劇が襲いかかった。片手をキューバに縛られているため手不足に見えるのを恐れたケネディは、ラオスでもう一方の手を振り回した。数百名の軍事顧問をラオスに送りそれまで制限していた秘密活動に当たらせ、平服をやめ、米国の決意の表れとして、これ見よがしとばかり軍服着用を命じた。ソ連はラオスでの戦闘は望んでいなかった。一九六一年四月、ソ連はケネディの停戦要求に同意した。しかしパテト・ラオは単独で戦い続けた。統合参謀本部はケネディに「必要なら核兵器使用の権限を持たせて、一二万から一四万の兵士を送り込めばラオスで勝利できる」と語った。[17] しかしケネディは引退したダグラス・マッカーサー将軍の言葉に熱心に耳を傾けた。マッカーサーは、中国の脅威があまりにも大きいので「ラオスで戦うのは誤りだ」と主張した。[18]

ケネディはキューバのピッグス湾の経験から米軍部隊をラオスに上陸させる圧力には抵抗し、一九六二年七月のジュネーブ会議ではクーデター前の政権を四人の共産主義者を入閣させた連合政権として復活させ、共産主義勢力に戦闘で勝ち取った領土を保持させ、外国軍を撤退させることで合意が成立した。ラオスの状況はクーデター前よりも悪くなった。

◉——ベトナムへの関与

東南アジア政策では、米国のラオスの右派勢力への軍事支援が効果をあげない中で、ケネディの関心はベトナムに向けられた。ケネディは上院議員時代の一九五六年にゴ・ディン・ジエムのベトナム（ベトナム共和国）は「東南アジアにおける自由世界への基石であり、アーチのかなめ石であり、防波堤を築く警察官」だと語っていた。[19] そのケネディが一九六一年に大統領に就任した。国内政治的には、ケネディはキューバのピッグス湾進攻作戦の失敗とラオスでの譲歩で失われた威信を回復する必要を感じていた。また外交的には、一九六一年六月のウィーンでの米ソ首脳会談でフルシチョフが示した侮辱的な態度から、米国が外交において国益を守るという決然とした意思をソ連に誇示する必要に迫られていた。ケネディはその機会をベトナムに求めようとした。ベトナムでは、一九六〇年十二月にベトナム独立同盟（ベトミン）を発展させた組織として南ベトナム解放民族戦線（NLF）が結成されて政府に対する武装闘争が開始され、内戦が拡大しつつあった。NLFは当初、共産主義者と他のグループの連合組織の下、国際的監視による選挙、土地改革、私有財産、自由企業、言論の自由、宗教の自由など「こういう政策綱領なら米議会にでも立候補できる」といわれるほど民主的な政策目標を掲げていた。NLFの戦闘部隊はベトミンと自称していたが、米国およびジエム政権はベトコン（ベトナム共産主義者）と呼んでいた。ケネディが大統領に就任した当時はベトコンの勢力は一万人未満だった。しかし米軍幹部はケネディにジエム政権は農村部の四〇パーセントしか支配できていないと報告した。ケネディは共産主義が一枚岩の結束を持っていることとドミノ理論を信じ、共産主義がアジア全域に拡大するのを防止する決意をしていた。ケネディは、ベトナムが共産主義の民族解放戦争という新しいテクニックの試金石であると考えていた。そして、「もしそれを（ベトナムで）打破しないならば、タイ、ベネズエラ、その他の場所でそれに再び直面しなければならない」と述べた。

ケネディは一九六一年五月にはベトナムに対する秘密工作活動を開始し、一〇〇人の軍事顧問と四〇〇人の特殊部隊を派遣して、ベトナム軍の対ゲリラ訓練を実施した。同年末には、軍事顧問は三二〇五人になった。ケネディは大統領就任直後、ベトナムに関する特別委員会を設置してベトナム情勢を再検討させ、統合参謀本部にもベトナム政策への提言を求めた。米国家安全保障会議（NSC）は米国がベトナムに「有効で民主主義的な社会を作り上げる」ことを提言し、統合参謀本部は二〇万人の米軍部隊を派遣することを求めた。さらにケネディは、ジョンソン副大統領を一九六一年五月にベトナムに派遣し、現地の情勢を視察し、報告させたが、同副大統領はゴ・ディン・ジエムを「アジアのチャーチル」と呼んで賞賛した。ベトナムでの戦争に勝たない限り米国は太平洋を放棄しなければならなくなると警告した。特別委員会と統合参謀本部はいずれも、ベトナムへ米正規軍投入を提言し、ジョンソン副大統領も南ベトナムのゴ・ディン・ジエム大統領を支援するために、ベトナムへの全面的コミットメントを主張した。ケネディはベトナムへの関与を深めていった。アイゼンハワーがホワイトハウスを去った時には、ベトナムに駐留する米顧問は七八五人だった。これは一九五四年のジュネーブ合意により許容された人数だった。ケネディは軍事顧問と軍隊の派遣数を一万六七〇〇人にまで増大させた。[20]

ケネディは、ベトナム問題の解決は、政治的、経済的方法によらなければならないと考えた。しかし一九六三年五月になると、ゴ・ディン・ジエム政権は拡大する内戦の中で、仏教徒の弾圧に乗り出した。ケネディはジエム政権がベトナム国民から遊離しており、国民の支持を得るより大きな努力をしなければ戦争には勝利できないと考え、早急な社会改革努力を求めた。ケネディはこのころ、ベトナムへの直接介入が泥沼化する危険を感じており、米軍要員の早期撤退を可能にするために南ベトナム軍の訓練計画が策定された。ベトナムで戦死した米国人の数は一九六一年に一〇九人、六二年には四八九人に増え、ベトコンの数は一九六一年の一万二〇〇〇人から一九六三年には八万八〇〇〇人に膨れ上がった。ケネディは一九六三年九月には、年末までに軍事顧問団を一〇〇〇人引き上げる予定であることを公表した。六三年十一月にはジエム政権への軍事クーデターが起こり、その後にはマクナマラ国防長官が年内の顧問団一〇〇〇人の引き上げを確認するとともに、一九六五年までの軍事顧問団の完全撤退を発表した。ケネディもそれを承認していたが、この計画の実行は南ベトナム軍訓練の進捗を前提としていた。ケネディは国内世論や南ベトナム政府への心理的影響に配慮し、とくにベトナムからの撤退が東南アジア全体の共産主義化につながるという印象を世論に与えることを懸念していた。ケネディのベトナムからの早期撤退計画は六三年十一月二十二日のケネディ暗殺により頓挫してしまい、次のジョンソン政権はベトナムへの軍事介入をエスカレートさせ、戦争は泥沼化することになった。

◉――柔軟反応戦略

ケネディはキューバ危機を乗り越えた直後の一九六三年六月十日にアメリカン大学の卒業式で「平和のための戦略」という演説を行った。この中でケネディは、「われわれが求める平和とは何か。それは米国の戦争兵器により世界に強要されるパックス・アメリカーナではない。……ソ連へのわれわれの態度を再検討しよう。……われわれのジュネーブでの基本的、長期的な関心は全面的かつ完全な軍縮である。この軍縮は段階的に行われるよう計画され、平行した政治的な進展が兵器に取って代わる新たな平和機構を設立することを可能にするものである」と述べた。またケネディは、米英ソの間で核実験禁止条約に向けた交渉を開始することを明言した。一九六三年七月二十五日に米英ソは部分的核実験禁止条約を締結したが、条約は地下核実験は禁止しなかったため軍縮のための象徴的措置に止まった。

またケネディは、対ソ軍事戦略において、アイゼンハワー政権のジョン・フォスター・ダレス国務長官により提唱された大量報復戦略から柔軟対応戦略への転換を決定した。これは急速なソ連の核戦力増強により、米ソの核戦力の格差が小さくなってきた現実から、先制核攻撃を受けても残存する大量の核兵器で報復するという大量報復戦略が成り立たなくなりつつあることが根底にあった。このためケネディは、相手の出方にあわせてゲリラ戦から通常戦まで幅広く柔軟に対応できる軍事戦略の構築を目指した。ケネディ政権はその防衛戦略をあらゆる種類の戦争に対応する手段を備えた「柔軟に反応する」戦略とした。[21] グリーンベレーなどの特殊部隊が民族解放戦争の対反乱活動を行い、通常部隊が限定戦争を担当する。ミサイルの数を増やし質を向上させて戦争を抑止するとともに、核を主要兵器とする。国内においては、市民防衛計画の下、放射能シェルター（核シェルター）をつくり米市民を守る、というものである。一九六一年にケネディは国防予算を一五パーセント引き上げた。一九六三年までに米国は、三一カ国に二七五の基地を有し、六五カ国が米軍を受け入れ、七二カ国で米軍は兵士訓練を行った。海外に駐在する米軍関係者は一二五万になった。米国が保有するＩＣＢＭ数は、一九六一年の六三から一九六三年には四二四になった。一九六一年から一九六三年の間に、ＮＡＴＯの核攻撃能力は六〇パーセント増加した。ケネディは米国軍備管理軍縮局を創設したが、軍事増強を優先した。

ケネディは、米国の軍事能力を核レベル以下においても拡大する意向だった。一九五〇年代後半にヘンリー・キッシンジャーが述べているように、「柔軟な対応をする」には戦略レベルだけでなく考えうる紛争のあらゆるレベルで優位に立つ必要がある。そこで、戦略兵力を拡大する一方で、ケネディとマクナマラは、アイゼンハワーが削減した通常兵力の増強に動いた。ケネディ就任後一年半の間、マクナマラは陸、海、空三軍の規模拡大に奮闘した。エスカレートしていった危機を経験した一年後の一九六二年半ばまでに、マクナマラは臨戦態勢の師団を一六（一一師団からの増強）、二一航空団（側面部隊 wings）（以前は一八）、海兵隊三師団とその航空団、戦略予備役一〇師団相当を手中にした。ウィリアム・カウフマンはこう述べている。

それだけの兵力があれば、朝鮮戦争規模の介入を行っても、マクナマラの手中には別の非常事態用に数師団が残る勘定になる。また、マクナマラは欧州に展開する米兵力を三倍にしたが、かなり手っ取り早く行った。というのも、欧州には前もって二師団用の装備を配置してあり、戦略予備役を移動させるための緊急空輸ならびに海上輸送組織を拡大していたからである。……マクナマラの通常兵力オプションは着実に拡大していた。[22]

戦略核戦争と通常戦争の共有領域、通常戦争と国家建設の共有領域も考慮された。通常戦争から戦略核戦争までの段階的対応の基本は、アイゼンハワー政権の戦術核能力で既に示されていた。したがって、既存のシステムの改善を除くと、やるべきことは通常戦争から限定戦争、戦術核戦争、そして究極的には全面戦争へとエスカレートする戦争に適用するドクトリンを展開することだけだった。しかし、この力のスペクトラムの間に、マクナマラはオプションを探った。

われわれの新しい政策には、いくつかの作戦計画から選択できるという柔軟さがある。しかし、ドクトリンや目標について前もってコミットする必要はない。抑制の効いた慎重を期した方法でわれわれの軍事力を行使する能力をわれわれに与えるシステムだけにコミットすることになるだろう。[23]

この戦略の変化の背景には、一九六〇年代に入って、国際政治が二極から多極への構造的に変化し始め、それが冷戦の性格には反映される現実があった。一九六一年一月にはソ連のフルシチョフ書記長が演説の中で、世界中の民族解放戦争へのソ連の支援を公言した。ケネディや側近は、米ソ間の核兵器競争が手詰まりの状態になる中で、ソ連が通常兵器による局地戦争に重点を置くのではないかという懸念を深めていた。大量報復戦略では、局地戦争やゲリラ戦に対応できないことは明らかだった。柔軟対応戦略では、核兵器を増強するとともに通常兵力の増強も強調され、ケネディはそのための軍事費には制限を設けず、大規模な軍事力増強を推進した。

◉―――南北関係への取り組み

ケネディは、就任早々から南北関係への取り組みを重視した。一九五九年のキューバ革命の教訓もあって、自由の防衛と拡大の主戦場は、植民地から解放された新興国の多いアジア、アフリカ、中東、中南米であると考えた。第三世界対策を重視し、局地戦対策に強い関心を持つとともに、「経済成長と民主主義政府は手を携えて進展する」という考え方から対外援助を推進した。これはケネディ政権発足とともに国家安全保障問題大統領特別補佐官に就任し、国務省の政策企画会議委員長も務めたウォルト・ロストウなどＭＩＴ、ハーバード出身の側近の考えを反映していた。こうしてケネディは第三世界にも気を配った。ケネディは第三世界が革命や共産主義に非常に脆弱な地域であると同時に、米国の影響を行使しやすい地域だと考えた。「国家建設」がケネディのスローガンになった。第三世界におけるナショナリズムの力を認識している側近はその力を活用あるいはチャンネルにしようとした。近代化すなわちケネディ・チームがいうところの中産階級革命を通して、第三世界の国々が経済的揺籃期（発展初期）から経済、政治的成熟へと成長し、進化していく経済発展が非共産主義による政治的安定を確かなものにすることを望んだ。歴史家マイケル・Ｅ・ラサムは、十九世紀米国のイデオロギー「マニフェスト・デステニィ」同様、近代化理論とは「情け深い米国という美徳は、階層的尺度、文化的尺度、発達的尺度において低い身分に追い込まれた人々を支援する能力の定義づけ」であると指摘している。[24]

ケネディは一九六一年三月十三日、「進歩のための同盟」という中南米向け援助計画を提案した。米国のこの計画のもとで、十年間に一八〇億ドルの公的・私的資金を中南米諸国に提供した。これは中南米諸国の経済水準をあげることにより、第二のキューバ革命を回避するためでもあった。同じく一九六一年にケネディは平和部隊を創設した。一九六一年に行政命令により創設されたこの平和部隊は、そのほとんどが米国の若者からなるボランティア団体で、一九六三年半ばには六六四六名、一九六六年半ばには一万五〇〇〇名になった。あるボランティアの言葉によると「自分たちの文化の理想を実現すること」を目指し、彼らは教師、農業指導者、技術者として発展途上国に出向いていった。[25]

一九六一年九月には国連総会の演説で、一九六〇年代を「国連開発の十年」とし、各国に協力して南北問題の解決にあたることを呼びかけた。中南米では、民主主義国家が理想的だが、カストロ型政権を回避できることが確実になるまでは独裁政権も一時的には排除できないという考え方をケネディは表明していた。中南米諸国においては、このため政治的不安定を招きうる社会改革よりも安定と反共主義を優先し、軍事援助を増大したため、軍事政権を強化する結果になった。また経済、社会的には中南米諸国の多くで金持ちが土地と財産を支配しており、経済・社会改革はこれらの特権階級の抵抗にあって進まなかった。結局、「進歩のための同盟」は大きな成果をあげることなく失敗に終わった。

◉ Endnotes

1 Theodore C. Sorensen, *Kennedy* (New York: Bantam, 1966), p.189.

2 "Transcript of the Second Nixon–Kennedy Debate on Nation-Wide Television," *New York Times*, October 8, 1960, p.11.
3 "Special Message to the Congress on Urgent National Needs, May 25, 1961," *Public Papers of the President, 1961* (Washington, DC: U.S. Government Printing Office, 1961), pp.396–397.
4 James A. Nathan and James K. Oliver, *United States Foreign Policy and World Order*, 3rd ed. (Boston: Little, Brown, 1985), pp.258–259.
5 James Nathan, *Anatomy of the Cuban Missile Crisis* (Westport, CT: Greenwood, 2001), p.59
6 Raymond L. Garthoff, "Berlin 1961," *Foreign Policy*, 84 (Fall 1991), p.142.
7 William Taubman, *Khrushchev* (New York: Norton, 2003), p.539.
8 Raymond L. Garthoff, *A Journey through the Cold War* (Washington, DC: Brookings Institution Press, 2001), p.165.
9 O. R. Holsti et al., "The Management of International Crisis" in D. G. Pruitt et al., eds., *Theory and Research on the Causes of War* (Englewood Cliffs, NJ: Prentice Holl, 1969), pp.62–79.
10 セオドア・ソレンセン著、河上民雄訳『ホワイトハウスの政策決定の過程』自由社、一九六四年、七七―七八頁。
11 同右、三八頁。
12 ロバート・ケネディ著、毎日新聞外信部訳『一三日間―キューバ・ミサイル危機回顧録』毎日新聞社、一九六八年。
13 Arthur M. Schlesinger, Jr., *A Thousand Days* (Boston: Houghton Mifflin, 1965), pp.840–841.
14 Zbigniew Brzezinski, "The Implications of Change for United States Foreign Policy," *Department of State Bulletin*, Vol.57 (July 3, 1967), pp.19–23.
15 "The President's News Conference of January 25, 1961," *Public Papers of the President, 1961*, p.16.
16 "The President's News Conference of March 23, 1961," *Public Papers of the President, 1961*, pp.213–214.
17 Timothy N. Castle, *At War in the Shadow of Vietnam* (New York: Columbia University Press, 1993), p.41.
18 Noam Kochavi, "Kennedy, China, and the Laos Crisis, 1961–1963," *Diplomatic History*, 26 (Winter 2002), p.109.
19 George W. Ball, *The Past Has Another Pattern* (New York: Norton, 1982), p.364.

20 Wesley M. Bagby, *America's International Relations since World War I* (New York: Oxford University Press, 1999), p.230.
21 Michael Mandelbaum, *The Nuclear Question* (New York: Cambridge University Press, 1979), p.90.
22 William Kaufmann, *The McNamara Strategy* (New York: Harper & Row, 1964), pp.79–80.
23 *Ibid.*, p.75.
24 Michael E. Latham, *Modernization as Ideology* (Chapel Hill: University of North Carolina Press, 2000), p.91.
25 Elizabeth A. Cobbs, "The Foreign Policy of the Peace Corps," *Diplomatic History*, 20 (Winter 1996), p.104.

chapter 5

Lyndon B. Johnson

ベトナム戦争の拡大

リンドン・B・ジョンソン Lyndon B. Johnson

◉——史上最年少の民主党上院院内総務

第三十六代大統領（一九六三―一九六九年）リンドン・ベインズ・ジョンソン（一九〇八―一九七三年）はケネディ暗殺により副大統領から大統領に昇格し、一九六四年の選挙で地滑り的勝利を果たし大統領に再選された。ジョンソンは国内政策では「貧困との戦い」を宣言し、公民権法、メディケア、メディケイドなどの連邦医療保険制度、教育格差の縮小を含む「偉大な社会」政策を推進した。外交政策では、ベトナム戦争への米国の関与をエスカレートさせ、米軍派兵規模を一九六三年当時の一万六〇〇〇人から六八年には五五万人にまで拡大した。

ジョンソンは一九〇八年八月二十七日にテキサス州ストーンウォールで貧しい農家の五人兄弟姉妹の一人

として生まれた。公立学校に通い、一九二四年にジョンソンシティ高校を卒業し、二七年には南西テキサス州教員養成大学（現在のテキサス州立大学サンマルコス校）に入学した。大学在学中は学校新聞の制作などに携わり、一年間メキシコ系移民が通う学校で見習い教師を務めたりしながらも苦労して一九三〇年に卒業した。大学卒業後は暫くヒューストン高校で教員をしたが、すぐにテキサス州選出の連邦下院議員サム・レイバーンの親友だった父親の助力もあって政界に出た。父親はテキサス州議会で五期にわたり議員を務めた。ジョンソンは地元政治家の連邦議会選挙に協力した際の引き合いで、連邦議会議員リチャード・ケルバーグの立法担当秘書になった。議員秘書時代を通じて、ジョンソンはコネを広げ、テキサス州出身のクローディア・アルタ・テーラー（のちのレディ・バード・ジョンソン）と知り合い、一九三四年に結婚した。

ジョンソンは一九三五年に民主党テキサス州青年局長に就任し、地元の政治的後援基盤を構築し、二年後にオースティンを含むテキサス州第十選挙区から連邦議会選挙に出馬するため辞職した。政策面ではニューディール政策を政治綱領に掲げ、下院議員としての当選を果たした。フランクリン・ルーズベルト大統領は下院議員時代のジョンソンを議会における同志と考え、とくにテキサス州内部における政治についての貴重な情報源として関心を持った。ジョンソンは下院海軍委員会の委員になり、調達プロジェクトを自分の親しい契約業者であるブラウン・ブラザーズ、ハーマン・アンド・ジョージなどに渡す便宜を計ったが、これらの業者はジョンソンの将来の政治家としてのキャリアにおいて長年にわたる資金提供者になった。ジョンソンは一九四一年に上院選挙に出馬したが、現職テキサス州知事だったW・リー・オダニエルと接戦の末落選した。ジョンソンは上院選挙戦中、米国が参戦するなら前線で戦うと公約した。一九四一年十二月に真珠湾攻撃とともに米国が第二次大戦に参戦すると、ジョンソンは米軍予備役としてテキサス州と西海岸の造船所検査役を務めたあと、海軍少佐として従軍した。海軍では南西大西洋地域偵察任務の功で銀星章を授与された。

終戦後の一九四八年、ジョンソンは再び上院議員選挙に出馬して、コーク・スティーブンスと決選投票まで して大接戦を演じ、僅か八七票の差で当選を果たした。下院時代は下院議長のサム・レイバーンらと、上院時代は上院の最有力者とされたリチャード・ラッセルらと積極的に親交を結び、コネを深めた。上院では軍事委員会で即応性調査小委員会の設立に重要な役割を果たし、調査小委員長になり、軍のコストや効率性に関する調査活動で全国的に注目された。ジョンソンはマスコミへの対応が巧妙で、小委員会が全会一致で報告書を承認し、効率的にそれを公表するように根回しすることにより、全国的な知名度を高めた。一九五三年には米議会史上最年少で民主党上院院内総務になり、五四年に民主党が多数派政党になるとともに上院を指導する立場に立った。民主党上院院内総務としてジョンソンは、下院議長のレイバーン、大統領のアイゼンハワーと協力して、アイゼンハワーの国内、外交政策の主要法案を可決していった。歴史的な一九五七年公民権法の可決、制定もジョンソンに負うところが大きい。

ジョンソンは上院議員一人一人についての情報収集に長け、「トゥリートメント」と呼ばれる巧みな説得術を駆使し、米史上最も効果的な多数党上院院内総務と評された。ジョンソンは上院での成功により、民主党の有力大統領候補と目されるようになった。一九六〇年大統領選挙で、ジョンソンは民主党大統領候補指名の有力候補と見られ、民主党全国大会では四〇九の代議員票を獲得したが、結局ジョン・F・ケネディ上院議員が指名された。ケネディはジョンソンを副大統領候補に指名した。ケネディ大統領は、副大統領のジョンソンに大統領雇用機会均等諮問委員会の委員長などの名誉職を与えたが、実質的な権限を与えず、政策でも専ら側近と協議して決め、ジョンソンの意見は聞かなかった。しかしジョンソンは諮問委員長のポストなどを活用して、公民権法に向けた努力をケネディ自身が望むより速やかに進めるようケネディ大統領に影響を及ぼしていったとされる。ジョンソンは副大統領として比較的重要度の低い外交任務を数多くこなし、閣議、国家安全保障会議の会合などに臨席する機会を得た。これにより限られた形ではあれ、ジョンソンは外交的経験を積むことができた。

◉――ベトナム戦争が最大の外交課題

一九六三年十一月二十二日にテキサス州ダラスでケネディ大統領暗殺事件が起こり、ダラス近郊のラブフィールド空港に待機していた大統領専用機の中でジョンソンは大統領就任宣誓を行った。ケネディは暗殺される前に、秘書官のイーブリン・リンカーンなど側近に、ジョンソンが少なくとも四件の犯罪捜査の対象になっていたことから一九六四年大統領選で副大統領を別の人物に入れ替える可能性を語っていた。このこともあって、ジョンソンがケネディ暗殺の陰謀に関与したという疑惑が広まった。ジョンソン就任後、四件の犯罪捜査はすべて停止された。いまだに、ケネディ暗殺は、ジョンソンが長年顧問弁護士を務めてきたエドワード・クラークに指示し、連邦捜査官の殺害などに関与した容疑があったマック・ウォレスに実行部隊長をやらせたという説が出回っている。ブッシュ政権の大統領報道官だったスコット・マクレランの父親でジョンソンの顧問弁護士の一人だったバー・マクレランは『血と金と権力』という本を出している[1]。ジョンソンがケネディ暗殺事件調査のために組織したウォーレン委員会は、暗殺に複数の人物が関与したという陰謀説を否定し、オズワルド単独犯行説を支持する結論を出した。しかしウォーレン委員会の結論に疑いを持つ者も多く、その後何十年にもわたって公式、非公式の暗殺事件調査が確定的結論が出ないまま行われてきた。ジョンソンはケネディ政権の継承を前面に出し、ケネディ政権の国務長官だったディーン・ラスク、国防長官だったロバート・マクナマラを含めケネディが任命した閣僚、高官の多くを留任させた。

『米外交政策—FDRからレーガンまで』（ジェームズ・ドガティー、ロバート・ファルツグラフ共著）は、リンドン・ジョンソンの大統領就任について次のように述べている。

（ジョンソンは）ケネディのケンブリッジ・グループの洗練された態度や都会的博識は何も持ち合わせていなかった。……しかし彼は民主党上院院内総務時代に十分に示したように、権力の階層を操作する狡猾な能力を持っていた。……彼は長年大統領になりたかったが、彼自身言っていたように国はアポマトックス（アポマトックス郡庁舎でロバート・リー将軍率いる南軍が北軍に降伏した）とさほど離れていないのだから、ニューディールを信奉する南部人が、一九六〇年、一九六三年の特異な状況が組み合わされなければホワイトハウスに到達することはできなかっただろう。[2]

大統領に就任したジョンソンにとって最大の外交課題はケネディから引き継いだベトナム戦争への対応だった。ケネディは、ケネディ礼賛者の目から見ても矛盾を内包したベトナム政策をリンドン・ジョンソンに残した。一方では、米国の政治的コミットメントと軍事的関与が増大し続けた。もう一方では、米軍の段階的撤退が計画され、あるいは少なくともあいまいにすることが望まれた。

ベトナムでは一九五七年に共産側の働きかけで南ベトナム解放民族戦線(ベトコン)が組織されて闘争を開始し、内戦が激化していた。一九六四年の大統領選挙では、共和党候補のバリー・ゴールドウォーターがベトナムへの大規模介入を主張していたことから、ジョンソンは米軍直接介入には反対の立場を取り、南ベトナムへの援助拡大による同政権の強化を図るとともに、南ベトナム軍と協力して北ベトナムへの秘密破壊工作を進めようとした。ゴールドウォーターが必要なら核兵器使用も辞さない態度で北爆を含む東南アジアの軍事力エスカレーションを求めたのに対し、ジョンソンは「そうした行動は戦争を拡大し、おそらく中国ないしロシアとの衝突を招くだろう」と反論した。そうなれば米国は地上部隊を投入せざるをえなくなり、それこそは、ジョンソンが「アジアの青年がやるべきことを肩代わりしてまで、米国の青年を九千〜一万マイルも離れた地に送るつもりはない」と言って、大統領選を通じて一貫して拒否してきたことだった。だが、ジョンソンはゴールドウォーターを公的には非難していたものの、そうした手段を心中密かに認めはじめていた。北ベトナムに対する秘密工作開始を決定したときと同様、北爆も南ベトナムの政治状況の崩壊を防ぐための限定手段として合理化された。大統領選が控えていることを考えると、ジョンソンは北爆を即座に開始するわけにもいかなかった。[3]

大統領選では、ジョンソンは六一パーセントの票を獲得してゴールドウォーターに圧勝し、一般投票としては二十世紀に入って最大の票差で地滑り的勝利を果たした。もっとも、この票差の世紀記録は一九七二年のニクソン対マクガバンの選挙結果により塗り替えられた。ジョンソンは南部全域を獲得した。ジョンソンは南部白人の長期にわたる反発と抵抗を覚悟で、一九六四年にはほとんどの形態の黒人分離差別を禁止した公民権法を制定にこぎつけ、六五年には第二の重要な公民権立法措置として投票での人種差別を禁じる投票権法の制定をものにした。一九六七年には公民権弁護士サーグッド・マーシャルを黒人として初めての最高裁判事に指名した。このほか、ジョンソンは国内政策において「偉大な社会」の政策を推し進め、教育格差の是正、メディケアなどの連邦医療保険補助、都市再生、環境保全、荒廃地域再開発などに取り組んだ。しかし六〇年代の後半は米国各地で都市部の黒人居住地域における暴動が相次ぎ、とくに一九六八年四月には公民権運動指導者マーチン・ルーサー・キング牧師の暗殺を受けて、全米の百以上の都市が暴動で荒れ狂った。

◉———ドミノ理論の継承

ベトナムに関しては、ケネディとジョンソンの間では意見が異なっていた。ケネディ政権の副大統領だった当事、ジョンソンは南ベトナムのゴ・ディン・ジエムを「東南アジアのチャーチル」と呼んで評価していた。しかしケネディはベトナムで華々しい前進がないことを不満とし、反ジエム・クーデターを促して軍事クーデターを起こさせた。ジョンソンはジエム転覆計画については事前の相談を受けていなかった。一九六三年秋口、米国がジエムに対するクーデターを黙認するべきだという話を聞いて気分を害した。ジョンソンは、ジエムを見捨てようとしたホワイトハウスのロジャー・ヒルズマンらや国務省を、自分の個人的な敵と見なし、大統領になった後も敵として対処した。結局、クーデターが実行されジエムは殺害されたが、ジョンソンはのちにジエム殺害を米国が「ベトナムで犯した最大の誤り」と呼んだ。[4]

ケネディは暗殺前にはベトナムからの正規軍の段階的撤退を実行に移す計画をしていた。アーサー・M・

シュレジンジャーがケネディの死後十五年近く経過した時点で書いているが、ケネディは、ますます泥沼と考えるようになった状況から自分自身と米国を脱却させたいと、数回にわたり非公式に述べていたが、どうやっていいか分からなかった。一九六四年十一月の選挙前に自分の再選の可能性にきわめてマイナスの効果を与えることなしでは、それができないことは確かだと考えた。ケネディは六二年七月の時点ですでに、南ベトナム軍が十分に訓練されており独自に戦争を実行できる立場にあり、六五年末までに米軍要員を段階的に撤退させることが可能になるという想定のもとに事を進めるようマクナマラに指示していたとされる。それは再選の後は可能だったが、選挙にまず勝たなければならなかった。しかしその計画について公に話すことはできなかった。そうすれば、東南アジアで壊滅的に士気を低める結果をもたらすことになっただろう。ただジョンソンは、こうしたケネディの本音は知らされてなかったようだ。ジョンソンは東南アジアの共産主義支配を防止するケネディの強いコミットメントを継承していることに疑いを持っていなかったことは確かだ。ジョンソンはケネディの主要顧問全員をも受け継いだ。[5] ジョンソンは、ケネディの葬儀の日、ヘンリー・カボット・ロッジに、ベトナムを失うことは自分の政治的破滅を意味すると語った。「自分は中国がなったように、東南アジアが同じようになるのを目撃する大統領にはならない」と述べた。[6]

ジョンソンは六四年大統領選では直接軍事介入には反対の立場を取ったにもかかわらず、一九六五年から六八年まで米軍を逆に増派し、北ベトナムへの爆撃を繰り返してベトナム戦争をエスカレートさせていった。ジョンソンは共産主義拡張のドミノ理論を信じ、共産主義を封じ込めなければならないという信念のもとに、共産勢力拡張を阻止する取り組みを強化した。とりわけジョンソンは、ベトナムの共産化が中国共産主義の東南アジア全域への拡大につながり、台湾、韓国、日本まで脅威にさらされると考えた。このドミノ理論の考え方は、アイゼンハワー、ケネディからジョンソンへと継承されてきたものだった。ケネディは間違いなく、アイゼンハワーのドミノ理論に同意しているようだった。ジョンソンは一九六三年十月に、「われわれが撤退することは南ベトナムの崩壊を意味するだけでなく、東南アジアの崩壊をも意味する。だから、われわれはそこに留まり続ける」と述べた。ケネディ政権下で東南アジアに派遣されたジョンソン副大統領、マクスウェル・テイラー統合参謀本部議長、ウォルト・ロストウ・ホワイトハウス補佐官、ラスク国務、マクナマラ国防長官全員がケネディに報告したが、基本的にはラスクとマクナマラと同意見だった。[7]

南ベトナムを失ったら、この先いくら自由世界にとっての東南アジアの重要性を議論してみたところで無意味である。南ベトナム以外の東南アジアとインドネシアも、たとえ正式な共産圏に編入されなくても、ほぼ確実に共産主義に完全に順応してしまうだろう。

南ベトナムを失って共産化を許すことは、ＳＥＡＴＯ（東南アジア条約機構）の崩壊のみならず、東南アジア以外の場所での米国のコミットメントの信頼性を損なうことである。[8]

ケネディ暗殺当時、ベトナムには一万六〇〇〇人の米軍事顧問が駐留していただけだった。ジョンソンが引き継いだベトナム情勢は、急速に悪化し混乱に向かっていた。一九六四年春までには、文民も制服組も含めベトナムにいた幾人かの米政府当局者は、潮流は米国に不利に向かっていると考え始めていた。ジョンソンは東南アジアが共産主義に対する世界的闘争の重要な戦場になったと確信し、ベトナム人への信頼を維持することを切望した。そしてジョンソン政権は既存路線を維持すると述べた。マクナマラは一九六四年三月にサイゴンに派遣され、帰国後ジョンソンに戦争はベトナム人によってのみ勝利可能で、ベトナム政府が政治秩序を回復すれば六五年末までに米軍部隊を撤収できるはずだと助言した。これはケネディの本音の部分をそのまま助言したものだった。

マクナマラは一九六三年までに米軍撤退計画に着手し、少なくとも理論上は、六三年十二月に兵力を一万人削減することを表明した。しかし、そのうちに、見せかけの成功が突如崩れだした[9]。こうした助言にもかかわらず、ジョンソンは一九六四年トンキン湾事件後、駐留米軍の規模を拡大し、ベトナムにおける地上戦に初めて直接関与し始めることになる。ベトナムでの軍の指揮を経験ある落下傘部隊司令官のウィリアム・ウェストモーランド将軍に任せ、ロッジ大使に代わってマックスウェル・テイラー（統合参謀本部議長）をベトナム大使に任命した。そして南ベトナム村民の心を勝ち取る和平工作努力の統括を軍に移管した。こうしてジョンソンは軍主導のベトナム対応を一層強化していった[10]。

◉――トンキン湾決議から北爆へ

トンキン湾事件は、一九六四年八月に北ベトナムのトンキン湾で哨戒活動と情報収集をしていた米軍駆艦に対してベトナムの哨戒艇が魚雷を発射した事件で、ジョンソン政権のベトナム政策の大きな曲がり角になった。ベトナムの哨戒艇による発砲は、そのすぐ前に米軍の支援を受けた南ベトナム政府軍がトンキン湾の島々に奇襲攻撃をかけ、同時に米海軍が哨戒活動をしたことへの報復だった。しかしジョンソンは、この発砲を利用し、さらに二日後に北ベトナムの周到な計画に基づく二回目の攻撃があったと主張をして、ベトナムへの軍事介入を含むあらゆる手段を行使することについて議会の支持を求めた。しかしその後、ニューヨークタイムズが暴露報道したペンタゴン白書の詳細な分析によると、ジョンソンが主張した二回目のベトナムからの米駆逐艦への発砲は、米議会からベトナムへの武力行使容認決議を勝ち取りやすくするために、米政府が仕組んだもので実際には存在しなかったことが明らかにされた。[11]

米議会はこの事件を契機に、上院で八八対二、下院は四一六対〇で、共産主義の侵攻に脅かされている東南アジアのいかなる国に対しても軍事介入を含むあらゆる手段で支援する権限を大統領に与えたトンキン湾決議を採択した。この決議は、ジョンソン大統領がベトナムへの軍事介入をエスカレートさせる法的根拠として使われた。これは大統領がもっぱら自らの裁量に基づいて軍事力行使をすることを許すもので、議会は大統領の戦争権限を抑制する手段を事実上放棄することになった。上院外交委員長だったウィリアム・フルブライトは、ジョンソンに議会の承認なしで戦争をする権限を与えてしまったと述べている。ジョンソンは戦争勃発のきっかけとなったトンキン湾事件において、大統領が軍の最高司令官として東南アジアで米国に対するいかなる武力攻撃をも撃退し、将来の攻撃を阻止するために必要なあらゆる処置をとることを認める決議を議会が圧倒的多数で採択し大統領を支持したことを理由に、「北ベトナムへの報復」という名目で、結果的には五〇万の米軍をベトナムに投入し、これを正当化した。[12]

決議の正当性に関してはその後も論議が残った。批判派はその後、このトンキン湾決議が何週間も前に準備された、米国の駆逐艦は南ベトナム軍の北ベトナム奇襲を支援していた、報告された二回目の攻撃はおそらくはでっちあげだったと主張した。実際にこの時から米国はベトナム戦争に本格的に突入した。一九六五年二月には解放民族戦線がブレイク空軍基地を攻撃して米兵死者七人となる事件が起こり、ジョンソンは報復として北爆を実行した。北から南への人や物資の流入をくい止め、北の意思をくじくことが意図された。ジョンソンが北ベトナムを爆撃することにより報復した時に、世論のジョンソン支持率は四二パーセントから七二パーセントに急上昇したとされる。

さらに二月末には、ジョンソンは報復攻撃からローリング・サンダー作戦と銘打った本格的な爆撃作戦を開始し、米海兵隊二個大隊がダナンに上陸した。国家安全保障担当大統領補佐官マクジョージ・バンディは、三カ月の大規模爆撃でハノイは和平を模索するようになると予言した。ジョンソンは個人的に標的を選び、北に残る資産を救うために戦争停止を求めるように最大限の圧力を加えるため、徐々に爆撃をエスカレートする戦術を実施した。それでもハノイが降伏しなかったとき、爆撃はより激しくなり無差別的になった。それでも北ベトナム部隊の南への浸透が継続し、南ベトナム政府は軍事的危機に直面した。サイゴンの軍事情勢は悪化し続けた。ベトコンの数は一九六一年の一万二〇〇〇人から一九六三年の八万八〇〇〇人、一九六五年の一一万六〇〇〇人、一九六六年には二二万一〇〇〇人と着実に増え続けた。ベトコンは国の大部分を支配し、サイゴンの支配下にあるのは辛うじて人口の半分だけだった。

◉――戦争の転換点

一九六五年に戦争の転換点が訪れた。ジョンソン大統領は四月一日、南ベトナムで米軍による攻勢をかけるよう命令を下した。四月六日に国家安全保障行動覚書が発布され、大統領は、米兵を一万八〇〇〇～二万人増派する、南ベトナム北部に海兵隊二大隊を展開する、南ベトナムに展開する全海兵隊大隊を「より効率的に利用できるように」作戦を変更することを承認した。覚書は「可能なかぎりの予防策を講じて、戦闘について早まった公表を回避するよう、大統領は希望する」という警告も発している[13]。

同年四月七日、ジョンズホプキンズ大学での演説で大統領はその戦争を戦わねばならない理由を説明しようとした。述べられた理由は聞きなれたものだった。

われわれはそこにいる……なぜなら勢力均衡に大きな利害関係があるからである。ベトナムから撤退すれば紛争が終結するなどとは一瞬たりとも思ってはいけない。戦闘はあちらこちらで再開するだろう。われわれの時代の一番の教訓は侵略という欲望は決して満足することがないということである。ある戦場からの撤退は別の戦場を準備するだけである。われわれは、欧州のときのように、東南アジアでも聖書の言葉を唱えなければならない。「ここまでは来てもよいが越えてはならない（ヨブ記三八章一一節）」[14]。

まさに「私はそこに米国の足跡を残したい[15]」という表現そのものだった。

米軍要員は単なる「顧問」であることをやめ、戦闘活動への主要な参加者になった。年末までには、アジアにおける「白人の戦争」と見られるのを避けるために南ベトナムに戦闘をさせるという初期の戦略は放棄された。しかし同年七月二十八日にジョンソン大統領は、「われわれはなりたくて門番になったわけではない。われわれの他に誰もいないからである。……ミュンヘン会議のヒトラーから学んだことは、成功は侵略欲を増すだけ、ということである。……私は司令官のウィリアム・ウェストモーランド将軍に、この高まる侵攻に対処するのにこの先何が必要かを尋ね、将軍の返事をもらった。われわれはその要求に応えなければならない。……部隊の追加が必要となるだろう。要求があり次第追加部隊を派遣する」という声明を発表した。[16]

こうしてジョンソンは一九六五年七月にはベトナム駐留米軍の規模を年末までに一七万五〇〇〇人に増やすことを決定した。国防長官だったマクナマラは、大規模な米地上軍のベトナム投入が、南ベトナム政府に代わって米国がベトナムでの戦争を主導することを意味すると考え、ジョンソンにもその意味を伝えていた。この増派決定はジョンソン政権を本格的にベトナム戦争に突入させる転換点となり、ベトナム駐留米軍の規模は一九六七年末には四八万人にまで膨れ上がった。米軍が六〇年代半ばから七〇年代初めにかけてベトナムに投下する爆弾の総重量は米国が第二次大戦で投下した爆弾の三倍以上に達した。ベトナム戦争は泥沼化の様相を深め、米国にとって最も長い戦争になった。

米国内では学生の反戦活動が拡大し、マスコミもベトナム戦争への関与に批判的な報道を繰り返した。一九六六年から六七年にかけては、ベトナム戦争に対する反感、連邦支出の増大と増税、公民権プログラムへの不満などが重なり、ジョンソンに対する不満が米国内で深まった。一九六六年の中間選挙では共和党が下院で四七議席を獲得し、保守連合が活性化し、ジョンソンの偉大な社会の追加法案を可決に持ち込む道が塞がれた。一九六八年にはベトナム駐留米軍の規模は五五万人に達し、六七、六八年には米兵の死者は月一〇〇〇人以上に達した。ベトナムで米軍兵士の死者が増加し、戦争が泥沼化するにつれて、ジョンソンへの支持率もさらに下落していった。ジョンソンはそれでも南ベトナム政府の崩壊を阻止できなければ同盟諸国は米国の国際安全保障上のコミットメントに対する信頼を失い、そこに生み出される不安はさらに大きな戦争を招来すると考え、世界において米国が弱い面を見せることは禁物だと感じていた。このためベトナムから手を引くことは考えられず、戦争をあくまで継続しできるだけ早く勝利に終わらせようとした。国内の支持率の変化にも注意を払ったが、それは支持率を参考に政策を変えるためではなく、あくまでも政策を支持するように世論を変えるためだった。ジョンソンはベトナム戦争に関しては極力国民の関心を高めないように意識し、一九六八年のテト攻勢まではベトナム戦争に関する演説や広報キャンペーンも最低限に止めた。

◉――テト攻勢の衝撃

一九六八年は米国にとって大きな転換の年になった。ベトナムにおいては六八年一月末に、北ベトナムに指揮される南ベトナム解放民族戦線による南ベトナム主要都市への一斉攻撃が開始され、いわゆるテト攻勢が実行された。解放戦線側は軍事的には大きな打撃を受けたが、テト攻勢は米国民に大きな衝撃を与えた。枯葉剤の被害を受けた地域の一つベンチェ省の省都ベンチェは、テト攻勢の犠牲を象徴する地となった。ベトコンを狩り立てるために、米軍と南ベトナム軍はベンチェを攻撃し、民間人の死者は一〇〇〇人に上った。「町を救うためには町を破壊する必要があった」という米政府当局者の言葉が残った。[17] この言葉と映像が一緒になって米国人の記憶に焼きついた。二月二日、NBCがニュース番組「ハントリー・ブリンクリー・レポート」で、南ベトナム警察庁長官グエン・ゴク・ロアンがベトコンとされる若い男の頭にピストルを突きつけ、引き金を引き、射殺する短い映像を放映した。この五十二秒の映像は「これまで誰も見たことのない生の、耐え難いフィルムだ」とNBCのプロデューサーは述懐している。[18]

米国民の多くはそれまで、米国はベトナム戦争に勝ちつつあると政府により信じ込まされていた。解放戦線側が一時的にせよサイゴンの米大使館を占拠する模様が米国のテレビに映し出され、米国民の間に急速に戦争の先行きに関する悲観論が広がった。米世論では、ベトナム介入は誤りだったと考える国民が過半数を超え、ジョンソンの戦争政策への支持は過去最低の二〇パーセント台にまで落ち込んだ。ジョンソンはベトナム戦争において、軍事ではなく、宣伝戦で敗れたのである。

南ベトナム解放民族戦線に一時、占拠されたサイゴンの米大使館（1968年）

ケネディ政権当事の一九六〇年代初めにベトナム戦争を基本的に支持していた米新聞、テレビは、六六年頃から中立、ついには反対の立場を取り始めた。六七年後半から六八年にかけては、ベトナム戦費負担の拡大もあって米国の財政危機が深刻になっていた。米軍制服組のホイーラー統合参謀本部議長、ウェストモーランド・ベトナム駐留米軍司令官は六八年二月の時点でも戦闘拡大を主張して二〇万人以上の米軍新規増派を要請していたが、財政危機は戦争遂行能力にも暗い影を投げかけていた。二月下旬、ウェストモーランド将軍は既に五〇万を超えている米軍にさらに二〇万六〇〇〇の増派を進言した。将軍は米国・南ベトナム両軍による新たな大攻撃を計画したが、かつては声を上げられなかった国務省内の戦争反対者たちは段階的縮小を嘆願した。「行って頑張るか、出て行くかのいずれか（Let's go in and win or else get out)」と全米知事グループは勧告した。[19] 三月初旬、ラスク国務長官は北爆縮小と和平交渉促進を提案した。三月十二日の民主党ニューハンプシャー州予備選で、マッカーシーがジョンソンの四九パーセントに対して四二パーセントという高得票率を獲得した。「ワイズ・メン」（賢人会議）を代表して、アチソン元国務長官はにべもなく述べている。「残された時間にやるべき仕事をやるだけの余裕はもはやない。撤退へ向けた措置をとり始めるべきである」[20]。

この点でジョンソンは深刻なジレンマに直面していた。もしジョンソンが戦争を強力に推進すれば、その戦費はジョンソンの「偉大な社会」の国内改革プログラムの資金を枯渇させることになる。しかし「もう一つの国を共産主義に渡してしまう」ことは国民大衆の大きな非難を呼び起こし、ジョンソン政権の破綻に通ずるだろうことをジョンソンは恐れた。ヒューバート・ハンフリー副大統領は即時撤退を要請したが、ラスク国務長官はベトナムが「戦略的に非常に重要」でありその喪失は「世界の力の均衡の基本的変化」を引き起こすだろうと主張した。[21] それにしても、テト攻勢を絶対に無視するわけにはいかなかった。と言うのもそれまで数年間の人を欺く楽観的な政府報告を完全に覆したからである。[22] 大統領は戦争方針全体の再考を余儀なくされた。

一九六八年三月にはジョンソンは歴代政権の長老をホワイトハウスに招いて「賢人会議」を開いたが、会議はベトナムでの軍事的勝利は無理であるとして戦争の縮小を進言した。ベトナム反戦運動は一層激しさを増し、民主党内でもベトナム政策をめぐり分裂が深まった。テト攻勢は米国の戦う意思をくじく政治的効果を生み出し、米国のベトナム戦争政策の大転換を促した。ジョンソンは三月三十一日、ベトナム政策に関する全国向けテレビ演説を行い、ベトナム戦争拡大を止め、駐留米軍の段階的縮小とサイゴン政権への役割委譲を求めてゆくという政策転換を発表した。さらに北ベトナム政府と和平交渉を開始する方針も打ち出した。

またジョンソンは、党派的立場を離れて和平努力に専念するためにも、次の大統領選での民主党指名は求めないことを発表した。

一九六八年大統領選挙戦では、ジョンソンはニューハンプシャー州予備選では辛勝したものの、テト攻勢以降は、ベトナム戦争の大統領の行政、選挙戦における比重が大きく増し、重くのしかかった。同年の民主党全国大会には、ベトナム戦争に反対する何十万人もの若者、ヒッピー、ブラック・パンサー党などの過激派が抗議活動のため結集し、シークレットサービスはジョンソンに大会への出席を許可しなかったほどだった。米国の本格的介入により、内戦から民族解放戦争へと性格を変えていったベトナム戦争は、結局ジョンソン自身の政治的キャリアにも終止符を打つ結果をもたらした。ベトナム戦争による過大な財政負担は財政危機を深刻にし、国内でも「偉大な社会」政策関連の支出を抑制するマイナス効果を生み出し、ジョンソンの国内政策をも挫折させた。

◉――メディアのイニシアチブ

ベトナム戦争はメディアが世論形成のイニシアチブを取り、米外交政策に影響を及ぼした典型的例である。ベトナム戦争時には、戦争を遂行していた米政府、南ベトナム政府当局者が戦争の進展状況に関して楽観的な評価を定期的に表明していた。これに対して、メディアとくにテレビは、毎日のように戦争の破壊と殺戮の惨状を映した生々しい映像や米国内における反戦運動を米国民に流し続け、政府の発表とは正反対の戦争のイメージを作り出していった。これは米国内においてベトナム戦争に反対する世論を形成し、それが米国のベトナム戦争への政策に大きな影響を及ぼした。

冷戦期に各政権が継承したソ連および共産主義に対する強硬路線には、公衆の圧倒的支持があった。しかし、この公衆の支持もベトナム戦争の結果、衰退し始めた。「北の侵略」から南を守るために、米軍が一九六三年から六四年にかけて最初にベトナムに上陸したときには、明らかに米国民の大多数がこの介入に賛成した。六七年十月までは、数は減少したとはいえ、多数は戦争を支持し続けた。六七年十月に初めて、遠隔地（ベトナム）での戦争に反対する米国人（四六パーセント）が支持者（四四パーセント）を上回った。反戦抗議で、とくに学生が声高だった。[23]

一九六八年一月末から北ベトナム軍とベトコンが開始したテト攻勢は軍事的には失敗した作戦だったが、テレビは戦争の破壊、死傷者を生々しい映像で報じ、あたかも南ベトナム軍と米軍が壊滅的な打撃を受けて敗退したかのような印象を生み出した。これは米国民のあらゆる階層の間に、戦争に対する悲観論を強める結果になった。軍事的にはテト攻勢は南ベトナム軍、米軍の敗北ではなかったにもかかわらず、テト攻勢直後の一九六八年三月三十一日、ジョンソン大統領はその年の秋の大統領選挙には出馬せず、再選を求めない発表をした。ベトナム戦争の転換点になったのは、一九六八年一月のテト攻勢であった。ベトコンは米国ならびに南ベトナムの複数の攻撃目標に対する攻撃を開始し、複数の前線で同時に戦える能力を示した。かなりの兵員を失ったものの、テト攻勢はベトコン側の勝利と一般的に見なされている。そして、史上初めて、戦争の言いようのない恐怖がすべての米国民の居間にもたらされた。[24]

南ベトナム将校によって処刑される、泣き叫ぶベトコン・ゲリラや、ナパーム爆弾による攻撃を受け、恐怖にかられて道路を走ってくる裸のうら若いベトナム少女の惨たらしい写真は、その時代のあらゆる人々の記憶に焼き付けられた。国防総省は否定しつづけたが、その時点から、もうこの戦争は勝ち目がない、と広く信じられた。テト攻勢からわずか数日で、米国中のキャンパスは再び騒然となった。数週間で米国民の大多数が戦争反対に転じ、あるものは和平交渉を主張し、あるものは米国の即時撤退を主張した。そして二カ月とたたないうちに、ジョンソン大統領が一九六八年大統領選に再出馬しないと述べるに至り、米全土に衝撃を与えた。米史上初めて、海外での出来事に関してメディアが形成した世論が大統領を倒すこととなった。[25]

ベトナム戦争は次のニクソンを含め四代にわたる米大統領が関与した戦争だったが、その影響の大きさから見ても米史上で最も重要な戦争の一つになった。ベトナム戦争は米国史上最も衝撃的な外交政策の経験だった。再選の資格がある現職大統領が候補を辞退するのを余儀なくされるほどに深い国内分裂を生み出した唯一の外交経験であった。米国の最も長い、最も挫折感が強い戦争だった。地球の反対側の半島における紛争は、国内で知識層、若者のかつてない政府機関からの疎外、軍隊の疲弊、社会秩序の破綻、いくつかの米都市における政治暴力事件の増加を生み出した。米帝国の栄光の時代は早期に終焉しようとしているかに見えた。

ジョンソンの新方針に基づいて、ベトナム和平交渉は一九六八年五月、北ベトナムからはスアン・トイ無任所相、米国からはアベレル・ハリマン首席代表らが出席して、パリで開始された。しかし北ベトナムは交渉開始の前提条件として北爆とあらゆる戦闘行動の全面停止を要求し、これに対して米国は北側の戦闘縮小を相互措置として要求したため、交渉はすぐに行き詰まった。また北ベトナム労働党がサイゴンでの中立政権樹立を目指したのに対して、ジョンソンは非共産政権の維持に固執したことも交渉を困難にした。ジョンソンは六八年十月には北爆を全面停止し、パリ和平交渉拡大を図ったが、基本的な対立は続き交渉の進展は見られなかった。

こうして一九六八年初頭のテト攻勢が大混乱を引き起こした。軍事面の段階的拡大もジョンソンのキャリアも頓挫した。空爆は縮小され、やっとパリで和平交渉が始まった。十一月の大統領選挙でリチャード・M・ニクソンが副大統領のヒューバート・ハンフリーを破り当選した。一九六一年の就任演説ではジョン・F・ケネディは米国民に「いかなる犠牲も払い、どんな重荷にも耐える」よう求めた。一九六九年までには米国人の多くがそれを拒否した。ニクソン新政権は、グローバル化とベトナム戦争に対する米国民の明らかな不満を和らげながら、米国の海外における利益を維持するという仕事に直面することになった。一九六九年一月にキッシンジャーが自ら認めているように、ベトナムは本質的には重要ではなかったのかもしれないが、「五〇万の米国人を送ってコミットしたという事実が……ベトナムの重要性を決定付けた」。キッシンジャーはこう続けている。

なぜなら今や米国の約束への信頼がかかっているからである。「信頼性」とか「威信」という言葉をあざ笑うのが流行りとはいえ、こういう言葉は空言ではない。他の国々はわが国の安定を信頼して初めてわが国の行動に連動してくれるのである。……中東、欧州、ラテンアメリカ、そして日本さえも、世界の多くの地域の安定は米国の約束の信頼にかかっているのである。[26]

◉――もう一つのキューバ

ジョンソンは大統領として国際問題よりも、偉大な社会プログラムで解決できる公民権、メディケア、教育、貧困対策支援などの国内問題や社会問題の方にもっと関心があった。これは米国の孤立主義的地域出身の政治家としての経験によるものでもあり、ジョンソンのニューディールの系譜に負うところも大きかった。しかしベトナム戦争その他の激動する国際情勢はジョンソンに国内だけに焦点を当て続けることを許さなかった。ジョンソン政権の外交では、圧倒的な負担になったベトナム戦争の影に隠れてはいたが、他にも多くの重要な出来事があった。

米国では、キューバが他のラテン・アメリカ諸国に対する破壊活動の基地であるとしばしば言われ、その破壊活動が成功すれば、米国に対する大きな恐怖になるという認識があった。ジョン・F・ケネディは暗殺の一週間ほど前に、「われわれは、西半球にもう一つのキューバが樹立されることを全力を尽くして阻止しなければならない」と警告した[27]。ジョンソンは、西半球ではパナマ、ドミニカ共和国などの緊急事態への対応を余儀なくされた。

一九〇三年のパナマとの条約により、米国はパナマ運河と幅十マイルの運河地帯に対する永続的主権を維持してきた。第二次大戦後に、パナマ国民の間で民族主義的感情が高まり、パナマ運河沿いの米国人居住地にその不満が向けられた。この不満は長年くすぶり続けたが、ジョンソン政権発足当時の一九六四年一月になると、地元の高校で旗をめぐる騒動が起こり、三日間におよぶ暴動に発展し、三人の米軍兵士を含む二十人が死亡し、何百人もの負傷者を出した。運河地帯の資産の多くが破損した。パナマ政府は事件を米国の「正当化できない攻撃」と非難し、断交に及んだ。ジョンソン大統領は四カ月後に選挙を控えたチアリ・パナマ大統領に電話し、平和的問題解決への意思を伝えたが、チアリ大統領は新しいパナマ運河条約の交渉を要求した。米パナマ両国政府は単に協議を行うか、新条約を交渉するかで話し合いは難航した。両国は同年四月に外交関係を回復し、前提条件を付けない問題の解決を呼びかけた。一九六四年十二月、ジョンソンが共和党のバリー・ゴールドウォーターを抑えて大統領選に勝利した後、米パナマ両国の利益になる新しい運河条約の交渉に入るとともに、中米あるいはコロンビアでの第二運河建設について関係諸国と協議する意思を表明した。こうして新運河交渉が始まることになったが、一九七〇年代後半のカーター政権になるまで交渉は妥結しなかった。

一九六五年四月にはもっと深刻な緊急事態がドミニカ共和国で発生した。一九三〇年以来、ドミニカ共和国大統領として三十一年間にわたり右派独裁政権を維持してきたラファエル・トルヒヨが一九六一年に暗殺された。トルヒヨ暗殺から十八カ月後、リベラル派著作家フアン・ボッシュ・ガビノが自由選挙で大統領に当選したが、七カ月間統治しただけで一九六三年半ばに軍事クーデターで失脚した。クーデター指導者は「右派国家」再興を発表した。ケネディ政権はボッシュ政権を通じて「民主主義の模範」を打建てることを期待していたため、ドナルド・レイド・カブラル軍事政権に対して援助を停止する措置を講じ、ドミニカ政府は経済危機に直面した。カブラルは構造改革と財政引締めによる経済回復を試みたが、スト、旱魃、失業率増加などが重なり、クーデター未遂、大衆デモで一九六五年四月に軍事政権は崩壊してしまった。軍部は、軍の伝統に忠実な旧世代の将校とボッシュ復権を求める若手将校の二つのグループに分裂した。若手将校は大衆に武器を流し、首都で政府軍と反政府軍の二つのグループの戦闘が起こり、内戦が激化した。首都サントドミンゴでは法と秩序が崩壊した。

サントドミンゴの米大使館、米政府の国務省、国防総省、ＣＩＡは、ボッシュの復権が共産主義勢力の拡大、ドミニカ共和国支配に繋がる可能性を懸念し、米国の介入を主張した。タプリー・ベネット米大使は六五年四月二十八日に、「米国民の生命が危険にさらされている。米軍の即時上陸を勧告する」という電文をワシントンに送った。ジョンソン大統領は迅速に対応し、五〇〇人の米海兵隊部隊を即時派遣し、二週間で派遣米軍部隊の数を二万一〇〇〇人に拡大した。ジョンソン大統領は、ラスク国務長官に中南米諸国の大使、米州機構（OAS）に米軍派兵について通知するよう指示し、米議会の指導部からの支持を得た。ジョンソンは米国民向けテレビ演説で、何百人もの米国民の生命を保護するために介入したと発表したが、その数日後、同大統領は国際的陰謀に言及し、共産主義革命を防止することが介入の中心的理由であることを示唆した。反政府勢力の中で穏健派将校は離脱し始めており、モスクワ派、北京派、ハバナ派の三つの共産主義者のグループの支配力が日増しに強まっていた。三つのグループ各々の勢力はそれほど大きくはなかったが、きわめて高度に訓練された革命家により指揮されていた。米政府は西半球で「第二のキューバ」が誕生することを恐れた。しかし反乱軍は自分たちの革命は非共産主義者による革命で、立憲政府の復帰を求めているだけだと主張した。革命を事実上操っているのが共産主義者だという明らかな証拠もないまま、ジョンソンは、米国の望む秩序回復のために、米軍介入の命令を下した。[28]

ドミニカ危機は、「進歩のための同盟」の立案者たちが、いかにカストロに取りつかれていたかをよく示している。カストロの存在なくしては、ラテンアメリカでの経済、政治改革を促進する米国の努力はたいしてなされなかったであろう。[29]

ＯＡＳの中南米諸国代表は、米国のＯＡＳとの事前協議なしでの早急な介入、一九二五年のニカラグア介入以来四十年ぶりの砲艦外交復活を、一方的軍事介入を禁止したＯＡＳ憲章一五条の侵害行為として強く批判した。中南米諸国、米国内の多くが、ドミニカ共和国の共産主義者の数は四〇〇〇人未満でありその脅威が誇張されすぎていると批判したが、ジョンソン大統領は少数の共産主義者でも十分に鍛錬されたグループは国家をも支配しうるとして反論し、譲らなかった。同大統領は、共産主義は「米州体制の原則に合致しない」と宣言した一九六二年一月のOASのプンタ・デル・エステ決議に基づいて、OAS加盟国に対して「個別自衛および集団自衛にとって適切と考える措置を講じる」よう呼びかけた。

米軍はドミニカ共和国の反政府軍の要塞を孤立させ、ローマ法王庁の仲裁で停戦を実現し、国際監視下での自由選挙を手配するための暫定政権に向けた交渉の環境を作った。一九六五年五月末には、OASは創設以来初めて、ブラジルの将軍を司令官として中南米七カ国からなる米州平和維持軍を暫定的に組織した。この平和維持軍がサントドミンゴの治安維持の責任をもち、駐留米軍の撤退が開始された。米国、OAS、ドミニカ共和国内の各派の間の交渉により、一九六五年九月には、ガルシア・ゴドイ統一暫定政権が成立して、内戦は終結した。一九六六年六月一日には、OAS加盟国一八カ国の代表が監視員となってドミニカ共和国で民主選挙が実施され、トルヒヨ暗殺直後に一時期大統領を務めていた穏健派、キリスト教社会改革党のホアキン・バラゲールが大統領に当選した。バラゲールは一九七八年まで大統領を務め、一九七八年から八二年に革命家のアントニオ・グズマン、八二年から八六年までサルバドール・ホルヘ・ブランコがそれぞれ大統領を歴任したあと、八六年からバラゲールが大統領に再選された。

「進歩のための同盟」は、革命的暴力を避けるために、地域の指導的エリートを説得し、その権力と富の共有を模索するものだったが、ラテンアメリカで四十年ぶりの米国の明らかな介入は、この同盟の弔鐘となり、ラテンアメリカの指導者階級は安堵することになる。なぜなら、「不公平な社会を維持してきた愚行のつけから米国が解放してくれる（つけを米国が払ってくれる）という改革へ選択肢」ができたからである。こうして、ラテンアメリカにおける米国の政策は、世界の他の地域同様、引き続き米ソ二極による世界闘争に左右され続けた。[30]

◉――NPT体制の成立

ジョンソン大統領は、米ソ核軍備管理においても重要な役割を果たした。ケネディ大統領の国葬の際に行われたソ連のアナスタス・ミコヤン副首相との会話のなかで、ジョンソンは米国が米ソの緊張緩和に向けて努力することを約束した。ジョンソンは後に、回想録『ヴァンテージ・ポイント』の中で、「私は大統領の任期中、ソ連指導者への個人攻撃を行わず、〝捕われの国々〟とか〝無慈悲な全体主義者〟といった表現を使うのを避けた。米ソ関係の劇的な改善にはつながらなかったが、米ソ対立の沈静化に役立つのではないかと考えた」と述べている。[31]ジョンソンは一九六三年十二月の国連総会演説で、冷戦の早期終結、核拡散の防止、核軍備管理を米国が望んでいることを強調した。六四年一月の一般教書演説では、米国内の四つのプルトニウム工場を閉鎖し、核兵器用物質の四分の一削減することを発表した。当時、米ソ両国は国防予算の抑制に関心を持っていた。一九六〇年代末、ソ連の国防費増大の主要部分は戦略核兵器の開発・製造に向けられ、米国の国防費増大の大半は通常兵器および対ゲリラ戦用武器と人員確保に投入された。ケネディ政権下では一九六三年八月に部分的核実験禁止条約が調印され、ジョンソン政権下では六七年一月に宇宙天体条約（OST）が調印された。この条約は、核兵器や大量破壊兵器を運ぶ物体を地球周回軌道に乗せることを禁止するもので、上院で六七年四月に批准された。

ジョンソン政権下で成立した軍備管理条約の中で最も重要なものは、核不拡散条約（NPT）である。[32] 一九六〇年にフランスが核実験を行い、米ソ英に続いて四番目の核保有国になった。一九六四年には中国が核実験を実施し、五番目の核保有国となった。次々と核保有国が増えるなかで、米ソを中心にした関係諸国は、核兵器をこれ以上、世界に拡散させないことを目的とした交渉を行った結果、NPTが一九六八年に最初の六二カ国により調印された。条約は一九七〇年三月に発効し、今日に至るまで核不拡散体制の支柱となっている。一九六三年の部分的核実験禁止条約調印以来、核拡散の阻止が米国の軍備管理政策の重要な課題とされた。米国の一部には、四～五の核保有国が存在するほうが世界は安定するという見解もあったが、誤認や事故によって偶発核戦争が起きるリスクの増大も含め、核兵器の拡散を危険なものと見る見方が大勢を占めた。ジョンソン政権時代にNPT体制が作られ、国連安全保障理事会の五常任理事国のみに核兵器国の地位が例外的に与えられ、この五大国以外は非核兵器国として核不拡散体制に参加していった。

交渉開始当初は、NPTのような核不拡散体制に世界の諸国が同調するかどうかを疑問視する見方があった。既に核兵器を保有していた米ソ英仏中の五カ国にとっては、自分たちが核兵器を独占し続けることが国益に適っていた。五カ国は核不拡散体制ができることに共通の利益を見出した。まだ核兵器を製造する技術を持っていない国々にとっては、敵対国に先を越されるのではないかという不安を緩和する上で、NPT体制にはメリットがあった。核兵器国に特権的地位を与えたNPT体制には不平等性があったが、世界の大多数の国々はNPTを支持し、条約は一九六三年に国連で採択された。しかし、核兵器の開発を行う潜在的な技術力と経済力を持つ国々にとっては、絶大な破壊力を持つ核兵器を放棄することは重大な選択であった。当時そのような状況にあった国としては、アルゼンチン、ベルギー、ブラジル、カナダ、チェコスロバキア、西独、東独、インド、イスラエル、イタリア、日本、ポルトガル、南アフリカ、スペイン、スウェーデンなどがあげられる。こうした国々をいかにNPT体制に組み込むかが、最大の課題だった。とくにインドは、中国が核兵器による攻撃あるは脅迫を仕掛けてくる可能性を懸念し、核兵器国から安全保障上の保証を求めた。米英ソは国連憲章に基づいて平和への脅威に対処する義務を確認したが、インドは満足しなかった。数カ国の発展途上国がインドに加わって、核兵器国の原子力発電施設は査察対象にならないのに非核兵器国の施設は査察対象になるという不平等、差別を指摘し、条約を批判した。このため核兵器国は、NPTの中に核軍縮に向けて誠実に努力するという約束（第六条）を行った。

当時、ソ連はワルシャワ条約機構の諸国の核武装を厳格に禁止しており、米国が北大西洋条約機構（NATO）との共同所有という形で核兵器を移転する可能性を懸念していた。一九六六年九月にディーン・ラスク国務長官はアンドレイ・グロムイコに対して、米国はいかなる核兵器もNATOに移転することはしないと約束した。NATO同盟諸国の要請により、米国は条約が核兵器を規制するが、その運搬手段までは規制しないし、米国が保有・管理する核兵器のNATO諸国への配備を禁止するものではないという解釈を採用することで同意した。ソ連はこれに対して異議を唱えることはしなかった。核不拡散条約は一九六八年七月一日に調印されたが、ジョンソン大統領はこの条約を「核時代の始まり以来最も重要な国際合意」であると評価した。

NPT調印の日、米ソは、戦略兵器制限交渉（SALT）の交渉を開始することを発表した。しかし、一九六八年八月のワルシャワ条約機構軍のチェコスロバキア侵攻のお陰でSALT交渉の開始は一九六九年十二月まで延期された。

一九六〇年代には、弾道弾迎撃ミサイル（ABM）の開発配備問題が、安全保障や軍備管理の専門家の間で大きな議論を引き起こした。マクナマラ国防長官は当初ABMには反対していたが、一九六七年九月にジョンソン政権はABMシステムの配備を進めると発表した。このABMシステムはソ連を標的にしたものではなく、中国からの不慮の核攻撃の脅威に備えるものであると説明された。マクナマラは、ソ連の核攻撃をABMで防ぐことは技術的にも経済的にも無謀であり、また相互確証破壊理論のゆえに不必要であると考えていた。米軍の陸軍、海軍、空軍はすべてABMの配備を支持した。国防総省の背広組みは制服組に比べて、ABMに関して意見が分かれていた。欧州諸国の世論は、ABMの開発配備に対しては批判的傾向が強かった。

一九六七年のジョンソン政権のABM配備決定は、国内政治上の配慮によるものであったという。ABM推進派の人々は、完璧な防御システムでなくても、何千万人もの命を救う可能性のあるABM配備は意味があると主張した。ソ連がモスクワ周辺にABMを配備したことも、推進派の人々の主張を支えた。翌年の選挙を前にして、ジョンソン大統領は、民主党政権時代はABM開発競争でソ連に追い抜かれたと批判されるのを嫌った。このようにして大統領は、当時のABMシステム（センティネルと名づけられた）の能力が限定的であることを承知の上で、これを配備することを決断した。

◉──ソ連東欧圏への対応

一九六八年には、ソ連東欧圏でジョンソン政権に決断を迫る大きな事件が発生した。一九四八年のチェコスロバキアの革命以来、アントニーン・ノヴォトニー共産党第一書記兼大統領のもとで同国はソ連圏の中でもモスクワに忠誠を誓ってきた。しかし一九六八年一月、ノヴォトニーは失脚し、若い理想主義者アレクサンデル・ドゥブチェクが共産党第一書記に就任した。ドゥブチェクは「人間の顔をした社会主義」を目指して一連の改革を進めた。報道、集会、宗教の自由、スト権、海外旅行の権利、討論の自由、すべての党組織における秘密投票などを認めた。これにより、いわゆる「プラハの春」が本格的に始まり、ソ連は中欧地域の要の衛星国家が統制できなくなる事態を恐れた。一九六八年七月半ばに、ソ連は最後通告をチェコスロバキアに突きつけた。これは一九五六年以来のソ連にとっての最も深刻な政治的危機だった。西欧諸国は危機的事態が発生すると予測し、米国しかソ連のチェコ軍事介入を阻止できる国はないと考えた。しかし米国はベトナム戦争で手一杯の状態で、東欧をめぐってソ連と対決するムードにはなかった。

一九六六年九月以来、米ソ関係は欧州地域に関しては改善していたが、そのデタントは中東の六日戦争、東南アジア情勢をめぐって破綻しかけていた。六七年六月末に、ジョンソン大統領とアレクセイ・コスイギン・ソ連首相はニュージャージー州グラスボロで二日間の首脳会談をもち、中東、ベトナム、核不拡散条約（NPT）などについて話し合った。これはNPT交渉を前進させる効果を生み出した。ところが、六八年八月二十日、ワルシャワ条約機構のソ連、ポーランド、ハンガリー、ブルガリア、東独の五カ国の六五万人の軍隊が圧倒的軍事力によるチェコスロバキア侵攻を実行した。これにより、NPT発効へ向けた動きは頓挫した。ソ連のチェコスロバキア侵攻は、ジョンソン・コスイギン会談が発表されることになっていた前日のことだった。このタイミングは大統領の顔に「死んだ魚を投げつける行為に等しい」とラスク国務長官は語っている。[33]

これはそれまで五年間にわたって緩慢に進展してきた欧州でのデタントを逆行させ、NATOに対する大きな安全保障上の脅威を生み出した。さらにソ連は単独で新たに一〇師団をチェコスロバキアに進軍させた。ソ連は、ブレジネフ・ドクトリン（制限主権論）を唱えて、チェコスロバキアへの軍事介入を正当化した。これは、社会主義陣営全体の利益のためには、そのうちの一国の主権を制限しても構わないという論理である。ソ連はチェコスロバキア全土を占領下に置き、ドゥブチェクら党指導部を拘束した。軍事占領下の異常事態の中で、チェコ共産党は八月二十二日、急きょ第十四回臨時党大会を開催して、ソ連の軍事介入を非難し、ドゥブチェクら党指導部への支持を表明する決議を採択した。一方、国際社会の反応としては、八月二十一日、米英仏、カナダの要求で国連安全保障理事会が召集され、米国などが提出した「侵攻は国連憲章に反する内政干渉であり、即時撤退を要求する」という決議案が表決に付されたが、ソ連の拒否権行使により採択は阻止された。ジョンソン大統領は、NPTの調印やSALT交渉などが懸かっていた対ソ関係を緊張させることを嫌い、結局はチェコスロバキアに対して具体的行動を起こすことはしなかった。チェコスロバキアの共産党内部からの体制改革の試みがソ連により押しつぶされ、米国もそれをほぼ黙認する結果になったことは、東欧にわずかながら残っていた社会主義改革に対する希望を一掃する結果になった。事件の結果、中ソ対立は修復不可能にまでに悪化し、西欧ではフランス、イタリアなどの共産党を中心に議会制民主主義の枠内で社会主義を追求するユーロコミュニズムが台頭するなど、国際共産主義運動の分裂を促した。

◉――六日間戦争

ジョンソン政権時代には、中東でも第三次中東戦争（六日戦争）という大きな事件が発生した。ジョンソン政権の五年間を通じて、アラブ世界は、アルジェリア、イラク、シリア、エジプト（当時アラブ連合）など革命的社会主義思想に傾斜する過激派諸国とモロッコ、チュニジア、レバノン、ヨルダン、リビア、サウジアラビアなど保守派諸国に分かれていた。しかしすべてのアラブ諸国は程度の差こそあれ、米国のイスラエルに対する軍事、経済援助を批判していた。他方、米国はベトナム介入を強めており、第二の紛争には乗り気でなかったし、米政策決定者の最大関心事は、そうした試みがソ連との衝突を引き起こしはしないか、ということだった。すでにソ連は大々的に地中海東部に艦隊を派遣し、アラブ諸国の目的を全面的に支持し、イスラエルは米帝国主義の侵略的手先であると終始一貫、非難していた。[34]

一九六七年にはシリアとイスラエルの国境で緊張が高まり、シリアはエジプトに対イスラエル軍事行動を起こすよう促していた。シリアはファタハとパレスチナ解放機構（PLO）のイスラエルに対するゲリラ活動を後押しする動きを強めた。イスラエル政府は六七年五月十二日、シリアに拠点を置くゲリラ組織の挑発行為に対して、時間、場所、手段を選ぶことにより報復すると宣言した。その翌日、ソ連はエジプトのナセルに対してイスラエルがシリアとの国境地帯に兵力を集結し、攻撃態勢に入っていると警告した。イスラエルはこれを否定したが、アラブ諸国の民族主義者からの行動を求める圧力を受けたナセルはシナイ半島に向けて軍隊を動かした。一九六七年六月五日、イスラエル空軍機が閣議決定を受けて、超低空飛行でエジプト、シリア、ヨルダン、イラク領空を侵犯して、これらの各国の空軍基地を奇襲攻撃し、四一〇機の航空機を破壊した。これにより第三次中東戦争が始まり、わずか六日のうちに決着がついた。イスラエルはアラブ側の制空権を奪ったのち、地上軍を投入し、電撃的にヨルダン領のヨルダン川西岸地区、エジプトのガザ地区とシナイ半島、シリアのゴラン高原を占領し、その領土を一挙に四倍以上に拡大した。イスラエルはこの戦争によりヨルダンが守っていたエルサレム東側をも獲得した。戦争は停戦となったが、その後もヨルダンがPLOを支援したヨルダン川西岸を攻撃したり、エジプト軍がスエズ運河を挟んでイスラエルに散発的砲撃を加えるなど消耗戦争が一九七〇年まで継続した。

第三次中東戦争の二日目、カイロ放送がヨルダンのレーダーからの間違った情報をもとに、米軍機がエジプトに対する攻撃に参加していると報じた。この誤報が原因で、エジプト、アルジェリア、シリア、イラク、スーダン、イエメンは米国との外交関係を断絶した。アラブ諸国の半数が米国との外交を断絶した。ソ連の艦隊はアラブ諸国の港へのアクセス権を得た。米国は一九六八年十二月にはF４ファントム戦闘機五〇機をイスラエルに売却し、イスラエルの「未完成ではあるが操作可能な核兵器能力」の存在を大目に見た。[35]

中東戦争は、イスラエルの後ろ盾の米国とシリア、エジプトの後ろ盾になっていたソ連との間に非常に微妙な状況を作り出した。戦争がわずか六日で終結したため、ソ連は軍事介入する余裕がなく、米国も介入する必要がなかったため、米ソの重大な対決に発展しないですんだ。アラブ帝国へのナセルの夢と中東地域の覇権へのソ連の希望はあっという間に挫けた。一方、米国は中東一帯のプレゼンスを維持した。[36]

ジョンソンは大統領職を引退した後、一九六九年にテキサス州ジョンソンシティの農場に帰宅し、一九七三年一月二十二日に心臓発作で死去した。

◉Endnotes

1 バー・マクレラン著、赤根洋子訳『ケネディを殺した副大統領―その血と金と権力』文藝春秋、二〇〇五年。

2 James E. Dougherty and Robert L. Pfaltzgraff, Jr., *American Foreign Policy: FDR to Reagan* (New York: Harper & Row, 1986), p.194.

3 James A. Nathan and James K. Oliver, *United States Foreign Policy and World Order*, 3rd ed. (Boston: Little, Brown, 1985), p.312.

4 Dougherty and Pfaltzgraff, *op. cit.*, p.226.

5 *Ibid.*, pp.225–226.

6 Wesley M. Bagby, *America's International Relations since World War I* (New York: Oxford University Press, 1999), pp.247–249.

7 Nathan and Oliver, *op. cit.*, p.308.

8 "1961 Rusk–McNamara Report to Kennedy on South Vietnam," in *The Pentagon Papers* (New York: Bantam Books, 1971), p.150. 以下、*Pentagon Papers* と称する。

9 Nathan and Oliver, *op. cit.*, p.309.

10 Bagby, *op. cit.*, p.249.

11 *Pentagon Papers*.

12 拙著『アメリカ外交の政治過程』勁草書房、二〇〇七年、二三三頁。

13 "National Security Action Memorandum 328, April 6, 1965," in *Pentagon Papers*, pp.442–443.

14 Lyndon B. Johnson, "Pattern for Peace in Southeast Asia," *Department of State Bulletin*, Vol.41, No.1348 (April 26, 1965), p.607.

15 *New York Times*, August 27, 1966, p.10.

16 Press Conference of July 28, 1965, *Public Papers of the Presidents, Lyndon B. Johnson, 1965*, Vol.2 (Washington,

DC: U.S. Government Printing Office, 1966), pp.796–797.

17 George Kahin and John Lewis, *The United States in Vietnam* (New York: Dell, 1969), p.373.

18 George A. Bailey and Lawrence W. Lichty, "Rough Justice on a Saigon Street," *Journalism Quarterly*, 49 (Summer, 1972), p.222.

19 Robert Dallek, *Flawed Giant* (New York: Oxford University Press, 1998), p.506.

20 David M. Barrett, ed., *Lyndon B. Johnson's Vietnam Papers* (Austin: University of Texas Press, 1998), p.713.

21 Bagby, *op. cit.*, p.249.

22 Henry Kissinger, "The Vietnam Negotiations," in Henry Kissinger, *American Foreign Policy: Three Essays* (New York: W.W. Norton, 1969), p.107.

23 Fraser Cameron, *US Foreign Policy after the Cold War: Global Hegemon or Reluctant Sheriff?* (New York: Routledge, 2002), p.106.

24 Michael Arlen, *Living-Room War* (New York: Penguin, 1982).

25 Cameron, *op. cit.*, p.106.

26 Kissinger, *op. cit.*, p.112.

27 Dougherty and Pfaltzgraff, *op. cit.*, p.195.

28 Steven W. Hook and John Spanier, *American Foreign Policy since World War II*, 6th ed. (Washington DC: CQ Press, 2004), p.109.

29 Theodore Draper, *The Dominican Revolt: A Case Study in American Policy* (New York: Commentary, 1968) 参照。

30 Hook and Spanier, *op. cit.*, p.109.

31 Lyndon B. Johnson, *The Vantage Point: Perspectives of the Presidency 1963–1969* (London: Weidenfeld & Nicolson, 1972).

32 NPTについては、William Kincade and Christoph Bertram, *Nuclear Proliferation in the 1980's* (New York: St. Martin's, 1982) 参照。

33 John Prados, "Arms Limitations Setbacks in 1968," in H. W. Brands, ed., *The Foreign Policies of Lyndon Johnson*

(College Station: Texas A&M University Press, 1999), p.32.
34 Hook and Spanier, *op. cit.*, pp.98–99.
35 Avner Cohen, *Israel and the Bomb* (New York: Columbia University Press, 1998), p.1.
36 Hook and Spanier, *op. cit.*, p.99.

chapter 6

Richard Nixon - Gerald Ford

ベトナムからデタントへ

リチャード・M・ニクソン Richard M. Nixon
ジェラルド・R・フォード Gerald R. Ford, Jr.

◉――任期途中辞任の唯一の大統領

第三十七代大統領（一九六九―一九七四年）リチャード・ミルハウス・ニクソン（一九一三―一九九四年）は一九一三年に、カリフォルニア州ロサンゼルス郊外のヨーバリンダで五人兄弟の次男として生まれた。父親はガソリン販売、食料品販売の仕事をし、母親は熱心なクエーカー教徒だったが、ニクソン自身も母親から保守的なクエーカー教徒として育てられた。一九三〇年にホイッティア高校（カリフォルニア州ホイッティア）を卒業した。ハーバード大学に入る学費全額支給の奨学金オファーを受けたが、それでも十分な資金力がないとの理由で辞退し、地元のクエーカー教徒の学校であるホイッティア大学に入学し、学生会長に選ばれた。大学在学中にクエーカー教会であるイースト・ホイッティア・フレンズ教会の日曜学校で教え、その後生涯にわたって同教会の教会員としてクエーカーの信仰を維持した。さらにデューク大学法学大学院で法律を学んだ。第二次大戦中には米海軍で補給士官を務め、終戦後にはペプシコ社の弁護士になって、ペプシコーラの国際市場開拓のための売り込み活動で多額の報酬を得た。

一九四六年にカリフォルニア州を足場に連邦下院議員に当選し、下院非米活動委員会の委員としてソ連スパイの容疑がかけられたアルジャー・ヒスの調査に関与して全国的に名前が知られるようになった。一九五〇年には上院議員に当選した。一九五二年にはドワイト・アイゼンハワーの副大統領候補に選ばれ、アイゼンハワー当選とともに第三十六代副大統領に当選した。一九六〇年大統領選に出馬して民主党候補ジョン・F・ケネディと大統領職をかけて争ったが、僅差で敗れた。さらに一九六二年には地元のカリフォルニア州知事選でも敗退したが、六八年大統領選に再度出馬し、大統領に当選した。

ニクソン大統領は任期中に外交政策で大きな転換を達成した。外交面での大きな出来事としては、中国との国交正常化、ソ連とのデタント（緊張緩和）の推進がある。しかしニクソンは、再選のための不正活動が暴露されたウォーターゲート事件で米議会下院での弾劾という事態に直面し、辞任に追い込まれた。後継者として大統領に就任したフォードはニクソンが犯した可能性がある連邦犯罪について大統領恩赦を付与した。ニクソンは米国史上において、副大統領に二回、大統領に二回当選した唯一の大統領であり、同時に任期途中で辞任した唯一の大統領でもある。

大統領就任後は、外交政策では国務省の官僚の影響力を排除し、国家安全保障担当大統領補佐官に登用したヘンリー・キッシンジャーらを重用し、ホワイトハウスが主導する外交を推進した。対ソ外交では、封じ込め政策を転換し、デタント外交を推進し、とりわけ対アジア外交において大きな足跡を残した。キッシンジャーは米外交から「感傷癖《センチメンタリティ》」を一掃しようとした。[1] 一般的にニクソン―キッシンジャー外交の推進力とされる言葉が「デタント」であり、全体的に対立環境にあるソ連および中華人民共和国との限定的な協力をさす。デタントは国際的緊張を緩和し、国際政治における米国のリーダーシップを維持するための手段となり、プロセスとなり、風潮となった。そしてデタントは、ソ連と中国を封じ込め、急進的革命を抑えることによって、「均衡 (equilibrium)」すなわち地政学的勢力均衡を生み出すとされた。[2]

ニクソン政権の時代は、世界が構造的な変化をとげるただ中にあった。ニクソン政権の外交政策で中心的役割を演じたヘンリー・キッシンジャーはこう述べている。「戦後時代はすべての大陸が相互関係を結んだ初めての期間である。一九四五年には国際社会は五一カ国から構成されていた。一九六八年にはそれが倍以上になり、一三〇カ国近くなった。……ニクソン政権が発足した時には、国際関係のすべての要素が同時的に変化していた」。[3] 米国の軍事力はソ連との関係で相対的に減退していた。

ニクソンは就任前、ベトナム戦争について「大統領就任後、まず取り組まなければならない最も緊急な外交課題だ」と言っていた。ニクソン政権は他の課題とともにベトナムで名誉ある平和を達成し、やがて米国史上最長の戦争となるベトナム戦争から米国を救済するために選挙された政権であった。ニクソンは就任後しばらくたった一九六九年五月十四日に、ベトナムでの戦闘活動における米軍の役割を減じ、ベトナム人に肩代わりさせてゆくという戦争のベトナム化政策を発表した。より大きな外交政策上のテーマは、一九六八年大統領選挙運動でのニクソンの演説に反映されている。そのテーマは、政治的、経済的力の分散の結果としてアクター（役割を演じる大国）が増える世界の出現、共産主義諸国の間の不一致を利用する必要性、より力が広く分散した世界における他の国々の能力に照らして米国が負うべき安全保障負担の見直し、より非敵対的なソ連との関係を構築する可能性である。

◉――ニクソン・ドクトリン

ニクソンは一九六九年七月二十三日に、東南アジア、南アジアを歴訪した際にグアムに立ち寄りいわゆる「グアム・ドクトリン」を発表した。これは後にニクソン・ドクトリンと呼ばれ、ニクソンの外交政策における重要な指針となった。米国は過去には朝鮮戦争やベトナム戦争に見られるように米軍人と武器を同盟国に提供したが、今後は自国を防衛するために自国の将兵を活用する用意がある国に対してだけ軍事援助、経済援助を提供するというものである。ニクソンの考えでは、ニクソン・ドクトリンは米国をアジアから撤退させる方式ではなく、米国がアジアに留まり、非共産主義諸国、中立諸国、アジア同盟国が自国の独立を守るのを助けるうえで責任ある役割を果たし続けるための唯一の堅固な基盤を提供するというものだった。ニクソンは「同盟国および友好国の防衛と発展」が引き続き必要なことは理解していた。[4] しかしその努力の一端が、今後は責任分担体制になるだろうことを意味した。

米国は同盟国および友好国の防衛と発展に参加する……しかし米国がすべての計画を立案し、すべてのプログラムを企画し、すべての決定を実行し、世界中の自由国家のすべての防衛を引き受けることはできないし、するつもりもない。真にわれわれの支援を必要とし、かつそれがわれわれの利益に適う場合は、われわれは支援する。[5]

ニクソンは「われわれはコミットするから世界と関わりを持つのではない。関わりを持つからコミットする。われわれの国益がコミットメントを形成するべきであって、その逆ではない。」と述べ、実際、政権在職中は国益の概念が米国の政策の中核に位置した。[6]

さらには、ニクソン・ドクトリンの知的基盤は力のバランスの概念に深く根ざしており、具体的には安全保障は国際的な均衡に見出すことができるという想定に基づいている。ニクソン政権は、自国の安全保障により大きな責任を担う能力を持つ日本や西欧諸国とのより成熟した関係を模索し、同時にソ連とのデタントを追求した。デタントが意図したところは、米国と冷戦時代の主要な敵対国との間の緊張を緩和させ、協同者として国際体制に参加できるようにすることである。国際体制の正当性がすべての主要国に受け入れられないかぎり、安定はありえない。米国の軍事力の衰退が、政治軍事的舞台においてソ連の望ましい行動を引き起こすためのアメとムチとして米国の経済力を使うことを余儀なくさせる。最終的には、安定した国際体制管理の主要点は、力の均衡をうまく機能させることであった。ニクソンとキッシンジャーにとっては、それはとりもなおさず、リンケージ・ポリティックス（外交交渉などで諸要因を包括的に結び付けて妥協に導く交渉戦略）の慣行もさることながら、ソ連と中国を互いに争わせる意思があり、そうする能力があることを意味した。[7]

キッシンジャーは次のように説明している。

たとえどんな理由であれ、ソ連でさえも、そのイデオロギー的熱情……の限界を……悟ったのかもしれないこの時期に、われわれは世界に関する米国の立場を再定義できるときにきている。[8]

対ソ関係においては、ニクソン・ドクトリンは、様々な報償を提供したり控えたりすることにより、ソ連の行動を時間をかけて変えることが可能であるという考え方に基づいていた。同時に、米国は一九六九年までには、悪化する中ソ関係に顕著に現れていた分裂を利用することにより、ソ連に対する影響力を獲得するというものだった。古典的な勢力均衡理論に鑑みて、中国はニクソン政権が概念化した五大国からなる国際体制における重要なアクターになっていた。米国は、モスクワに対して北京を強くする中国との戦略的関係を構築し、同時にソ連との違いを最小限にすることを模索する。こうしてニクソン・ドクトリンの中心的要素が浮かび上がってきた。それは米国、中国、ソ連を包含する戦略的かつ政治的な三角関係である。

一九七五年に米国が支援した南ベトナム政権の降伏によってベトナム戦争が終結する四年前の一九七一年、ニクソン大統領は「国際関係の新たな安定した枠組み」の必要性を宣言した。[9] ニクソンは五大国による世界秩序について言及したが、これは米国、西欧、日本という経済的三極、米国、ソ連、中国という戦略的・政治的三極を意味し、いずれの三極においても米国が中心的役割を担うという考え方に基づいていた。「国際関係の新たな安定した枠組み」構築というニクソン大統領の戦略の目玉は、ソ連および中国という米国の二つの冷戦時代の敵とのデタント政策であり、同盟国とのよりバランスのとれたパートナーシップである。[10] ニクソン・ドクトリンのもう一つの特徴は、「力の均衡を追求するために連携関係を速やかに変化させる能力」であり、これが意外性と柔軟性のある外交政策として展開されることになる。これは、キッシンジャー国務長官（当時）が主導した一九七三年十月の中東戦争への対応やニクソン訪中などに表れている。一九七三年の第四次中東戦争はヨム・キプール戦争とも呼ばれ、イスラエルとエジプト、シリアなどの中東アラブ諸国との間で戦われた戦争である。アラブ側が先制攻撃を仕掛け、ソ連はエジプトに二万人の顧問を派遣し、エジプト、シリアに武器を支援し、イスラエルは一時はシナイ半島西部とゴラン高原の一部を失うなど苦戦した。キッシンジャーはまずイスラエルに大量の軍備を提供し、イスラエル軍が反攻に出て、シナイ半島でシリア、エジプト軍を撃破し、エジプト領内に深く進攻するのを助け、その後はイスラエルを抑制し、停戦に持ち込み、エジプトとの新しい関係を構築する方向に動いた。停戦は米国とソ連の介入により実現した。アラブ諸国の半数が米国との外交を断絶した。ソ連の艦隊はアラブ諸国の港へのアクセス権を得た。かつて米国は一九六八年十二月F4ファントム戦闘機五〇機をイスラエルに売却し、イスラエルの「未熟ではあるが操作可能な核兵器能力」の存在を大目に見て、目をつぶってきたのである。[11]

◉――SALTの意義

ニクソン政権が対ソ関係で最も重要視したのは、戦略兵器の制限交渉であった。米ソはジョンソン政権時に、一九六八年から戦略兵器制限交渉（SALT）を開始することで合意していたが、ソ連のチェコスロバキア侵攻と米国の政権交代により交渉開始は一九六九年十一月まで延期された。ニクソン大統領は、米ソが戦略兵器の増強によって相手より決定的な優位を達成しようとすれば膨大な投資が必要になり、仮に優位を一時的に達成したとしても相手の対抗措置によって相殺されるため、優位の達成は不可能であると主張した。ニクソンは、米ソが戦略兵器の制限に同意するほうが、両国の国益にはるかに適っていると主張した。当時、米国内ではベトナム戦争による疲弊によって、政策の優先順位を海外から国内に移す世論の圧力が強まっていた。大規模な軍備増強を継続できない状況にあったニクソン政権は、ソ連の軍備増強に歯止めをかけることを望み、戦略兵器制限交渉（SALT）に取り組んだ[12]。

ニクソン大統領は一九七二年五月二十六日にモスクワを訪問し、ブレジネフ書記長との間で弾道弾迎撃ミサイル制限条約（ABM）に調印し、五年間の有効期限を持つSALT1暫定協定を達成した。ABM条約は、米ソ各々が配備できる迎撃ミサイル発射装置を二〇〇基に制限（一九七四年には双方一〇〇基に変更）した。SALT1暫定協定は米ソが保有する陸上、海上配備の戦略核ミサイルの数量を当時のレベルで凍結するもので、米国の場合は大陸間弾道ミサイル（ICBM）一〇五四基、潜水艦発射弾道ミサイル（SLBM）六五六基、ソ連の場合はICBM一六一九基、SLBM七四〇基が上限とされた。

ABM条約に米ソが同意したということは、両国が戦略核ミサイルから自国を防御する能力を制限し、同時に相手の先制攻撃から生き残る核報復攻撃力を保持することを認め合ったことを意味した。いわゆる「相互確証破壊（MAD）」の状況が条約上も固められ、米ソはともに先制攻撃ができなくなった。すなわち、いずれか一方が先制攻撃を行えば、相手から耐え難い核報復攻撃を受け、米ソは共倒れになる。SALT1暫定協定の対象はICBMとSLBMに限られ、当時米国がソ連に対して四六〇機対一四〇機という圧倒的優位にあった戦略爆撃機は対象から外された。この協定は、ICBMとSLBMの数量ではソ連の優位を放置しつつ、米国の質的優位（核兵器の精度、弾頭設計、ロケット推進技術、潜水艦建造など）を温存することでバランスが図られた。SALT1によって米ソの戦略核の上限は定められたが、質的改善を進める余地は残され、実際、米ソはSALT1後に戦略核の技術競争を継続したのである。米国は一九七〇年代初めにはICBMの複数弾頭（ＭＩＲＶ）化能力を達成し、ソ連のＡＢＭシステムを突破しうる三弾頭式のミニットマンⅢ（ＩＣＢＭ）の配備計画を進めた。ソ連は、米国の予想を大幅に上回るスピードで質的改善を進め、ＳＳ１７、ＳＳ１８、ＳＳ１９、と呼ばれる新型ＩＣＢＭを次々開発配備していった。ソ連が開発配備したＩＣＢＭは投射重量が大きく、破壊力において米国のＩＣＢＭより勝っていた。重ミサイルと呼ばれた。ソ連のＳＳ１８は、米国のミニットマンⅢの五倍の投射重量があり、命中精度も年々高まっていった。

ＳＡＬＴ１暫定協定は一九七二年秋に米議会上院により批准されたが、批准決議を提案したヘンリー・ジャクソン上院議員は、米ソの戦略兵器の数量を同等にする合意で置き換える必要性を強調した。しかし米ソの戦略兵器システムの構成は根本的な点で異なっており、数量の上限を同一にすることは至難だった。ソ連はＳＡＬＴ１合意後、最大一〇弾頭まで搭載可能なＳＳ１８を少なくとも三〇〇基配備した。

ＳＡＬＴ１の合意がまとまったモスクワ首脳会談で、ニクソン大統領とブレジネフ書記長は共同宣言を発表した。宣言の中で米国とソ連は、「軍事対立を回避し核戦争勃発を防止するために最大の努力を行う。米ソは相互関係で常に自制し、交渉し、意見の違いを平和的手段で解決する用意がある。懸案事項についての議論と交渉は、相互主義、相互の妥協、相互利益の精神で実施される。双方は、他を犠牲にする一方的優位の獲得努力はこれらの目標に直接、間接に矛盾することを認識する」と述べた。

そうこうするうち、ＳＡＬＴプロセスは、拡大するソ連の戦略兵力と積極的に世界の役割を果たすにはためらいがある米国民を前にして、米国の顕著な世界的役割を維持するためのニクソン政権のアプローチのもっとも実態のある証拠になっていった。したがってＳＡＬＴプロセスが追求されたのは、戦略兵器開発に終止符を打つ、あるいは開発の動力を反転させる保証があったからでもなければ、米国の世界的役割が減じる保証があったからでもない。むしろ、米国とソ連の戦略兵力の展開中の相互作用において、「かすかな秩序と予測可能性を保証した」のである。[13]

◉――対中政策の転換

ニクソン・ドクトリンにおける米中ソ三角関係のもう一つのきわめて重要な要素は、中国解放だった。一九六〇年代には、米国はケネディ、ジョンソン両政権を通じて主としてワルシャワの中国大使館を通して中国と非公式協議をもってきた。しかしベトナム戦争と文化大革命は米中間に深く根ざす敵対関係を変更する一貫した努力を不可能にし、望ましくないものにした。しかしニクソン・ドクトリンの暗示する世界観から、米国は国益の脅威を識別する決定的要因として、中国政策の見直しに着手した。米国の対中政策転換では、一九六九年三月のウスリー江のダマンスキー島（中国側の呼称は珍宝島）で発生した大規模な軍事衝突による国境紛争で顕在化した中ソ対立の深まりが大きな要因になった。ニクソンはそれまでの共産圏が一枚岩だという考え方を変え、米中はソ連の力を牽制する上で利益を共有すると考えるようになった。一九七二年二月のニクソン訪中までには、ソ連が米国に代わって中国の主要敵になっていた。

ニクソンは政治家としてのキャリアを通じて強硬な反共主義者として知られ、共産中国を敵視していた。そのニクソンが中国との国交正常化の立役者になったのは歴史の皮肉であった。米中外交の大転換の立役者になったのは、ニクソンとドイツからのユダヤ系移民であるキッシンジャーである。ニクソンは当初、キッシンジャーをホワイトハウスの国家安全保障担当補佐官に、アイゼンハワー政権下で司法長官だったウィリアム・P・ロジャースを国務長官に抜擢した。ニクソンは「国務長官は重要ではない。大統領が外交政策を取り仕切るのだ」と述べ、ロジャース国務長官には比較的些細な事柄を処理することだけを期待し、主要な外交問題はニクソンとキッシンジャーが扱うという考えだった。一九七三年には、キッシンジャーが国務長官と大統領国家安全保障担当補佐官を兼任することになった。

キッシンジャーは理論家、政策策定者、交渉者、大統領補佐官、官僚内輪もめ首謀者、公的スポークスマンなど幾多の目覚しい役割を演じた。キッシンジャーとニクソンは早い時期から、ホワイトハウス内で二人で政策を決定することで合意ができており、外交官僚機構をしばしば回避することになった。キッシンジャーが秘密の「ブラック・チャンネル」を使って外国政府と交渉するときは、「ヘンリー（キッシンジャー）がリコールすることに決め、さらにリコールしたことをわれわれに伝えようと決めたことを除いて、われわれには何一つデータがなかった」と当時の外交官が苦情を述べている。[14] ロジャースは一九七三年まで誠実な国務長官として仕えたが、ニクソンはロジャースにたいした権限を与えなかった。

一九六九年にニクソンは中国との貿易・旅行制限を停止し、中国上空での偵察飛行を停止した。中国指導部も関係改善を求め、一九七〇年一月にはポーランドの米国、中国両大使の間で北京が二年前に停止した対話が再開された。十二月には毛沢東がジャーナリストのエドガー・スノーにニクソン訪中を歓迎すると告げた。一九七一年二月に、ニクソンは演説で、中国を国際社会との建設的関係に誘導することが望ましいと示唆した。四月に中国が米国のピンポン・チームの訪中を招請した際、周恩来首相はチームに対して、諸君は中国と米国の国民の関係、米中友好の再開に新しいページを開いたと挨拶した。ニクソンは対中禁輸措置を解除した。一九七一年七月九日、キッシンジャーはパキスタン訪問中に、ニクソン訪中のお膳立てをするため密かに北京に飛んだ。周恩来、毛、中国人全般に魅了されたキッシンジャーは、中国国境付近のソ連軍事活動に関する機密情報とソ連軍事施設の衛星写真を中国側に渡した。中国に関するソ連との交渉についてもすべて中国に知らせることを約束した。

一九七一年七月十五日、ニクソンは関係正常化を模索するために中国を訪問すると発表した。これは驚愕すべき展開だった。米国が政府を承認していない国への大統領訪問は前代未聞だった。蒋介石は裏切られたと感じて抗議し、日本は事前に相談を受けなかったとして衝撃を受け、驚き混乱したモスクワは中国を使ってソ連に圧力をかける試みに対して警告した。しかし、英国とフランスは訪中をリアリズムの勝利と賞賛し、米国民は一般的にこれを支持した。同年八月、国連は米国の支持のもとに中国の加盟を認め、安全保障理事会の議席を中国に与えた。米国は台湾の国連総会残留を許す二つの中国の解決案を提案したが、総会は賛成七六、反対三五で、中国の加盟権を北京に移転し、事実上台湾を追放した。この敗北と多くの国連加盟国がそれを露骨に喜んだことが、米国の国連支援の後退の一因となった。[15]

◉――現職米大統領初の訪中

一九七二年二月十七日、キッシンジャー、ロジャースを含む四十人の政府代表団と約九十人の報道記者を伴って、ニクソンは北京に飛んだ。現職の米大統領としては初の訪中だった。最初の歓迎は少しクールに見えた。歓迎の群衆もなく、周恩来が空港で出迎えた。大統領のシークレットサービスの担当官が北京空港で機内から無線で「観衆はどんな様子だ?」とたずねたところ、「観衆はいない」という返事が返ってきた。耳

現職の米大統領として初の訪中、毛沢東と会談したニクソン大統領（1972年2月）

を疑った担当官は『観衆はいない』と言ったのか？」と聞き返した。[16] ニクソン大統領の専用機「スピリット・オブ・76」が二月二十一日の厳寒の朝、空港に着陸したときの歓迎レセプションの類が断固として禁じられていたからである。この劇的会談をより熱望したのは中国でなく米国だ、と中国政府が言わんとしたのは明らかだった。小学生による歓迎の代わりに、「果てしない沈黙」だけがニクソンを迎えた。[17]

しかし雰囲気はすぐに温かさに変わった。七十八歳の毛と一時間以上会談した後、ニクソンは人民大会堂で巨大な晩餐会によるもてなしを受けた。中国の軍吹奏楽団がアメリカ・ザ・ビューティフル、ホーム・オン・ザ・レンジを演奏し、良好な関係に向けた多くの乾杯と相互の親愛の場面をテレビが録画した。ニクソンは中国側に対して、われわれ両国国民が世界の未来を握っていると語ったが、この発言はロシア、フランス、英国を困惑させたかもしれない。万里の長城を見学しながら、ニクソンはそれを大きな壁と呼び、国民同士の間にはいかなる壁も欲しないと付け加えた。訪中七日目の二月二十八日、外交交渉を終えた大統領は上海で別れの挨拶を述べ、「世界を変えた一週間だった」と宣言した。[18] キッシンジャーは、米国と中国は「率直に言えば……暗黙の同盟国」となった、と密かに自慢した。[19] 否定的な新聞見出しには「中国が台湾を手に入れ、米国は春巻きを」というのがあった。[20] この中国訪問は「太平洋の存在を認めるようなものだ」と鼻であしらう批評もあった。[21]

上海コミュニケで、両国は関係正常化に向かい、貿易・文化交流を拡大することで合意したと発表し、いかなる国の〝覇権〟樹立の試みにも反対すると表明した。これはソ連の東アジア支配を指す中国の表現だった。しかし中国は、抑圧されたすべての人民の闘争を支援し続けると強調した。中国が重要問題と呼んだ台湾については、すべての中国人が台湾を中国の一部と見ているということで合意した。ニクソンは台湾からの米軍撤収を究極的目標に設定し、地域の緊張が解消されれば軍隊駐留の削減を行うことを約束し、ただ米国は二つの中国の関係が平和的手段で調整されることを期待すると述べた。中国は台湾との関係は外部の干渉なしに解決されるべき内政問題だと強調した。ニクソンはこの訪中を世界を変えた一週間と呼び、後に自分の大統領職における業績の筆頭にあげた。ニクソンは自分でしかできなかったことと叫んだが、多分それは真実であった。なぜなら当時、その反共主義が疑問の余地がないほど極端な人物によってのみ政治的に可能な行動だったからである。

一九七三年には米中は外交代表部を相互に設置したが、全面的な国交樹立まではいかなかった。中国はソ連を最も危険な敵と見なし、欧州とＮＡＴＯが経済的、軍事的に強固であることを欲した。中国はまた米国が東アジアに大規模な軍隊を維持することを欲し、それによりパキスタンがソ連の拡張主義に抵抗するのを助けることを望んだ。キッシンジャーは半分冗談混じりに、中国をより強固なＮＡＴＯ同盟国の一つと呼んだ。米中の新しい関係は、米国が国益に従って中国あるいはソ連と独自に協力関係を結ぶことを可能にし、柔軟な外交を展開することを可能にした。この訪中はニクソンとキッシンジャーによるデタント政策、すなわち共産主義諸国との国際的緊張を緩和し、米国の利益を守ろうという政策の中核だった。「中国によってわが国の外交の柔軟性を高める必要があった」とキッシンジャーは述懐している。[22]

◉——米中接近の波及効果

米中接近は、米国のベトナム戦争介入を停止する環境をつくることになった。一九七一年にキッシンジャーは、「われわれが今中国としようとしていることは実に遠大かつ歴史的なことであり、歴史に記された折には、『ベトナム』という言葉も単なる脚注に過ぎなくなるだろう」、と自慢した。[23] ジョンソン政権のベトナムへの軍事行動はかなりの部分、中国の東南アジアへの拡張を封じ込める必要性に基づいていた。米国がソ連の拡大する影響力への牽制として中国との新しい関係を構築するとともに、米国にとってのベトナムへの軍事コミットメントの重要性も減退した。

ニクソンは最も早くからベトナムへの軍事介入を主張した政治家の一人だったし、キッシンジャーも当初は米軍のベトナム派兵を強く支持した。しかしキッシンジャーはその後、ベトナム戦争が米国の国力を疲弊させていると考えるようになり、ベトナム戦争の早期終結を求め始めた。米国内での戦争終結への圧力も高まっていた。ニクソン—キッシンジャーの外交路線においては超大国との関係が最優先だったために、ベトナムは単なる「残忍な余興」と化した。[24] 余興どころではない米国史上最長の残忍な戦争は一九七五年まで、奪い去られたかつての注目を主張し続けた。ニクソン政権は、長引く戦争が国内の大統領人気を損ない、デタントを台無しにすることを絶えず懸念した。「私はＬＢＪ（ジョンソン）みたいに終わるつもりはない。あの戦争を速やかに終結させるぞ」とニクソンは側近に明言していた。[25]

ニクソン・ドクトリンも、ベトナムからの撤兵を進める政策的背景となった。ニクソンは一方では北爆などベトナムでの軍事的勝利を迅速に得るための軍事攻勢を進めながら、ベトナム和平交渉も推進した。ニクソン政権は一九七三年一月二十七日、北ベトナム、南ベトナムとベトナム和平協定（パリ協定）に調印した。協定は「一九五四年のベトナムに関するジュネーブ協定によって承認されたベトナムの独立、主権、統一性、領土を尊重する」ことをうたった。

米国は一九六九年から開始した米軍の撤退を継続し、七三年三月二十九日に米軍は南ベトナムからの撤兵を完了した。和平交渉で中心的役割を果たしたキッシンジャー大統領補佐官と北ベトナムのレ・ドク・ト特使に対してベトナム和平努力の功績としてノーベル平和賞が授与された。しかし和平協定にもかかわらず、戦争は止まず、北ベトナムは総攻撃を再開し、一九七五年四月三十日にサイゴンを占領して、南ベトナム政府は無条件降伏に甘んじた。一九七六年七月には南北ベトナムが統一され、社会主義政権がベトナムに樹立されるのである。

この間、ニクソンは再選のための不正活動が暴露されたウォーターゲート事件で米議会下院での弾劾という事態に直面し、一九七四年に辞任に追い込まれた。後継者としてフォード副大統領が直ちに第三十八代大統領に就任した。

◉――選挙の洗礼を受けない唯一の大統領

第三十八代大統領（一九七四―一九七七年）ジェラルド・フォード（一九一三―二〇〇六年）は一九一三年七月十四日、レズリー・リンチ・キングとドロシー・エア・ガードナーの子供レズリー・リンチ・キング・ジュニアとして、ネブラスカ州オマハで生まれた。母親は夫の家庭内暴力が原因でジェラルド出産十六日後に別居して、ジェラルドを連れてミシガン州グランドラピッズに移住した。夫のキングには家庭内暴力で有罪判決が言い渡され、母親はキングと離婚した。母親はグランドラピッズでジェラルド・フォードと再婚、ジェラルドは、ジェラルド・ルドルフ・フォード・ジュニアと改名された。フォードはミシガン州で少年時代を過ごして、アナーバーのミシガン大学に入学した。ミシガン大学時代はフットボールの選手で、全米代表に選出されたこともある。一九三五年の大学卒業後、プロ・フットボールからの誘いもあったが、一九三八年にエール大学法学部に入学して、弁護士の資格を取得した。一九四〇年夏には、フォードはウェンデル・ウィルキーの大統領選挙戦を助けて働き、政治の世界の最初の経験をした。

米国が第二次大戦に参戦した後、一九四二年四月にフォードは予備役少尉として米海軍に入隊し、ノースカロライナ集チャペルヒルの海軍飛行学校で運動教官になった。一九四三年春からは空母モンテレーに配属され、サイパン、フィリピンなど太平洋地域での多くの作戦に参加した。一九四四年末から少佐として除隊する四六年二月までは陸上任務を担当した。一九四八年、百貨店の服飾コンサルタント、「グランドラピッズのマーサ・グラハム」と呼ばれた元モデル兼ダンサーのエリザベス・ブルーマー・ワレンと結婚した。

フォードは戦後政界入りし、一九四九年から七三年まで二十四年間下院議員を務め、最初の十二年間は目立たなかったが、一九六五年には年功序列と敵がいなかったお陰で共和党下院院内総務になった。下院時代には一九六四年公民権法、一九六五年投票権法の成立に重要な役割を果たしたほか、一九六三年のジョン・F・ケネディ大統領暗殺を調査するウォーレン委員会の委員にも選ばれた。共和党下院院内総務として、フォードはジョンソン大統領の「偉大な社会」政策に対する反対の先鋒に立ち、共和党上院院内総務だったエバレット・ダークセンとともに頻繁にテレビ出演して、共和党の国内政策を訴えた。これが大きな反響を呼んで、フォードの知名度を高め、のちの副大統領指名の助けになった。一九七三年に州知事時代の収賄が発覚し、政治的窮地に追い込まれたスピロ・アグニューが副大統領を辞任した後、大統領による指名、上下両院の承認を経て第四十代米国副大統領に就任した。こうした手続きで副大統領になったのは、米史上でフォードが初めてである。さらに一九七四年八月九日には、ウォーターゲート・スキャンダルの渦中で大統領を辞任したニクソンの後を継いで大統領に昇格した。これも大統領選挙を経ずに大統領になった米史上唯一のケースである。

ニクソン時代、大統領の権力は歴史学者アーサー・シュレジンジャーの言葉によると「帝王的大統領」と言われるほど強大になり、ニクソンの秘密主義もこれを助長した。しかし振り子は大きく反対方向に振れた。ホワイトハウスはニクソン辞任当時、ウォーターゲート事件の結果権威を失墜し、影響力が弱まり、相対的に米議会の力が強まった。一九七三年十一月七日に、議会が大統領の拒否権を制して、大統領が米軍を海外派兵する場合や派兵部隊を大幅に増強する場合に四十八時間以内に議会に通告し、また六十日以内に議会の承認が得られなければ作戦を中止することを義務付ける大統領戦争権限法を制定したのは、その表れである。こうして権威が弱まったホワイトハウス、行政府をフォードは通常の大統領選挙による国民の負託がないまま大統領になるという弱い立場で引き継いだ。フォードはホワイトハウスのイーストルームでの就任宣誓式の直後に、全米に放映された演説で、「私は国民が投票によって自分を大統領に選ばなかったということを知っている。だから私は、国民が祈りで私を大統領として承認するよう求める」と呼びかけた。

フォードの就任時の最優先課題は、ベトナム戦争とウォーターゲート事件が生み出し、米国社会に広まった政治不信、権力への猜疑心を取り除き、国民の政府への信頼を回復することだった。フォードは政治家として清廉潔白のイメージがあり、個人的人柄も誠実で、ウォーターゲート事件で損なわれた大統領職への国民の信頼回復の助けになった。ビル・クリントンは大統領として、一九九九年にフォードに対して、ウォーターゲート事件後の国家再建努力における功労で自由勲章を授与した。

フォードは、一九七四年八月二十日にネルソン・ロックフェラー・ニューヨーク州知事を副大統領に指名し、大統領就任の一カ月後の九月八日に、ニクソンに対して無条件の大統領恩赦を与えた。同時にフォードは、ベトナム戦争徴兵忌避者に対する条件付特赦のプログラムを発表した。同年の中間選挙ではウォーターゲート事件のあおりで、民主党が上下両院で議席を大幅に増やし、ホワイトハウスと議会の対立が深まり、フォードは議会が承認した多くの法案に拒否権を行使した。

◉──デタント政策継続

フォードは大統領就任時、ニクソンが組閣した内閣を引き継いだ。閣僚の中でフォード政権を通して留任したのは、国務長官のヘンリー・キッシンジャーと財務長官のウィリアム・サイモンだけだった。フォード政権の大統領首席補佐官は最初はドナルド・ラムズフェルドが務め、ラムズフェルドがジェームズ・シュレージンジャーの後を引き継いで国防長官になるとともに、ディック・チェイニーが首席補佐官になった。ニクソン、フォード両政権を通してキッシンジャーが国務長官を務めたこともあって、両政権の外交には継続性があった。ニクソン‐キッシンジャー外交、そしてフォード外交から生まれるかもしれない国際システムの長期的ビジョンは、外交における均衡と力の均衡の古典的な暗喩で規定されていた。[26] フォードは、ソ連、中国との間でデタント（緊張緩和）政策を継続した。

対ソ関係に関しては、フォード政権の最大の課題は前政権がまとめたSALT1交渉のフォローアップであった。大統領就任後一年も経過しないうちに、インドシナ半島の共産化という事態に直面し、それをただ見ているしかなかったフォードは、外交政策の成果を米ソ関係に求めた。ABM条約は無期限の条約であったため、ABM問題は一段落したが、暫定協定は五年間の期限しかなく、SALT1で対象外とされた戦略爆撃機や核兵器の質的規制の問題が残されていた。SALT1では、米ソは多弾頭化（MIRV）された戦略核ミサイルを規制しておらず、米国側としては年々増強されるソ連のMIRV化ICBMに規制を設ける必要性を意識した。こうしてフォード政権は第二次戦略兵器制限交渉（SALT2交渉）に取り組んだが、SALT1交渉のときと異なり、SALT2交渉には交渉前進のモメンタムがなかなか生まれなかった。その理由の一つに、米国議会が取り上げたソ連のユダヤ人移住問題が交渉に与えた影響がある。

一九七五年にフォードはソ連との間にヘルシンキ合意を結び、欧州地域の人権状況を監視する非政府組織「ヘルシンキ・ウォッチ」の枠組みを作り、それがさらに人権ウォッチに発展していった。西独、米国は東独の政権を認めることを拒否していたが、一九七二年十二月に西独と東独は関係正常化の合意を結び、西独は東独を承認した。東西両独の協議は、一九七〇年代の東西関係改善の枠組みになったフィンランドのヘルシンキを舞台にした全欧安保協力会議（CSCE）の先駆けになった。一九七五年八月に開かれたヘルシンキ会議は、一八一五年のウィーン会議以来最大の政府首脳会議だったが、講和会議ではなく、第二次大戦後の欧州における国境線の多国間の受け入れを象徴した。調印国は、いかなる国も既存の境界線を武力により変更する試みはしないことで合意した。この合意により、ソ連は衛星国内での武力行使権を事実上放棄したことになったが、半面合意はソ連の衛星国化した東欧の現状を容認する内容を持っていた。

ＣＳＣＥは、安全保障を話し合うだけでなく、経済的、文化的問題をも考慮するフォーラムを提供した。西側諸国はソ連に、人権の原則を遵守しアイデアの自由な交換、人の移動、経済関係の拡大を保障する誓約を含む書類に署名することを要求した。ヘルシンキ宣言は一九七五年に、ＮＡＴＯ加盟国、すべてのワルシャワ条約機構加盟国、スペイン、スイス、ユーゴスラビアを含む三四カ国により署名された。アルバニアだけが署名を拒否した。ＣＳＣＥは、執行メカニズムを欠く一連の交流、協力の合意を生み出した。五年ごとの検討会議は第一回がベオグラード、二回目はマドリードで開かれたが、ＣＳＣＥはその検討会議でヘルシンキ合意に含まれた原則の適用についての話し合いのためのフォーラム開催の機会を得た。会議での話し合いのかなりの部分は、ソ連の人権侵害に関する西側諸国の主張とモスクワから文化的、人的接触のより大きなコミットメントを引き出そうとする努力に焦点を当てた。これは、次のカーター政権における人権外交展開の礎石になった。

中国との関係においては、ニクソンの訪中により米中関係が改善されていたが、フォード自身一九七五年十二月に訪中することにより米中関係を強化した。フォードは一九七四年十一月十八日、現職米大統領としては初めて、日本を公式訪問した。一九七五年には日本の天皇として初訪米した昭和天皇を迎えた。ニクソン・ドクトリンでは日本は世界における「台頭するパワーセンター」と見られたが、ＧＮＰに対する比率という意味では、日本の自国防衛への貢献は欧州のＮＡＴＯ加盟国に大幅に後れを取っていた。日本の防衛支出の実質的増大の見通しは遠かった。第二次大戦連合国の同意のもとでＮＡＴＯの多国間枠組みにおいて再軍備が進められたドイツと異なり、アジア太平洋地域には日本が第二次大戦の侵略の被害者意識が残る近隣諸国から公式の再軍備に対する支持を得ることができるようなメカニズムがなかった。フォードは、一九七五年に主要先進国首脳会議（G７）の発足会議に参加し、カナダの参加を確保した。フォードは一九七四年の演説で、「われわれは相互依存性の世界に生きており、共通の経済問題を解決するために協力しあわなければならない」と述べており、G７のような国際的協力を支持した。

◉———ベトナム症候群

米国の南ベトナムへの援助は一九七三年以降減ってゆき、軍事バランスは北ベトナムに有利に傾いていった。一九七四年三月には最後の米軍部隊がベトナムから撤退し、議会の反対でベトナムへの軍事援助も拒否された。一九七五年一月にはベトナム中部全域が北ベトナム軍の支配下に入り、一〇〇万人の難民がサイゴンへと流入した。一九七五年三月に北ベトナムは、ニクソン－キッシンジャー外交で合意された協定をすべて無視して、南ベトナムへの大攻勢を開始した。南ベトナム軍は総崩れになった。フォードは外交権限を議会に拘束され、議会も何の行動も起こさないなかで、抗議声明を出すだけで手を束ねて見ているしかなかった。米世論に広がった厭戦ムード、孤立主義ムードはこの状況を助長した。一九七五年四月三十日に南ベトナムの首都サイゴンは陥落し、革命勢力の手に落ちた。フォードは「頻繁な風」作戦で米市民のベトナムからの最終撤退を命令し、四月二十九、三十日に米大使館ベトナム人職員、米軍関係者のヘリコプターによる脱出が行われ、沖合いに待機する米海軍艦船に輸送された。この場面はテレビで世界中に放映され、米国の国際的威信の失墜を印象付けた。米国内では、ベトナム戦争の敗北は、米社会に深い幻滅感を残した。

これは後々まで、米国民の間に地域紛争への介入に対する抵抗感を抱かせる結果になり、いわゆるベトナム戦争症候群を広めた。この症候群は少なくともレーガン政権まで尾を引き続け、米国の海外軍事介入では介入が難航すると泥沼化、ベトナム化が論じられる風潮を生んだ。サイゴン陥落の混乱の中で脱出した米国市民は一三七三人、ベトナムおよび第三国市民は五五九五人に達した。米国にとって「最も長い戦争」と呼ばれたベトナム戦争は終結した。以後、ベトナム症候群が米外交に重く圧し掛かかることになる。

米国が撤収した後のベトナムでは、共産勢力による米国に協力したベトナム人に対する秘密裁判、処刑が開始され、「社会改造計画」が実行に移された。カンボジアでも、共産勢力のクメール・ルージュが七五年四月中旬に首都プノンペンに入城し、米大使館は四月十二日に明け渡された。クメール・ルージュは四月十七日から田園化政策の名のもとに、中国の共産体制下で二十年かけて実行された社会主義改革を一年に短縮して達成しようとした。クメール・ルージュは、米国のフォード政権時代の一九七五年四月から七七年初めまでに、人口の五分の一に当たる一二〇万人を虐殺した。一九七五年から七七年にかけては、規模の差こそあれ同様の虐殺がベトナム、ラオスでも行われた。

一九七五年五月、カンボジアでクメール・ルージュが政権を樹立した直後、クメール・ルージュ軍がカンボジア領海で、米国商船マヤグエース号を拿捕する事件が発生した。フォードは、乗組員三七人の救出のために、海兵隊を派遣した。しかし海兵隊は誤った島に上陸し、人質が解放される時に予期しない抵抗にあった。この作戦で、約六〇人のクメール・ルージュの兵士が死亡したが、米側は四一人の兵士が命を失い、五〇人が負傷した。マヤグエース号事件は、かつて米国の漁船が拿捕され、乗組員が叩きのめされたエクアドル沖射殺事件のような場合に用いられた通常の外交手段とは対照的に、戦闘が完了するまで何の外交チャンネルも行使されなかった。[27] しかしそれはたいしたことでもなかった。事件全体が、キッシンジャーの言葉を借りれば、米国が「獰猛であるとの評判」を維持していることを示す格好の口実と考えられたからである。[28]

ウォーターゲート事件に端を発したニクソンの辞任は、米国民の間に大統領権限の肥大化を強く印象付けた。これに伴い、議会を中心に大統領権限の抑制、縮小を目指す動きが高まった。フォードの大統領就任後、ニクソン政権末期から始まっていたワシントンでの権力バランスの議会への傾斜は一層強まった。ニクソン政権末期には、一九七三年の戦争権限法とともに、一九七三―七四年の一九七四年通商法ジャクソン・バニック修正条項は、大統領の外交政策に対する制限を課した。ジャクソン・バニック修正条項は、市場経済を採用していない国で国民の国外移住の権利を制限する国に対して最恵国待遇を否定するというもので、対象国に対してはその国が海外移住の自由を奨励していることを大統領が議会に認定する場合にのみ、通常の通商関係が許される。これは、対共産圏外交における大統領の外交に対する議会の介入を強めるものだった。議会は一九七四年七月から八月にかけては、大統領のキプロス危機に対する措置を無効にし、一九七五年には大統領のアンゴラ政策を弱める動きをした。七五年にはまた、武器輸出制限法を制定し、大統領の武器供給に関する裁量権を制限している。議会の行政府活動への監視も強まった。議会の上院では一七、下院では一六の委員会が行政府の外交政策を監視し、大統領外交権限に対する制限を強化した。下院国際関係委員会の専門職員の数は一九七一年から七七年までの間に三倍になった。

◉——デタントのほころび

一九七〇年代後半には、フォードの米ソ関係改善努力にもかかわらず、米海軍力が縮小する半面、ソ連海軍の増強が目立った。一九四五年当時、米国の現役艦船は五七一八隻に達したが、一九六八年にはそれが九七八隻になり、七〇年代になるとさらに急速に縮小した。一方、ソ連は一九六二年のキューバ・ミサイル危機を契機に、海軍力の大幅な増強を決定した。その後、一九七六年までの十四年間に、ソ連は一二〇隻の主力水上艦を含む一三二三隻の軍艦を建造し、フォード政権発足当時には米ソの海軍力バランスは北東大西洋と北西太平洋でソ連優勢となった。一九七七年の米国防総省年次報告は、米大西洋艦隊は欧州に向かう北大西洋航路は掌握できるが船舶の深刻な損失を覚悟しなければならず、米太平洋艦隊はハワイ、アラスカへの航行は確保できるものの西太平洋への連絡を保全するのは難しいと警告した。

この強化された海軍力を背景に、ソ連は一九七〇年代後半には独自に、あるいはキューバ軍を代理に使ってアフリカへの積極的侵攻を進めた。一九七五年十二月に、ソ連海軍の支援のもとに、キューバ軍はアンゴラに上陸した。一九七六年には、ソ連圏に組み込まれたエチオピアと提携して、キューバ軍は中央アフリカ、東アフリカにも侵攻した。この結果、ソ連のアフリカにおける影響力は急速に拡大した。アンゴラの顕著な実践例がソ連を勇気づけた。それまでソ連は、「周辺諸国ではない」遙か彼方のアンゴラにおける「アフリカの解放と世界的反帝国主義」を守るための革命運動を支援することにはきわめて慎重だった。この成功がアフリカやアジアにおけるさらなる「限定介入」に火をつけ、ついには一九八〇年代のアフガニスタンにおけるソ連の大失敗へとつながっていったのである。[29]

ポルトガルでは一九七〇年代半ばに共産党と党に提携する過激派将校が権力奪取を試み、ポルトガルは海外の植民地から急速な撤退を開始した。この結果、アンゴラなどの旧ポルトガル領では部族対立、地域対立が激化し、ソ連はそれを利用しようとした。アンゴラで米仏からはるかに控え目な支援しか受けていなかった西側寄りの勢力に対して勝利しつつあったアンゴラ解放人民運動（ＭＰＬＡ）を支援するため、モスクワは大量の軍事装備だけでなく軍事顧問、一万二〇〇〇人のキューバ部隊を送った。一九七五年までには、フォード政権はその外交政策権限がウォーターゲート事件、ベトナム戦争の結果弱まり、米国の海外援助に対する議会の反対に直面していたため、モスクワの大量の援助に対抗する上では無力だった。一九七五年十二月には、米上院はアンゴラに対する追加軍事援助を阻止する表決を行った。

フォード政権は米地上軍をアフリカ南部に派遣する意図を持っていなかったが、上院の措置は、ソ連が地域の好みの勢力を援助し、米国が地域における国益を保護する機会を否定する結果を生み出した。フォードはアンゴラ以後、デタントという言葉を使うことを禁じたが、これは明らかに、米国とソ連のデタントの概念に対する解釈の違いを露呈するものだった。ニクソン―キッシンジャー―フォードは、デタントはソ連の拡張を抑えるための軍備管理合意であり行動規範であるとしたが、ソ連は「世界を舞台とする勢力の相関関係の当然の帰結」であり、「階級闘争の法則を何ら変更ないし廃止しえない」平和共存であると考えた。[30] 米政府が地域の米従属国を支持し、ソ連を中東和平プロセスから締め出しているあいだに、ブレジネフ政権は、民族解放運動を促進することにより「他の人々に対するソ連の国際的義務を果たそう」としていた。[31]

基本的にはあいまいさがデタントの特徴だった。先駆者ニクソンは、緊張緩和を国際政治の新たな時代ととらえた。しかしレトリックはさておき、対ソ関係は基本的には依然として競争関係にあり、中東やアフリカで競争関係の本質が再び現れると、米国民の幻滅が必ずついてまわった。SALTプロセスはそれ自体有害だと主張し続けてきた人々が、その都度、信頼性を増していった。そして最後に、一九七六年の大統領選予備選で党の指名を獲得しようとしていたフォードは、保守派レーガンの政治的挑戦に直面し、対立候補の政治姿勢寄りにシフトする必要に迫られた。その過程でフォードは、あてつけがましく、政権メンバーがデタントの言葉を使うことさえも止めさせた。[32]

フォードが就任直後に行ったニクソン恩赦は世論の批判を引き起こし、経済問題とともに、一九七六年大統領選において敗北の原因になったとされる。七六年大統領選では、フォードはカンザス州選出の上院議員ロバート・ドールを副大統領候補に指名した。フォードは保守派ロナルド・レーガン元カリフォルニア州知事からの強い挑戦を受けながら、共和党指名を辛うじて獲得したものの、本選挙戦ではジミー・カーターに敗北した。米国民の間にワシントンに対する不信感が広がった社会情勢の中で、ジョージア州知事だったカーターは選挙戦をアウトサイダー、改革者として戦い、世論調査では一貫してリードを保った。カーターは、ウォーターゲート事件で共和党政権に失望した有権者の支持を得た。一方フォードは選挙戦を通して同事件とニクソンへの恩赦に対する多くの有権者の不満を克服することはできなかった。選挙結果は、カーターが一般投票で五〇・一パーセントの得票、選挙人二九七人、フォードが四八・〇パーセント、二四〇人で、フォードは当選を果たすことはできなかった。

フォードは二〇〇六年十二月二十六日に九十三歳で死去し、二〇〇七年一月二日にワシントンでカーター、ブッシュ、クリントンなど歴代大統領参列のもとに国葬が行われた。遺体は翌一月三日、フォードの故郷のミシガン州グランドラピッズのフォード大統領博物館に埋葬された。

◉ Endnotes

1 Henry Kissinger, *A White House Years* (Boston: Little, Brown, 1979), p.191.

2 *Ibid.*, p.55.

3 James E. Dougherty and Robert L. Phaltzgraff, Jr., *American Foreign Policy: FDR to Reagan* (New York: Harper & Row, 1986), p.240.

4 Richard M. Nixon, *U.S. Foreign Policy for the 1970's: A New Strategy for Peace* (Washington, DC: U.S. Government Printing Office, 1970), p.6.

5 *Ibid.*

6 *Ibid.*, p.7.

7 Glenn P. Hastedt, *American Foreign Policy: Past, Present, Future*, 5th ed. (Upper Saddle River, NJ: Prentice Hall, 2003), p.50.

8 David Landau, *Kissinger: The Uses of Power* (Boston: Houghton Mifflin, 1973), p.128.

9 Richard M. Nixon, *U.S. Foreign Policy for the 1970's: Building for Peace* (Washington, DC: U.S. Government Printing Office, 1971), p.6.

10 Hastedt, *op. cit.*, p.50.

11 Avner Cohen, *Israel and the Bomb* (New York: Columbia University Press, 1998), p.1.

12 Gerard C. Smith, *Doubletalk: The Story of Salt I* (Lanham, MD: University Press of America, 1985) and John Newhouse, *Cold Dawn: The Story of SALT* (Austin, TX: Holt Rinehard Winston, 1973) 参照。.

13 James A. Nathan and James K. Oliver, *United States Foreign Policy and World Order*, 3rd ed. (Boston: Little, Brown, 1974), p.354.

14 Nancy Bernkopf Tucker, ed., *China Confidential*, (New York: Columbia University Press, 2001), p.233.

15 Wesley M. Bagby, *America's International Relations since World War I* (New York: Oxford University Press, 1999), p.265.
16 Bernard Kalb and Marvin Kalb, *Kissinger* (Boston: Little, Brown, 1974), p.266.
17 Hugh Sidey, "A President Wrapped in an Enigma," *Life*, Vol.72, No.8 (March 3, 1972), p.12.
18 Richard M. Nixon, *RN: The Memoirs of Richard Nixon* (New York: Grosset & Dunlap, 1978), p.580.
19 Michael Schaller, "Détente and the Strategic Triangle," in Robert S. Ross and Jiang Changbin, eds., *Re-examining the Cold War: U.S.–China Diplomacy, 1954–1973* (Cambridge: Harvard University Press, 2001), p.358.
20 Melvin Small, *The Presidency of Richard Nixon* (Lawrence: University Press of Kansas, 1999), p.124.
21 Lewis Lapham, *The Theater of War* (New York: New Press, 2002), p.16.
22 Kissinger, *op. cit.*, p.1049.
23 Michael Roskin, "An American Metternich," in Frank J. Merli and Theodore A. Wilson, eds., *Makers of American Diplomacy* (New York: Charles Scribner's Sons, 1974), p.698.
24 Tad Szulc, "How Kissinger Did It," *Foreign Policy*,15 (Summer 1974), p.35.
25 Robert J. McMahon, *The Limits of Empire* (New York: Columbia University Press, 1999), p.255.
26 Nathan and Oliver, *op. cit.*, p.362.
27 *Ibid.*, p.357.
28 William Safire, "Puppet as Prince," *Harper's*, Vol.250, No.1498 (March 1975), p.12.
29 Egon Burr, ed., *The Kissinger Transcripts* (New York: New Press, 1998), p.445.
30 Wilfred Loth, *Overcoming the Cold War* (New York: Palgrave, 2002), p.133
31 Anatoly Dobrynin, *In Confidence* (New York: Random House, 1995), p.472.
32 Nathan and Oliver, *op. cit.*, p.362.

chapter 7

James E. Carter, Jr.

人権外交の推進

ジミー・E・カーター James E. Carter, Jr.

◉——ワシントン・アウトサイダー

第三十九代大統領（一九七七—一九八一年）ジミー・カーター（ジェームズ・カーター）は一九二四年十月一日に、ジョージア州南西部の田舎町プレーンズで、ジェームズ・アールとベシー・リリアン・ゴーディーの間に、四人の子供の長男として生まれた。父親は地域社会で有力な事業家で母親は看護婦だった。カーターは幼少時代から読書好きで、学校では優等生だった。プレーンズ高校に入る頃には、バスケットボールの選手としても活躍した。高校時代の教師ジュリア・コールマンに強い影響を受けたとされる。カーターは、ジョージア工科大学、ジャクソン州立大学を経て米海軍士官学校に入り、そこで一九四六年に物理学の学士号を受けた。海軍士官学校卒業生で大統領にまでなったのはカーターだけである。カーターは海軍では、大西洋、太平洋で水上艦、潜水艦勤務をこなした。カーターは海軍時代、両親の次に大きな影響を受けたという「原子力海軍の父」と称されたハイマン・リコーバー提督のもとで働いたが、海軍を愛し、海軍の軍人としてのキャリアを追求して海軍作戦部長になることを夢見た。一九五三年七月に父親が死去したことで、カーターは同年十月九日に海軍を辞め、ジョージア州プレーンズの家族のピーナツ農場を継いだ。カーターは少年時代から熱心なキリスト教信者で、生涯を通して日曜学校で教えた。

カーターは一九六二年から六六年まで、ジョージア州議会の上院議員を二期務めた。一九六六年にカーターは一時ジョージア州から連邦議会下院議員選に出馬を考えたが、共和党知事の誕生を阻止するためジョージア州知事選に出馬した。知事当選は果たせず、農業に戻り、一九七〇年に知事選に再度挑戦するため州各地で頻繁に講演するなど準備をした。一九七〇年ジョージア州知事選では、民主党予備選でカール・サンダース元知事に僅差で勝利し、さらに共和党のハル・スートと争って知事に当選した。カーターは一九七一年から七五年まで一期だけ知事を務めたが、深南部の知事としては初めて人種差別反対を公式に宣言した。また三〇〇の州官庁を三〇に整理統合するなど、州政府の行政改革を進めた。

カーターは一九七六年の大統領選挙に出馬したが、当時の全米での知名度は二パーセントで、より著名な候補者に比較して当選の可能性は低いと見られていた。しかし米国社会には当時、まだウォーターゲート事件の心理的影響が強く残っており、カーターがワシントン政界から距離を置いたアウトサイダーの立場にあったことは有利に働いた。カーターの大統領選における政策の中心は政府の再編だった。カーターはウォルター・モンデールを副大統領候補に指名し、アイオワ党員集会、ニューハンプシャー州予備選で勝利することにより、予備選の先頭走者の立場に立った。一九七六年十一月二日の大統領選挙では、カーターは一般投票の五〇・一パーセントを獲得し、二九七人の選挙人票を獲得して、共和党の現職フォードを下し、大統領に当選した。

カーターは新しい米外交政策の基礎を築くと誓約し一九七七年一月二十日、大統領に就任した。カーター政権以前のニクソン、フォード両政権、そして両大統領に仕えたキッシンジャーの外交政策はリアル・ポリティック（現実政治）、バランス・オブ・パワー（勢力均衡）に力点を置いたが、カーターはパワー（力）やインフルエンス（影響力）を人道目的に使う、基本的価値観に根ざした民主的外交政策を約束した。こうした外交政策は、ソ連の行動の一挙手一投足に神経を費やすことによってではなく、人権の促進と世界の各地域問題の解決にアメリカ外交政策の焦点を合わせることによって成し遂げられるはずとされた。

米国では新大統領の下で新しい約束が四年ごとに繰り返されるパターンがあることは、しばしば指摘される。政権発足後、カーターは「人権へのわれわれのコミットメントは絶対でなければならない」と宣言した[1]。カーターは人権が米外交政策の中心的要素であると主張したのである。

カーターは確かに米国の人権政策を前進させた。カーター政権のビジョンはそれまでの政権のビジョンより包括的だった。米国は伝統的に人権を市民権ないし国政参与権の観点から考えてきたが、カーター政権はそれに経済および社会的権利を付け加えた。四年間を振り返ってみると、カーターのコミットメントは本物であったが、必ずしも常に政策に移されたわけではなかったことも明らかである。同時に人権という名の下に実行された外交政策に一貫性を欠いていたこともしばしば指摘される。

◉——冷戦との決別宣言

カーターは、ウォーターゲート事件による米国民の政府不信、ベトナム戦争敗北、ドルに対する信頼の低下など米国が内外において深刻な危機に直面する中で、大統領に就任した。カーターは大統領選挙の時から独特の外交政策を打ち出した。「ノー・モア不道徳なリアル・ポリティック」、「ノー・モア・ウォーターゲート型の秘密」、「ノー・モアＣＩＡの転覆工作」を公約にした。[2] また、軍事費削減、海外駐留米兵の帰還、武器海外売却の削減、核拡散の減速も約束した。

こうしてカーターは冷戦外交との決別を宣言した。カーターは大統領就任後の最初の外交演説で、自らの政権誕生により、これまであらゆる独裁者を受け入れるように仕向けてきた共産主義に対する過度の恐れを米国が拒絶したことに満足の意を表明した。[3] 代わりに、カーターは、米国がその価値の一貫した品位と米国の歴史的ビジョンにおける楽観主義を基調とする外交政策により形成されうる新しい世界の台頭を指し示した。カーターは米国が二十世紀の残された期間、米ソ間の安全保障関係の他にも焦点を当て解決を要する一連の問題に直面していると考えた。これらは、経済開発、国際貿易投資、エネルギー、人口過剰、核拡散、国際通貨制度、兵器移転、環境破壊、そして何よりも世界中の国々における人権尊重を強化する必要性が含まれていた。[4]

カーターは、軍事支出と武器売却を削減し、ベトナム、チリをはじめとする他国の内政への干渉を非難し、抑圧的な独裁者を支援しないことを約束し、在韓米軍の撤退を主張した。きわめて宗教心が強いカーターは、米国が米国民の品位と寛大さと良識を反映する「道徳的、倫理的」外交政策に従うことを欲した。[5] 一九六〇年代に人種対立が激化し、ベトナム戦争では米国が多くのベトナム人の殺戮に関与していた状況では、外に向けて道徳、倫理を打ち出すことはできなかった。ベトナム戦争が終結し、公民権運動も沈静化した七〇年代半ばには、外交において道徳、倫理を強調する状況が整ったといっていい。またそうすることは、自信喪失と幻滅感に陥っていた米国民の自信回復につながるという期待もあった。カーターは、ベトナムをめぐる侃々諤々《かんかんがくがく》の議論を聞くうちに、新しい国家外交政策のコンセンサスが未だ具体化していないのに気づいた。「国民が聞かされてきた嘘に大いに失望した」カーターは、国を救済する必要を感じた。[6] もっとも、大統領選における カーターの勝利は、大衆の政策への支持の結果というよりも、大衆のニクソン・スキャンダルに対する反発とフォードへの信頼のなさの結果だったかもしれない。

◉——ブレジンスキーVSヴァンス

カーターは大統領就任後、国家安全保障担当大統領補佐官にズビグニュー・ブレジンスキーを指名した。ブレジンスキーはポーランド人外交官の息子で、一九五三年に米国に来て、ハーバード大学で学んだ後、コロンビア大学教授になった。ブレジンスキーはきわめてイデオロギー的な反共主義者で、デタントの批判者であり、あらゆる所で共産主義と戦い、米国の軍事力を増強し、東欧に対するロシアの支配を緩め、ソ連の崩壊をも追い求めた。カーターは国務長官にサイラス・ヴァンスを指名した。ヴァンスはエール大学法学部を卒業した裕福なニューヨークの弁護士で、ケネディ政権の陸軍長官であり、ジョンソン政権では外交官、国防副長官を務めた。ヴァンスは世界のすべての問題をソ連の攻撃に帰する傾向を嘆いた。カーターは、ほとんどの第三世界の紛争には根深い特有の経済的、社会的、人種的、政治的原因があり、独自に扱われなければならないと述べた。ヴァンスはデタントの継続を求め、静かな外交を通じて問題に対処することを求めた。[7]

カーター政権の外交政策では、ブレジンスキーとヴァンスの見解はほとんどの場合対立し、カーター大統領は二人から異なった助言を受けた。「遠慮がなく、頑固で、傲慢で、攻撃的な」ブレジンスキーは、世界中のもめごとのほとんどをソ連が源であるとした。[8]ひたすら軍事的優位性を追求し、中国とソ連が対立するようしむけた。イランの軍事クーデターは流血につながるというヴァンスの主張に対しては、カーターに「世界政治は幼稚園ではない」と冷たく説いた。[9]国務省役人は、ブレジンスキーの高圧的な官僚手法、政策スポークスマンたらんとする振るまい、海外の指導者との裏チャンネル交渉にしばしば毛を逆立てた。「ヴァンスはボクシングの基本、クイーンズベリー・ルールに則ってプレーするが、ブレジンスキーは（自己流でけんかをする）ストリート・ファイター以上だ」とある官僚が語っている。[10]

カーター大統領は、ヴァンスとブレジンスキーがスタイルと本質の両面で互いにバランスを取り合っていると思い込んでおり、どんな諍《いさか》いでも自分で何とかできると考えていた。カーターは「ズビグ（ブレジンスキー）が考え、サイ（ヴァンス）が実行し、ジミー・カーターが決断する」と述べている。[11]だがほどなく、辛らつな内輪もめが原因で政権の外交政策に一貫性がなくなり、政策が急激に方向転換するようになっていった。ブレジンスキーとヴァンスの間の軋轢がカーター政権の政策に浸透していたのは紛れもない事実である。しかし、この二人が世界観、米国の利益、そのつどどんな選択が可能か、どんな手段を使うべきか、ということに対するさまざまな意見を異なる形で敏感に代表していたことを忘れてはならない。[12]一九七〇年代終盤の米国の政策がブレジンスキーを代表とする方針と対極に動いているようにみえたとしたら、それは人権を外交政策の中心にすえたいという大統領の要望が働いた結果と思われる。[13]

ベトナム戦争から「国民の支持を得られない政権にてこ入れしても無駄である」ことを学んだヴァンスは、軍事介入の有効性には否定的だった。[14] ソ連がほとんどの地域紛争を助長している考えには与《くみ》せず、米ソ関係の改善につながる静かな外交を提案した。ヴァンスは一九八〇年四月に辞任するが、この辞任には、テヘランの米大使館で人質となった米国人救出作戦への抗議と、国家安全保障担当補佐官ズビグニュー・ブレジンスキーの「感情(本能)的な反ソビエト主義」をカーターが受け入れていることへの幻滅がこめられていた。[15]

◉——人権外交

カーターはとくに世界への外交で、外交政策の変化を求めた。一九七七年五月に「米国の政策はもはや、かつてあらゆる独裁者を受け入れるように仕向けた共産主義に対する過度の恐れには振りまわされない」と述べたカーターは、「米国は、政治的不安が多くの場合、地域の経済的、社会的な問題により引き起こされることを意識して南北対話を行う。世界で自由を促進する最善の方法は、米国の民主主義体制が模倣に値するものであることをここで示すことである。共産主義の支配を防止するうえでは、民主化と改革が武力と弾圧よりも効果的である」と語った。[16]

カーターの外交政策の最大の特徴は人権の積極的擁護、いわゆる人権外交である。カーターは大統領就任演説で、米国民と世界に対し「われわれは自由だが、決して他のところでの自由の運命に無関心であってはならない」と語り、「人権に対するわれわれの誓約は絶対的なものでなければならない」と強調し、人権擁護の促進を米外交の基本にすることを明確にした。[17] 大統領として人権外交に取り組んだのは、カーターが最初である。カーターの理想主義的な人権外交には、現実主義的な力の均衡に基づくニクソン－キッシンジャー外交に対する批判も込められていた。カーターが強調する人権は、西側民主主義における伝統的権利を言い、信教、言論、集会、旅行、移住、職業選択の自由であり、奴隷制、拷問、強制労働、一方的投獄、人種・性別・宗教に基づく差別からの自由でもある。一九七六年に、米議会はすべての国によるこうした権利の尊重が米国の中心的な目標であり、国際的に認定された人権を大幅に侵害する一貫したパターンを取る国々に対しては援助を与えるべきではないと宣言した。カーターは、人権が自分の外交政策の魂であると宣言し、国務省内に人権局を設立し、人権外交担当の国務次官補を新設した。同局は、海外の市民の自由に関する年次報告を出した。[18] カーターは、道徳および自由と民主主義へのコミットメントを強調する時に、米国の外交政策は最も強力で効果的であると述べた。一九七七年三月には国連で演説し、「市民への虐待が唯一の仕事のような国連加盟国があってはならない」と述べた。[19] しかし、その政策をどういう意味で使っているのか、そしてどのように適用していくのかは不明瞭のままで、やがてさまざまな問題が露呈されてくる。

この人権外交の一環として、カーターはキューバ、北朝鮮、ベトナム、カンボジアへの旅行禁止措置を解除した。カーターは著名なソ連反体制活動家と文通し、ソ連の政治犯の釈放を求めた。アルゼンチン、グアテマラ、エルサルバドル、チリ、ウガンダ、ローデシアを含む人権をひどく侵害する国々に対する援助を停止または削減した。しかしカーターは、この政策の適用で盲目的な一貫性を強調したわけではない。カーターは米国の安全保障上の利益を優先し、イラン、フィリピン、韓国、サウジアラビア、ザイール、インドネシア、中国、世界最悪の人権侵害国だったカンボジアの人権侵害には公式に言及しなかった。一部の批判者は、カーターの政策を選別された国々の内政に対する独りよがりの干渉と呼んだ。人権の尊重と米国の安全保障上の利益あるいは経済的利益は両立しない場合が多く、人権問題で圧力をかけることを控えざるを得ないこともしばしばだった。

◉――中南米外交の推進

カーターの人権外交が最も顕著に表れたのは、中南米への外交である。カーター政権は大きな賭けに直面した。貿易残高五九〇億ドル（一九七九年度）、投資残高二四四億ドル（一九七九年度）、石油、銅、錫といった重要な輸入品、ラテンアメリカ諸国が国連で有する三〇票、そして対外援助（一九七七―一九七八年で七二六〇億ドル）は依然として影響力行使の重要な手段であった。[20] しかしカーターは交渉も模索した。パナマは最初の試金石だった。

中南米では、カーターはチリの抑圧的軍事支配者への米国の支援を撤回し、その後、政府に人権尊重を促す圧力をかけるため、グアテマラ、エルサルバドル、ボリビアへの援助を停止した。中南米政策で大きな焦点になったのは、米国の国防にとって米国領土外で最も重要な地点であるパナマ運河だった。米国の貿易量の一〇パーセントがパナマ運河を通過していたが、パナマでは運河に対する米国の統治をパナマ主権の侵害と考える批判的見方が強まっていた。カーターは一九〇三年に結ばれたパナマ運河条約の歴史が国家的過ちであることを認め、大統領就任直後から最緊急課題としてこの問題に取り組み、大統領就任後一年目の一九七七年九月に調印した条約で、運河に対する年間支払いを二〇〇〇万ドルに引き上げ、二〇〇〇年に運河地帯をパナマに返還することで合意した。その代わりに、パナマは戦艦の恒久的運河航行権と運河の中立性保護に合意した。米国内ではこのパナマ運河条約への反対が強かったが、米国の武力行使を含む運河防衛権を拡大し、非常時における米戦艦通過に優先権を与える形で条約を修正したあと、上院は一票差で条約を批准した。

カーターはキューバとの関係改善を模索し、一九七七年三月に交渉を開始し、キューバへの旅行禁止措置を解除し、キューバ上空の偵察飛行を停止した。米キューバ両国は漁業と航空機ハイジャックに関する合意を達成し、七七年九月に外交連絡部を相互に設置した。しかし、キューバがソ連に協力して、一九七七年一月にマルクス主義者メンギスツが政権を取ったエチオピアを支援するため派兵するなど、アフリカの冷戦に関与するようになると、米キューバ関係は悪化した。カーターのキューバ移民制限批判への反応として、キューバのカストロ政権は一九八〇年春、刑務所や精神病院の収容者を中心に一二万五〇〇〇人をキューバのマリエル港から米国に放出した。

中米のニカラグアでは一九三六年以来、親米独裁政権のソモサ政権が続いてきたが、左翼反政府勢力サンディニスタ民族解放戦線（FSLN）のゲリラ活動が活発になっていた。カーターはソモサの人権侵害を批判して、一九七九年一月に同政権への軍事援助を停止し、経済援助を削減した。一九七九年七月にソモサは反政府勢力に国を追われ、同国ではダニエル・オルテガを中心にしたサンディニスタ政権が発足した。カーターはサンディニスタ政権を承認し、その穏健化を促すために一九八〇年七月に議会を説得して七六〇〇万ドルの貸付を行った。オルテガはキューバから援助を受け取り、多数のキューバ人顧問を受け入れたが、部分的に資本主義経済と複数政党制度を維持することを約束し、経済の六〇パーセントを民間の手に残した。しかしサンディニスタ政権は社会主義化への道をたどり、隣国のエルサルバドルなどの左翼ゲリラを支援し始めた。カーターは一九八一年初めにニカラグアの革命輸出の動きを非難して、同国への援助を停止した。

エルサルバドルでは内戦が進行していたが、カーターは人権侵害に抗議し、一九七七年に同国への援助を一時中断した。一九七九年十月、より啓発された政策がゲリラへの支援を削減することを希望する穏健派軍将校と民間人のグループが、穏健派のホセ・ナポレオン・ドアルテを大統領として擁立し、土地改革プログラムを発表した。しかし富裕なエルサルバドル人が改革を阻止し、ゲリラの抵抗は継続し、軍の分子に支援された右派暗殺隊の部隊が殺人を継続した。米大使ロバート・ホワイトはこれら右派を世界中で最も統制できない暴力的で血に飢えた男達だと呼んだ。一九八〇年三月、彼らはカトリックの大司教オスカル・アルムルホ・ロメロを殺害し、十二月に四人の米国人修道女を強姦・殺害した。一九八〇年には戦闘で一万三〇〇〇人以上が死亡した。人権侵害のゆえに、カーターは一九八〇年に再び同国への援助を中断し、一九八一年に再開した。

ハイチ、アルゼンチン、ドミニカ共和国は何百人もの政治囚を釈放したが、中南米のその他の国々では右翼政権がカーターの人権改善努力に抵抗した。一九七七年にカーターはグアテマラ政府が政敵の殺害と拷問を容認した時に、同国への軍事援助を停止した。二年後には、ボリビアの軍隊が政権を奪取した後に同国への米援助を凍結した。カーターが独裁者から距離を置いたため、中南米への軍事援助は一九七七年の二億一〇〇〇万ドルから一九七九年の五四〇〇万ドルに減った。バルバドスのヘンロー・フォルデ首相は、カーターが「無情な巨人というイメージを修正するために」多くのことをしたまでのことだと評している。[21]

カーターの人権外交を理由にした内戦下の中米政府への援助停止は、左翼ゲリラの勢力拡張を利したことは間違いなかった。カーター政権の人権政策が継続していたならば、中米でニカラグアだけでなく、エルサルバドル、グアテマラ、メキシコまでキューバに支援された左翼ゲリラの脅威にさらされることになっていた可能性が強い。次のレーガン政権になって、ソ連、キューバが中米における革命輸出を組織的に推進していた実態が公表され、安全保障よりも人権を優先する政策は根本的に転換されることになる。

一九七〇年代末には警戒論者から見て、共産主義は重要な成果を獲得しつつあった。一九七五年には共産主義者がベトナム、カンボジア、ラオスの支配を完了した。一九七六年には共産主義者はアンゴラで勝利しつつあるように見えた。一九七七年には共産主義者はエチオピアで米国にとって代わった。一九七八年には共産主義者はアフガニスタンで権力を獲得した。その間に、米国人はイランから追い出された。やがて一九七九年十二月のソ連のアフガン侵攻を契機として、ニクソン政権以来のデタント路線に終止符を打つことになる。

カーター政権下で、ソ連の国際共産主義は中米、アフリカなどで大幅に拡張をとげ、米国の世界的影響力は大幅に後退した。アフリカ大陸の東端にあるアフリカの角と呼ばれる地域では一九七七年、エチオピアのソマリ族によるオガデン州分離独立運動に端を発してソマリアとエチオピアとの間でオガデン戦争が勃発した。カーターは一九七八年三月、ソ連がキューバ人を利用してソマリアと戦わせ、エチオピアで代理戦争を実行しているとして、クレムリンを非難した。カーター大統領の率直な演説は「われわれが軟弱でない」ことを意味したとブレジンスキーは自慢した[22]。カーター演説は、ソマリアは問題となっている土地を略奪するためにエチオピアに無用にも侵略された米国の新しい友好国であり、米国を甘く見るなという意味があった。だが、結果的にカーターの人権外交は共産主義、反米勢力の世界的拡張を許した「弱腰外交」として批判を受けることになる。

対ソ政策の変容

カーターは外交政策において、米ソの冷戦構造で世界を見つめることを拒否し、冷戦外交からの転換を計った。しかしソ連の世界的勢力拡張の現実に直面し、政権末期には第二次冷戦ともいうべき対ソ政策を採用することになる。朝鮮半島への政策においては、カーターは最初から冷戦の現実を度外視する在韓米軍撤収の政策を打ち出した。しかし軍幹部などの反対にあって、最終的にはそれを実行しなかった。

ジョンソン、ニクソン両大統領と同じく、カーターも米国が石油を輸入に依存する割合が増えていることに不安を抱いた。カーターは、戦争防止に次いでエネルギー自給の達成はわれわれの生涯でわが国が直面する最大の挑戦課題であると述べた。カーターはそれを、道徳的に戦争に匹敵するものだと呼んだ。カーターはエネルギー供給安定のためには中東和平の達成に力を入れ、イスラエル・パレスチナ和平で歴史的成果を達成したが、ソ連のアフガニスタン侵攻などにより中東政策でもソ連の拡張主義、冷戦の影響を免れることはできなかった。

カーター大統領は就任当初から、停滞している第二次戦略兵器制限交渉（SALT2交渉）を進展させることを、米国の重要な外交政策課題の一つと規定した。カーターは対ソ外交において、人権問題でソ連批判を加えながらも、前政権のデタント政策を継承し、軍備管理交渉を推進しようとした。[23] カーターの人権問題批判に対し、ソ連は内政干渉であるとして反発した。軍備管理交渉を重視したヴァンス国務長官は、それを人権とは切り離して静かに処理すべきだと主張した。ソ連も同じ立場だった。米ソ軍備管理交渉では、フォード前政権の一九七四年ウラジオストック首脳会談で、戦略兵器制限の仮合意ができ上がっていた。その内容は、米ソ双方の戦略核ミサイルの数を各々二四〇〇基に制限し、そのうち多弾頭ミサイル（MIRV）を各々一三二〇発に制限するとともに、ソ連の重ミサイルを三〇八基に制限するものだった。カーターは就任後間もない一九七七年三月にヴァンス国務長官をモスクワに派遣し、米ソ双方の戦略核ミサイルの数をそれぞれ二〇〇〇基に制限し、そのうちMIRVを一二〇〇発に制限するとともに、ソ連の重ミサイルを一五〇基まで制限する提案をソ連に伝達した。カーター政権の提案は、過去の交渉経緯からはみ出る大胆な核削減案であったが、内容的にはソ連の一方的な譲歩を求めるものであった。ソ連は、ウラジオストック合意を反古にする提案を行ったカーター政権に不信感を強め、米国の提案は安っぽい裏工作に過ぎないとして拒絶した。

SALT2に調印するカーター大統領とソ連・ブレジネフ書記長（1979年6月）

カーターはソ連の強い拒否反応に驚いたが、一九七九年六月にブレジネフとウィーンで会談し、両国は軍事的優位を求めないことを約束した。この会談で米ソは双方の戦略核ミサイルと戦略爆撃機の総数を二二五〇基（機）に制限し、MIRV化ミサイルを一三二〇基、重ミサイルを三〇八基に制限する第二次戦略兵器制限条約（SALT2条約）の枠組みについて合意した。SALT2条約の内容は、戦略核の運搬手段における米ソの実質的な均衡を確認するものであった。しかし、この条約は、ソ連を攻撃できる英仏の核兵器を規制の対象外とした。また、西ヨーロッパに配備され、ソ連に届く射程の中距離兵器も対象外とされた。

ＳＡＬＴ２条約は、二つの政権にまたがって約七年もの難交渉の結果、ようやく成立した。しかし、一九七九年末のソ連軍のアフガニスタン侵攻で米ソ関係が急速に悪化したため、米議会上院における批准手続きが中断し、結局、条約は批准されなかった。[24] 一方、一九七〇年代後半からソ連は西欧を標的にした三弾頭の中距離弾道ミサイルＳＳ２０を東欧に配備し始めた。これに対抗して、カーターはすでに西欧に配備されていた数千個の戦術核兵器に加えて、新型の中距離弾道ミサイルであるパーシングⅡと巡航ミサイルの配備を行う計画を提示し、ソ連を牽制した。こうして戦略核兵器の軍備管理条約ができたにもかかわらず、米ソは欧州を舞台に核軍拡を進めることになった。

◉――カーター・ドクトリン

カーター政権下で米ソ関係を変化させたのは、ソ連軍のアフガニスタン侵攻だった。一九七九年十二月二十五日、八万五〇〇〇人のソ連軍が突然アフガニスタンに侵攻した。これはワルシャワ条約機構加盟国地域以外へのソ連の初めての軍事侵攻だった。ソ連はやがてアミーン政権を倒して親ソ連的な社会主義派のカルマル政権を樹立する。国連安全保障理事会は、一三対二でソ連の行動を非難する決議を採択した。カーターはこれを第二次大戦以来の「平和への最大の脅威」、ソ連の世界石油資源支配への布石と呼んで、対ソ強硬政策に転換した。[25] カーターは具体的措置として、米ソ間の協力取り決めのほとんどを廃棄し、ソ連への穀物、先端技術の禁輸措置を実施し、一九八〇年のモスクワ・オリンピックのボイコットを決定した。さらにカーターは、CIAを使ってアフガニスタン国内でソ連軍と戦うイスラム原理主義者への軍事支援を開始した。皮肉なことだが、こうして育てられ戦闘技能を身につけたイスラム原理主義者からウサマ・ビンラディン率いる国際テロ組織アルカイダが生まれ、二〇〇一年九月十一日の米国における同時多発テロの種をまくことになった。

アフガニスタン進出により、ソ連は、「米国の石油輸入の三分の一、西欧の石油輸入の三分の二、日本の石油輸入の四分の三が通過するペルシャ湾まで五〇〇キロ」と迫ることになった。カーターは一九八〇年一月二十四日の一般教書演説で、「ペルシャ湾地域を支配しようとするいかなる外部勢力の企てに対しても、米国の死活的利益に対する攻撃であるとみなし、そのような攻撃に対しては、軍事力行使を含む必要とされるあらゆる手段で反撃する」と宣言した。[26] これは、カーター・ドクトリンとして知られるようになる外交原則である。

カーター・ドクトリンはその最初の形成段階で、冷戦初期のドクトリンの多くに含まれていた一種の無制限のグローバリストとしての特徴を持っていた。一九八〇年後半に、厳格なブレジンスキーがテレビ視聴者に講義したように、初期の冷戦時代に欧州、東アジアが戦略的に重要視されていたのに劣らず、今や南西アジアが戦略的に重要視されるようになった。ブレジンスキーは、第二次大戦後の中心的戦略地域としてまず西欧が、次に極東が、第三にイラン、トルコ、さらに緩衝地域としてパキスタン、アフガニスタンを盾とする南西アジア、ペルシャ湾が浮上してきたと指摘した。[27] カーターはさらに、大統領決定として、ソ連との核戦争に生き残るための軍事戦略を打ち出し、国防総省予算を一九七六年の一七〇〇億ドルから一九八一年には一九七〇億ドルに増大させた。

カーター大統領は経験のなさをものの見事に露呈した。そして強硬論者、非妥協主義者となっていった。軍事費を増大し、ハイテク機器売却を停止し、穀物輸出を禁止し、モスクワ・オリンピックをボイコットさせた。そうこうするうち、上院はＳＡＬＴ２条約の批准を拒否した。何にもまして重要なことは、カーターが、米国は今後、ペルシャ湾への脅威を、それがどんなものであれ、米国の重大な利益に対する直接の脅威とみなすというカーター・ドクトリンを発表したことにある。これは、カーターのより積極的、軍事的かつ冷戦指向型の外交政策への苦渋に満ちた転換の一歩と言えるだろう。[28]

カーターは就任当初は、米ソ冷戦時代の政策転換を宣言して出発したが、結局、ソ連との冷戦を継続する政策に帰結したことになる。

◉――米中交流の加速

カーター大統領は、ニクソン政権で始まった米中接近を継続し、米中関係のさらなる改善を追求した。カーターは一九七七年八月、七八年五月に、ヴァンス国務長官とブレジンスキー補佐官をそれぞれ中国に派遣し、「われわれはソ連の脅威の台頭に対して再び協力すべきである」（ブレジンスキー）と伝えた。鄧小平副首相は、米国がモスクワに気を遣いすぎていると不満を表明し、米国により強硬な反ソ姿勢を取るよう要請した。一九七九年初春、鄧は米国の招聘に応じてワシントンを訪問し、科学および文化協定に調印した。そして米国民を前に、ソ連の帝国主義と「覇権主義」の脅威に関する容赦ない講演をし、ソ連をさらに刺激した。[29] 鄧小平は一九七六年の毛沢東の死後、中国の西側への開放政策を推進し、市場経済の導入を進めていた。七九年初春の訪米では、米中がソ連に敵対する事実上の反ソ同盟を結ぶことを合意した。鄧は訪米中、「七〇年代初め以来、米国は戦略的に後退してきた。われわれは戦争の本当の温床はソ連だと考えている。われわれにとっての唯一の現実的な道は一体化することである」と語った。ロシアの気分を害するのを避けようとしたヴァンスの反対を押し切って、米中共同声明は覇権への反対を表明した。

一九七九年一月、カーター大統領は中国と全面的な国交を樹立し、結果的に米国の同盟国だった台湾との国交を破棄した。国交樹立の合意は、中国と台湾の問題の解決を「平和的に忍耐を持って」行うことを明記した。ゴールドウォーターを含む二四人の保守派上院議員は、米中国交樹立を批判し、大統領が上院の承認なしで台湾との条約を廃止する権限に異議を唱え、訴訟を起こしたが成功しなかった。上院は米中国交樹立を八五対四で承認し、下院は三三九対五〇でそれを支持した。

米中交流は加速し、一九八〇年には七〇〇〇人以上の米政府関係者、旅行者が中国を訪問し、毎月一〇〇以上の中国訪問団が米国を訪問した。また六〇〇〇人の中国人学生が米国の大学に留学した。米中は、イスラエルと韓国に関しては意見を異にしたが、それ以外ではソ連に対応する立場で一致した。中国はNATOに軍事力増強を要請し、米国が東アジアで強い軍事力を維持することを求めた。米中両国は一九七九年のソ連のアフガニスタン介入を非難し、ソ連軍と戦うアフガニスタン人に武器を供給した。両国ともソ連が後押ししたベトナムの侵略者に対してカンボジアのポルポト軍を支援した。鄧は、カンボジアにおける中国の影響に挑戦するベトナムに対して「懲罰を加えたい」と考えていた。両国はまた、アフリカにおいて同一の政治的、軍事的派閥を支持した。一九八一年には、米国は中国に武器売却を提案し、中国はソ連に関する情報収集のため自国領内に電子センサーの設置を許可した。

◉――中東和平の賭け

カーターの中東外交は、カーター政権の最も顕著な成功例を生み出すとともに、最悪の失敗例も生み出し、カーター政権の命取りになった。イスラエル・エジプト講和が前者であるとすれば、イラン革命への対応が後者に当たる。カーターは一九七七年三月からイスラエル、エジプト、サウジアラビア、ヨルダン、シリアの中東主要国を歴訪し、各国首脳と会談している。カーターは過去の大統領のようにイスラエル防衛の誓約を強調するとともに、イスラエルに対してアラブの平和条約と交換に一九六七年戦争で奪った土地を返還するようイスラエルに呼びかける国連決議２４２を受け入れるよう要請した。カーターはイスラエルだけでなく、エジプト、サウジアラビアに対しても高度戦闘機を含む兵器を売却した。

カーターは中東和平プロセス推進のため、一九七三年以来中断していたジュネーブ会議を再開するよう求めた。しかしアラブ諸国はパレスチナ解放機構（ＰＬＯ）を会議に招待するよう要求し、イスラエルは占領地返還を話し合うこと自体を拒否したため、会議召集は暗礁に乗り上げた。この行き詰まりは、エジプトのアンサール・サダト大統領により打開された。サダトはカーターの協力で、イスラエル訪問の招待を取り付け、一九七七年十一月にイスラエルを訪問し、国会で演説した。この動きは、他のアラブ諸国、ソ連により激しく非難された。サダトは、イスラエルの存在を既成事実として認める半面、占領地返還、イスラエルとＰＬＯの交渉、パレスチナ国家樹立などアラブ側主張を繰り返した。カーターは、ベギン（イスラエル首相）とサダトと個別に会談した後、メリーランド州の別荘キャンプ・デービッドでの会合に両者を招待した。彼らは一九七八年九月五日から九月十七日まで十二日間、キャンプ・デービッドに留まった。最後には彼らは、将来の交渉の基礎として、一般プログラムに署名した。それは、エジプトがイスラエルに対して外交的承認を与え、イスラエルがパレスチナ人への自治付与、シナイ半島のエジプトへの返還を行うことを呼びかけた。

この招待は賭けだった。なぜなら、この首脳会談で何の結果も出せなければ、すでに低迷していた大統領の威信がなお一層低下することは必須で、米国が仲介するこの試みの結果いかんによっては、米イスラエル関係が一段と後退することになるからである。しかし大統領があくまで固執し、十二日間の辛抱強い交渉の結果、三カ月以内にエジプト・イスラエル両国首脳が和平条約に調印することも含む一連の合意に達した。[30]全面的解決にはほど遠かったが、カーターは人類史における明るい瞬間であると述べ、平和のチャンスが訪れたと語った。カーターは和平交渉に関与し続け、一九七九年三月二十六日に、ホワイトハウスで、イスラエルのエジプト領からの撤収のロードマップ（行程表）、両国の全面外交関係を含む和平協定の署名が行われた。

国務省ソ連専門家のマーシャル・シュルマンは一九七九年十月、当時の動向を次のように要約している。

サダト大統領がエルサレムに出向き、エジプトとイスラエル間で二国間交渉を進めたことで、結果的に交渉過程からソ連を締め出すことになった。ソ連はこれに非常に憤慨しており、ことあるごとにそれをはっきり口にしてきた。……中東におけるソ連の立場がかつてに比べ低下しているのは明白である。これはわれわれ側の外交努力の賜物である。[31]

◉——イラン危機

中東におけるイランは米国にとって重要な存在だった。親米色の強いイランは、ソ連の拡張を牽制し、ペルシャ湾を保護し、信頼できる石油の源泉を提供する国であった。過去、アイゼンハワー、ニクソン、フォード、カーター各大統領は、シャー（パーレビ国王）が要求した事実上すべての兵器をイランに供与あるいは売却してきた。その売却額は一九七二年から七九年までの間に一九五億ドルに達した。問題はそれがきわめて効果的であったかどうかということになるが、一九七八年初めにイランが混乱状態に陥ったとき、ハロルド・ブラウン国防長官は落胆して、「われわれは、今のところ、ペルシャ湾偶発事件における米軍事力の有効性を確信できないでいる」と反駁している。[32]

一九二〇年代に武力で孔雀の玉座を奪った父に代わり、一九四一年にシャー（パーレビ二世）が即位した。若きシャーの米国の助言と援助への依存は次第に高まり、一九五三年にモハンマド・モサデグ首相率いる民族主義者がアングロ・イラニアン石油会社を国有化すると、シャーはイランを脱出するが、それ以降、米国への依存を一段と強めていった。CIAがイラン（パーレビ）国王派と英国と謀ってアイアス作戦を展開し、モサデグを国外追放し、シャーを復権させた。シャーはほどなく米国の忠実な反共産主義同盟者となった。

パーレビ国王は米国の重要な同盟者だったが、国内ではそれに対する反対運動が高まっていた。パリ亡命中のホメイニ師が指揮する反対勢力は、米国の支援を受けたパーレビ国王の力を圧倒し、同国王は一九七九年一月十五日にエジプトへ国外逃亡した。同年二月一日、ホメイニ師がイランに帰還し、イスラム革命評議会を創設して実権を掌握し、政敵の処刑を始めた。米国を「大悪魔」と呼んだ。十月、海外亡命中のパーレビ前国王に対してガン治療のための渡米が許可されると、イランの対米感情は一層悪化した。ホメイニ師に従う学生、民衆が反米行動に動き、十一月四日には約三〇〇〇人がテヘランの米大使館に押し寄せて占拠し、七六人の米国人が人質になった。カーターは深刻な危機に直面し、それ以降政権末まで人質解放を外交の最優先課題として取り組むことになった。制裁として、イランからの石油輸入、イランへの米製品売却停止、在米イラン資産一〇〇億ドル以上の凍結などの措置を実施した。ブレジンスキーは、イラン軍が反対勢力を粉砕しクーデターを起こすことを促した。ヴァンス国務長官は、「圧政」はカーター外交政策の中心的目的を否定するもので、多くが徴兵により集められたイラン軍は崩壊するので、これは成功しないと反論した。[33]

一九八〇年四月にはブレジンスキーの進言に基づき、ヴァンスの反対を押し切って人質救出作戦を敢行した。ヘリコプターと輸送機でイラン辺境に九〇人の救出部隊を密かに送り込み、トラックで大使館から人質を救出する作戦だったが、砂嵐でヘリが故障し、作戦は中止された。離陸の際に輸送機同士が衝突して八人が死亡し、作戦は無残な失敗に終わった。イランはこれを契機に態度を一層硬化させ、人質はあちこちに分散され救出はさらに困難になった。人質解放は次のレーガン政権の登場を待つことになる。

ジェームズ・ネイサン、ジェームズ・オリバー共著の『米国外交政策と世界秩序』によると、「イラン危機の明確な特徴は、米政策決定者の武力行使あるいはその主題を公然と話題にすることに対する躊躇である」。さらに、「米国の抑制された、しかし不器用な行動に対する包括的説明には、全く単純に、カーター政権内あるいは外の誰もが、武力がパーレビ政権を苦しめる政治的、宗教的、社会的緊張に対して与える影響を見ることができなかったという認識が含まれなければならない」と指摘している。[34]

◉――イラン・イラク戦争

一九八〇年七月にはパーレビ前国王がエジプトで死去し、九月四日にはイラクがイランに侵攻してイラン・イラク戦争が始まった。イランは米国が凍結した資金を必要とし、米国と人質解放交渉を始め、八一年一月までには凍結資産のうち八〇億ドルを凍結解除することを条件に人質を解放するという基本合意ができ上がった。しかし人質はついにカーターがホワイトハウスを去るまで解放されず、一九八一年一月二十日、カーターが離任した数分後に人質は四四四日後に解放された。危機は解決したが、米国は強力な同盟国を失った。結果としてもたらされた石油不足は石油価格を倍以上に高騰させ、米国のインフレ率は倍以上に上昇した。カーターの外交の他の側面も広く批判された。米国の力が後退しているという観念が広がり、多くが少なくとも責任の一部をカーターに問うた。

一九七九年から八一年にかけて四四四日間続いたイランの米大使館占拠事件では、ABCテレビが「人質になった米国」というタイトルで占拠何日目という日数を入れて連日報道を行い、それがカーター政権の事件に対する無為無策ぶりを米国民に強く印象づけることになった。これはカーター大統領の外交政策についてのアメリカ国民の世論を形成するうえで無視できない役割を果たし、それが一九八〇年秋の大統領選挙におけるカーター大統領落選につながった。[35]

イラン人質救出作戦の失敗もたたって、一九八〇年七月にはカーター外交への米国民の不支持率は八二パーセントに達し、経済の悪化とともに、八〇年大統領選でのカーター敗北の最大の原因になった。米国内の経済問題、未解決のイラン人質危機、優柔不断なリーダーシップが災いし、一方では「ふたたび強い米国を取り戻そう」というレーガンの公約が人気を呼び、カーターは一般投票の四一パーセントしか獲得できなかった。[36] また、上院も共和党が制した。インディアナ州のバーチ・バイ、アイダホ州のフランク・チャーチ、アイオワ州のジョン・カルバー、サウスダコタ州のジョージ・マクガバンといったリベラルなハト派上院議員が共に落選した。

パーレビ政権自体の崩壊とは別に米国内の保守派を憤慨させたのは、カーターがシャー（パーレビ国王）支援とその後における米軍事力行使の躊躇、および不器用さだった。政権末期までには、十分な米国の強さ、その活用における静かな自制、戦争の不可避性を信じることの拒否、すべての平和的代替手段の忍耐強い一貫した展開の組み合わせだと大統領が特徴付けたい政策は、政策エスタブリッシュメントの声高でますます影響力を持つ部分から拒絶された。[37]

カーターは数々の外交記録を残した。それにしてもカーター政権の政策は一貫性を欠いて見える頻度が多すぎた。これは国務省とブレジンスキー率いる国家安全保障会議の絶え間ない確執が原因である。カーターはめったに熱のこもった演説はしなかったし、公職の権威を振りかざすこともしなかった。あまりに「華がなさすぎ」と、大統領の権力についての専門家リチャード・ニュースタッドは書いている。[38] カーターにはフランクリン・ルーズベルトの魅力も、アイゼンハワーの人気も、ジョン・F・ケネディのテレビ映りのよさも、リンドン・ジョンソンの議会対応能力も、ニクソンの豪華番組を利用する能力もなかった。また、カーターは自分で定めた目標のいくつかを反故にしている。海外駐留米軍の削減を誓約したが、一九七六年（四六万人）に比べ、一九八〇年（四八万九〇〇〇人）の方が逆に増加している。韓国からの米軍撤退を公約したが、自分で撤回している。核不拡散を強く支持したにもかかわらず、核不拡散条約に加盟していないインドに、濃縮ウラン燃料三万八〇〇〇キロを輸出することに同意している。国防費削減を公約したが、実際には四年目の国防総省予算は一四・五パーセント上昇した。また、海外への武器売却削減の誓約も、一九七七年の一二八億ドルから一九八〇年には一七一億ドルに上昇している。

スタンレー・ホフマンは馴染み深くなったカーター外交のテーマに触れ、カーターの外交政策を「全くの善意」と形容した。ホフマンの結論によれば、政策は「一貫性のない戦術に対するほぼ全面的な依存症」により損ねられた。[39]カーター政権は常時発生した問題ごとに繰り返し進路を変更した。ホフマンによると、個人的、組織的要因がこうした首尾一貫性のなさに寄与したが、重要な要因になったのは同政権の戦略における一貫性のなさであった。

◉Endnotes

1 A. Glenn Mower Jr., *Human Rights and the American Foreign Policy: The Carter and Reagan Experiences* (New York: Greenwood Press, 1987).

2 William Stueck, "Placing Jimmy Carter's Foreign Policy," in Gray M. Fink and Hugh Davis Graham, eds., *The Carter Presidency* (Laurence: University Press of Kansas, 1998), p.245.

3 Jimmy Carter, Address at Commencement Exercises at the University of Notre Dame, May 22, 1977. http://www.presidency.ucsb.edu/ws/index.php?pid=7552

4 James E. Dougherty and Robert L. Phaltzgraff, Jr., *American Foreign Policy: FDR to Reagan* (New York: Harper & Row, 1986), p.284.

5 Wesley M. Bagby, *America's International Relations since World War I* (New York: Oxford University Press, 1999), p.297.

6 Jimmy Carter, *Keeping Faith: Memoirs of a President* (New York: Bantam, 1982), p.143.
7 Bagby, *op. cit.*, pp.298–299.
8 Thomas G. Paterson, J. Garry Clifford, Shane J. Maddock, Deborah Kisatsky and Kenneth J. Hagan, *American Foreign Relations: A History since 1895*, 6th ed. (Boston: Houghton Mifflin, 2005), p.415.
9 Zbigniew Brzezinski, *Power and Principle: Memoirs of the National Security Advisor 1977–1981* (New York: Farrar, Straus & Giroux, 1985), p.380.
10 "Vance - Torn by Ideals and by Loyalty to Carter," *New York Times*, April 29, 1980.
11 Paterson, Clifford, Maddock, Kisatsky and Hagan, *op. cit.*, p.416.
12 "Vance's Harvard Commencement Address on June 5, 1980," *New York Times*, June 6, 1980, p.A12 参照。
13 James A. Nathan and James K. Oliver, *United States Foreign Policy and World Order*, 3rd ed. (Boston: Little, Brown), 1985, p.395.
14 *Washington Post*, January 12, 1977 amd *New York Times*, May 2, 1979.
15 Cyrus R. Vance, *Hard Choices: Critical Years in America's Foreign Policy* (New York: Simon & Schuster, 1983), p.394.
16 Carter, Address at the University of Notre Dame.
17 Jimmy Carter, Inaugural Address of President Jimmy Carter, January 20, 1977.
http://www.jimmycarterlibrary.org/documents/speeches/inaugadd.phtml
18 "1999 Country Reports on Human Rights Practices," Bureau of Democracy, Human Rights, and Labor, U.S. Department of State, February 2, 2000.
http://www.state.gov/g/drl/rls/hrrpt/1999/
19 "Human Rights: Selected Documents," No.5, Bureau of Public Affairs, U.S. Department of State.
20 Paterson, Clifford, Maddock, Kisatsky and Hagan, *op. cit.*, p.417.
21 *Hartford Courant*, November 20, 1980.
22 Laurence Caldwell and Alexander Dallin, "U.S. Policy toward the Soviet Union," in Kenneth A. Oye et al., eds.,

Eagle Entangled (New York: Longman, 1979), p.220.
23 Jimmy Carter, *Keeping Faith: Memoirs of a President* (Fayetteville: University of Arkansas Press, 1995).
24 ＳＡＬＴ２の交渉過程については、Strobe Talbott, *The Endgame: The Inside Story of SALT II* (New York: Harper & Row, 1980) 参照。
25 Wilfred Loth, *Overcoming the Cold War* (New York: Palgrave, 2002), p.162.
26 Jimmy Carter, State of the Union Address 1980, January 23, 1980.
http://www.jimmycarterlibrary.org/documents/speeches/su80jec.phtml
27 "National Security Adviser Brzezinski Interviewed on 'Issues and Answers'," *Department of State Bulletin*, Vol.80, No.1039 (June 1980), p.49.
28 Steven W. Hook and John Spanier, *American Foreign Policy since World War II*, 6th ed. (Washington, DC: CQ Press, 2007), p.164.
29 Nathan and Oliver, *op. cit.*, p.402.
30 Hook and Spanier, *op. cit.*, p.157.
31 The Subcommittee on Europe and the Middle East of the Committee on Foreign Affairs, House of Representatives, 96th Congress,1st Session, October 16, 1979 における証言。
32 *Washington Post*, January 27, 1978.
33 Cyrus Vance, *op. cit.*, p.331.
34 Nathan and Oliver, *op. cit.*, p.415.
35 James M. McCormick, *American Foreign Policy & Process*, 3rd ed. (Itasca, IL: F. E. Peacock, 1998), p.525.
36 Cecil V. Crabb, Jr., "The Reagan Victory," in Ellis Sandoz and Cecil V. Crabb, Jr., eds., *A Tide of Discontent* (Washington, DC: CQ Press, 1981), p.158.
37 Nathan and Oliver, *op. cit.*, p.411.
38 Richard E. Neustadt, *Presidential Power and the Modern Presidents* (New York: Free Press, 1990), p.261.
39 Stanley Hoffmann, "Requiem," *Foreign Policy*, 42 (Spring 1981), pp.3–26.

chapter 8

Ronald W. Reagan

新冷戦の展開

ロナルド・W・レーガン Ronald W. Reagan

◉──離婚歴ある唯一の大統領

第四十代米大統領（一九八一―一九八九年）ロナルド・レーガン（一九一一―二〇〇四年）は一九一一年二月六日、イリノイ州タンピコで、アイルランド系の父ジョン・レーガン、母ネル・ウィルソンの間の二人息子の次男として生まれた。一九二〇年にイリノイ州ディクソンに家族と移り、二四年に地元のディクソン高校に、二八年にイリノイ州のユーレカ大学に入学し、大学では経済学と社会学を専攻して、三二年に卒業した。幼少より話術、演技の才能があったレーガンは、シカゴの大リーグ野球チーム、シカゴ・カブスのラジオ・アナウンサーになった。その後、レーガンはカリフォルニア州に移り、B級映画のスターとして成功し、一九三七年から三九年まで十九本の映画に出演した。一九四〇年には、二十五歳で死んだ大学フットボールのスター選手ジョージ・ギップ（愛称ギッパー）の役を演じて、ギッパーという愛称で呼ばれるようになった。一九三五年には米陸軍の予備役将校になり、第二次大戦中には陸軍航空隊の第一映画部隊に配属され、訓練用や宣伝用の映画制作に携わった。一九四〇年に女優のジェーン・ワイマンと結婚し、長女モーリーンが生まれたが、四八年に離婚、五二年に女優のナンシー・デイビスと再婚した。レーガンは米史上、離婚歴がある唯一の大統領である。

レーガンは当初、フランクリン・ルーズベルトとニューディール政策を支持するリベラル派だったが、後に保守主義に転向した。映画俳優組合の委員長になって共産主義反対の演説をラジオ放送で流したりしたが、電機メーカーのゼネラル・エレクトリック社のスポークスマンとして雇われた。それが、レーガンが政治に関与する契機になり、一九六四年大統領選挙では、アリゾナ州選出の保守派上院議員バリー・ゴールドウォーターを支持し、応援演説をして注目された。一九六六年にはレーガンは共和党候補として、カリフォルニア州知事に当選した。

レーガンは一九六八年に大統領選に出馬し、ニクソン元副大統領を相手に共和党の指名を争ったが敗退した。一九七六年にも現職のフォード大統領に挑戦して大統領選に再出馬し、予備選でフォードを脅かしたが、共和党全国大会での代議員投票で敗れた。

レーガンは一九八〇年大統領選挙で、共和党大統領候補指名を獲得し、本選挙では、カーター政権のイラン大使館人質事件への対応が大きなテーマになった。一般投票結果は、レーガンが五〇・一パーセント、選挙人で四八九人を獲得し、現職のカーターを破って第四十代大統領に当選した。カーターは四〇・一パーセントの得票、四九人の選挙人に止まった。さらにレーガンの地滑り的勝利の勢いで、共和党は下院で過半数を制するところまではいかなかったが、三三議席を増やした。上院では一二議席を増やし、二六年ぶりに多数派になった。レーガンに投票した有権者の四〇パーセントが、変化を求めて投票した。八〇年選挙では、白人中産階級、ブルーカラー労働者、福音派《エバンジェリカル》を中心とする宗教保守派などにより構成されるニューライトと呼ばれる保守派勢力が台頭し、レーガン当選に大きな役割を果たした。

このころ、この保守派勢力を背景に、一九八一年に出した政策分析『指導者への指令』で脚光を浴びたヘリテージ財団（一九七三年設立）、外交問題に関する強硬の論陣を張る一九七〇年設立のアメリカン・エンタープライズ研究所（ＡＥＩ）など保守系のシンクタンクが力を増し、リベラル系のブルッキングス研究所などに匹敵する影響力を持つようになる。ヘリテージ財団の公式目標は、重要な公共問題について自由企業体制、立憲政府、個人の自由、強力な国防の原則に則った提言をするためのリサーチに従事することとある。ＡＥＩ年次報告書に述べられている目標は、自由で競争力のある企業、公共性に富んだ立憲政府、巧みに管理された堅固な国防、外交政策、重要な文化的、政治的価値観といった自由社会の諸制度を維持、改善することである。保守系シンクタンクは、草の根から起こってきた保守派の運動に理論的基盤を提供した。ポール・ニッツェなどが一九七六年に設立した「現在の危険委員会」（ＣＰＤ）もその一つで、米ソ・デタントに反対する共和党保守派を結集してソ連の軍事力評価の見直し作業を開始した。ＣＰＤはソ連の軍事的脅威に関して報告書をまとめ、レーガン政権の対ソ脅威論の基礎を提供した。ＣＰＤは、ソ連が核戦略で、相互確証破壊戦略から核戦争により勝利する戦略へと転換したと見て、米国も核戦力の増強によりソ連に勝つ戦略を追求すべきだという立場に立った。ＣＰＤの関係者の多くが、レーガン政権入りした。

◉――悪の帝国論

レーガン大統領はソ連の脅威を重視し、一九八三年三月三日の演説ではソ連を「悪の帝国」と呼んだ。また一九七〇年代半ば以来、世界に左翼革命政権が次々に誕生した背後にソ連の膨張政策があると考えた。レーガンはソ連に対する巻き返しを求め、一九八一年度の国防予算をカーター政権時よりも一四・六パーセント増額し、その後七パーセントの実質増を維持する方針を発表し、「強い米国」を目指す政策を推し進めた。国防予算は五〇パーセントも増大し、一九八〇年の一四三九億ドルから八五年には二九四七億ドルになった。一九八五年にペンタゴンは、一週間七日、一日二十四時間として一時間に二八〇〇万ドル使ったことになる。

レーガン政権の外交政策担当として、ニクソンが「自分が知る最も意地悪でタフな奴」と呼んだアレクサンダー・ヘイグが国務長官に指名された。ヘイグはレーガンと同じくタカ派的見方をしていた。ヘイグは「平和よりももっと重要なものがある」と言った。ヘイグはソ連大使に、情報と行動による軍人、対決的姿勢の印象を与えた。ヘイグは、ソ連が行動を抑制し、キューバやリビアなどの従属国を統制するまでは、交渉はないと言った。外交政策における政権の教区主管者代理を自認したヘイグは、外交政策の単独支配権をめぐってレーガン・ホワイトハウスのスタッフを含むすべてのライバルと熾烈な闘争を始めた。

当初、レーガンの外交政策はきわめてイデオロギー的に見えた。レーガンはデタントを拒絶し、ソ連は〝悪の帝国〟〝現代世界の悪の焦点〟であると主張した。レーガンは後に、「米国人は民主主義と自由を防衛しているのに対して、ソ連人は〝非倫理的で見境のない拡張主義〟を進める〝悪者〟である」と書いている。[1]

レーガン政権では、レーガン大統領は大企業のCEO（最高経営責任者）のように、細かい行政権限を閣僚や補佐官に委任し、自らは全体を統括するという統治スタイルをとった。しかしシュルツ国務長官、ワインバーガー国防長官、アレン国家安全保障担当大統領補佐官などの間で対立が深まり、アレンが補佐官を辞任した後には、後任選定をめぐり政権内の対立が先鋭化した。政権の政策立案プロセスの混乱は、ベーカー、ディーバー、ミースといった大統領補佐官がホワイトハウスを去ったあと一層深刻になった。この結果、レーガン政権二期目には政権の政策運営管理プロセスはほとんど管理されていない状態になった。イスラム過激派による欧米人拉致問題を解決するため、過激派に影響力があるイランとの関係改善が模索された。イラン・イラク戦争で苦境に立ったイランに武器を売却することを代償に、人質解放に向けてイランの協力を得るシナリオが検討され、大統領補佐官を含む政権の政策立案者の間で大きな見解の対立が表面化した。

レーガン大統領はこうした状況下で、イランへの武器売却・人質解放への強い意思をもち、それを実行するためにホワイトハウス、国家安全保障会議、CIAという大統領が最も影響力を行使できる機関に依存した。この結果、国家安全保障会議の権限が強まり、イラン・コントラの政策はもっぱら国家安全保障会議のポインデクスター大統領補佐官、オリバー・ノースNSC軍政部次長などにより、かなりの部分秘密裏に進められることになった。

レーガン・チームの分析では、米国とソ連を敵対させたのは、ソ連の体制の性格とその対外的行動であることは明らかだった。ホワイトハウスの有力クレムリノロジストのハーバード大学教授リチャード・パイプスによると、ソ連が共産主義を放棄しない限り、結果は最終的には戦争につながるしかない。[2] レーガンもパイプスの論理に共鳴している。「すべてのソ連の指導者は最初から、共産主義は世界全体を一つの共産主義国家にして初めて成功すると宣言してきた。……彼らは全世界が共産化されるまで、社会革命を支援し続ける」とレーガンは語った。[3]

レーガンはまた、国際安全保障政策で、ソ連が西欧、中東で軍事侵攻に出る場合は、ソ連の背後をつく形でアジア地域でも戦争を展開する「同時多発型戦略」を採用した。この戦略を可能にするため、レーガン政権は自ら軍備増強を進めるとともに、同盟国に対して、軍備増強と安全保障上の役割分担増大を求めた。レーガンは政権初期、兵器制限には何の関心も示さなかった。レーガンは、海軍と第三世界の敵と対決するための緊急展開部隊を拡張した。レーガンは軍事力の優越を訴え、平時における歴史上最大規模の軍備増強を行い、一九八〇年の一七四〇億ドルから一九八八年の三〇〇〇億ドル近くへと軍事支出を七〇パーセント近く増大させた。

◉――レーガン・ドクトリン

レーガンは一九八五年の一般教書演説で、「われわれの使命は、自由と民主主義を育て、それを守り、その理想を可能なところにはどこにでも伝えることである」と述べ、世界の「自由の戦士」を支援する方針を宣言した。[4] この「自由と民主主義」のための世界の自由勢力支援は、レーガン・ドクトリンと呼ばれる。レーガン・ドクトリンが力説したのは低強度紛争（LIC＝Low Intensity Conflict）へのコミットメントである。つまり、エリート部隊が影の戦争の汚れ仕事をする人を組織し、同盟国、代理人、準軍事アセットを通した軍事行動を行い、米国の兵士が外地で戦い、命を落とすことをできるだけ少なくすることである。

一九七四年からレーガン大統領が登場する八〇年までの期間に一四カ国でソ連寄りの左翼革命政権が世界で誕生したが、それに対する巻き返しでもあった。七〇年代後半の米国は「ベトナム症候群」に病んでいたが、それを払拭することもレーガン・ドクトリンを推進するうえでのレーガンの課題であった。ベトナム戦争を〝崇高な戦い〟と呼び、レーガンは第三世界における介入と秘密活動を推進した。一九八三年十月の米国のグレナダ進攻作戦は「ベトナム症候群」を払拭するうえで大きな効果があった。レーガンの外交政策には知識人からの批判もあったが、米国内におけるレーガンの人気の高さはその外交政策の推進に役立った。レーガンは選挙民の間で人気があった。その多くは歴史と世界情勢についてレーガンに並ぶほどの教育を受けていなかったが、彼らはレーガンの世界観を共有した。レーガンは普通の人々が理解できるよう世界の問題を平易に説明し、米国が天使の側であって、悪の勢力に対し毅然として立ち向かい、油断なく対峙していると断言した。こうしたレーガンの圧倒的な人気は敵対者を怖気づかせ、レーガンを驚くほどの度合いで米国の国内、外交政策を支配した強い大統領にした。

　レーガン・ドクトリンは、カーター前大統領の人権外交とは明確に一線を画するものだった。カーターの人権外交は、自由や人権を蹂躙する政権に対して無差別的に適用され、米国の援助中断などの措置を進めた。これに対して、レーガン政権に米国連大使として登用された新保守主義の論客ジーン・カークパトリックは、自由や人権を抑圧する政権を、「権威主義」政権と「全体主義」政権に分けて区別した。カーター政権がイラン、ニカラグアの友好的な独裁者を支援して失敗したのを教訓に、レーガン主義者はカークパトリックのいう「権威主義」と「全体主義」政権の違いを受け入れた[5]。同じ抑圧政権でも、「権威主義」政権は資本主義経済を受け入れ親米的であるのに対して、「全体主義」政権は共産主義により支配されて資本主義経済を拒絶し反米的である。カークパトリックは、カーターがこの二種類の政権を区別せずに人権外交を進めることにより米国の国益を損なったと批判し、専ら「全体主義」政権を標的にそれを弱体化することを主張した。またレーガン・ドクトリンは、自由と民主主義を「全体主義」国家の主権を優先させ、自由と民主主義を世界的に拡大させるために内政干渉も許されるという立場に立った。

レーガンは冷戦を強力に推進した。レーガンはデタントを拒否し、開発途上国における共産主義関連グループに対する攻勢を強め、米ソ貿易、文化交流を中断した。またソ連の東欧支配への挑戦をエスカレートした。東欧のポーランドでは、自主労組の「連帯」が瞬く間に一〇〇〇万人の組合員を抱えるまでに膨れ上がり、その成長は共産党の権力独占を脅かした。レーガンはソ連に、労組を粉砕するために軍隊を派遣することはしないよう警告した。一九八一年末、ポーランドの共産政権が戒厳令をしき、「連帯」のストとデモを抑圧した。レーガンは穀物輸出を中断し、ポーランドの最恵国待遇を停止した。

レーガン政権下で、レーガン・ドクトリンが最も顕著に展開されたのは中米、とくにニカラグアだった。レーガンが就任した時、最も活発に軍事紛争が展開されていたのは、エルサルバドルとニカラグアだった。レーガンは紛争の土着的原因を無視し、紛争を冷戦の戦いとして扱った。国務省は、エルサルバドルの反政府活動は共産主義諸国による間接的な武力侵略の教科書的事例だと述べた。[6] レーガン政権はエルサルバドルを「キューバを介した共産勢力活動による小国に対する武力侵攻の典型例」であるとみなした。[7] 大統領補佐官は「エルサルバドル自体はどうでもよい。われわれは信頼を確立しなければならない」と説明した。レーガンは単に「われわれは最後のドミノだ（共産主義に屈しない）」と述べた。[8] レーガン大統領は就任直後にエルサルバドル白書を公表し、ニカラグアを拠点にしたソ連、キューバの中米革命輸出工作を明らかにし、それを阻止するための地域諸国政府への軍事援助を拡大した。ニカラグアでは一九七九年にサンディニスタ革命勢力が、米国が支援していたソモサ独裁政権を打倒して社会主義政権を樹立した。レーガン政権は一九八一年までには、サンディニスタ政権が共産主義の全体主義的内部統治を押し付け、キューバ、ソ連と近い関係を形成し、近隣諸国の転覆を試みていると非難し、ニカラグア政府を転覆しなければならないという決意を固めていた。レーガン政権は、反乱軍への十分な武器の供給ができなかったとして、キューバやニカラグアの（エル）サルバドル人を大いに責めたてた。ヘイグ国務長官は、ソ連の中米諸国「攻撃予定リスト」のトップはニカラグアで二番目はエルサルバドルだ、とまで宣言した。[9]

一九八三年五月、レーガンはニカラグアの砂糖輸入を中断し、ニカラグア経済に大打撃を与え、一九八五年には全面的貿易禁輸措置を講じた。

◉———イラン・コントラ事件

レーガン政権は、旧ソモサ政権の軍事指導者を中心に組織された反共武装勢力コントラに対して本格的な訓練、支援を提供し、サンディニスタ政権打倒を目指した。一九八一年十一月にはレーガンは、一九〇〇万ドルの資金でコントラを軍事訓練する権限をＣＩＡに与えた。ウィリアム・ケーシーＣＩＡ長官は秘密作戦を「私生児どもに汗をかかせる」と語った。[10] コントラは米国の支援を得て隣国ホンジュラスに大規模な基地を造り上げ、それを拠点にニカラグア政府軍に対する攻撃を繰り返した。一九八三年の教書でレーガンは、コントラは「自由の戦士」であり、「その精神は創始者（憲法制定者たち）に匹敵する」と述べた。さらにレーガン政権は一九八三年末、CIAによるニカラグア港湾への機雷敷設を行い、石油施設、空港を攻撃する作戦を展開した。これは米議会の民主党から強い反対を引き起こし、議会は一九八五年にコントラへの軍事援助を禁止する立法措置を講じた。

レーガン政権のホワイトハウスと国防総省は、コントラ支援停止によりソ連、キューバ、ニカラグアを軸にした中米革命工作が進展し、メキシコを通じて米国本土まで危険にさらされるという危機感を抱いた。米国とイランはテヘラン米大使館占拠・人質事件以来関係が悪化しており、一九八〇年九月にイラン・イラク戦争が勃発して以降、米国はイラクに肩入れした。こういう情勢変化を背景にイランは、武器供給確保のために米国との関係改善を欲するようになっていた。同じ頃、イランの影響下にあるシーア派過激組織ヒズボラがレバノンで米国人を人質にする事件が発生した。一九八三年にテロリストがベイルートの米軍兵舎を攻撃し、二四一名の海兵隊員が殺された。一九八四年には、CIAの現地責任者一人を含む三人の米国人が誘拐された。さらに一九八五年には四人の米国人が人質になった。米国は一九八五年八月から九月にかけて、ヒズボラからの米人人質解放のため、イランがそれに協力する条件で、対戦車ミサイルなどの武器をイスラエルを介してイランに密かに売却した。さらに、イランへの武器売却益を八五年から八六年にかけて、コントラ支援に密かに流用した。このことが一九八六年十一月に発覚し、米議会のコントラ支援禁止措置に違反してホワイトハウスがコントラ支援を行ったとして、議会が調査に乗り出した。いわゆるイラン・コントラ事件である。

この事件では、二つの利害関係が一つの政策となり、武器売却で得たお金をコントラ支援に回すという決定がなされた。指揮はオリバー・ノース中佐がホワイトハウスから行った。レーガン大統領は、武器の譲渡、人質の解放、コントラへの資金援助の繋がりについては、一切関知しないとした。武器売却による総利益は一六〇〇万ドルだったが、コントラが受け取ったのは約三八〇万ドルだけだった。現行法に反するこの操作(作戦)は、議会には秘密にされた。そして、それが公になると、行政府と立法府との間で大きな対立が起った。

議会はジョン・タワー元上院議員を委員長とする調査委員会を設置し、とくにレーガン大統領がこの秘密工作をどこまで知り関与したかに焦点を当てて調査を進めた。調査では、国家安全保障担当大統領補佐官ジョン・ポインデクスター、国家安全保障会議（NSC）軍政部次長オリバー・ノース中佐などが中心的な標的になった。ノース中佐は議会で証言させられ、その証言がテレビ中継されたが、ソ連、キューバ、ニカラグアの中米革命工作の実態を愛国心からくる危機感を持って説明する証言内容は多くの米国民に感銘を与えた。米国民の間でノース中佐への支持が高まり、英雄視されるという議会が予想しなかった現象が起こった。議会の調査委員会は最終的に、レーガン大統領がコントラへの秘密援助を知らなかったという結論を出し、レーガン政権は危機を免れた。

中米におけるもう一つの焦点は、ソ連、キューバ、ニカラグアが反政府左翼ゲリラを支援していたエルサルバドルだった。レーガンは、中米問題を研究するため、ヘンリー・キッシンジャー元国務長官を中心とする委員会を立ち上げた。一九八四年一月の委員会報告書は、向こう五年間で八〇億ドルまで、中米地域への米軍事、経済支援を拡大することを勧告した。エルサルバドルに対しては、年間援助を四億ドルまで倍増することを勧告した。米国の資金援助で、エルサルバドル軍は一九八一年から一九八六年までに四倍に拡大し、五万四〇〇〇人に達した。一九八七年までには、米国は二五億ドルを提供し、エルサルバドルの国家予算のほとんどを賄っていた。

◉――ニュースメディアへの対応

一九八三年のグレナダ進攻作戦においては、レーガン大統領はベトナム戦争の教訓をもとに、メディアの戦闘活動取材を徹底して制限した。メディア関係者には米軍部隊への同行を許さず、取材のため独自にグレナダに渡ったメディア関係者は強制的に帰還させた。[11] この結果、メディアは進攻作戦の進展状況を報道するために、もっぱら政府の公式発表に依存することになった。米軍の軍事作戦がグレナダのキューバ化、米国への脅威拡大を阻止するために実施されたという武力行使の理由、米軍兵士にはほとんど死傷者がない状況で作戦が成功したという結果が米国政府の望むような形でメディアにより報道され、世論はグレナダ進攻作戦を支持し、レーガン大統領への支持率も上昇するという結果を生み出した。これ以降、軍事作戦を含む重要事件の取材では、新聞、テレビ、通信社の代表記者が少数、政府により選ばれ、代表取材するという「プール制度」が活用されるようになった。これも政府の情報統制の一形態である。[12]

ロバート・パリーとピーター・コーンブラーは『イラン・コントラの語られない話』の秘密コントラ戦争についての議論の中で、「国内でこの戦いに勝つために、ホワイトハウスはプロパガンダと脅しを混ぜ合わせた精巧な装置を作り上げ、米国民を意識的に欺き、同時に異議を唱える権利を踏みにじった」とまで主張している。政府の戦略はサンディニスタの脅威と悪弊を誇張し、その一方でコントラの脅威や悪弊を覆い隠すことで、記録を歪曲することであった。「なるほど、それまでの政権も、外交政策の不運を守る必要があるときには、とぼけたり、嘘をついたりしてニュースメディアに自分たちの意志を押しつけようとした」とパリーとコーンブラーは続ける。「しかし、その過程を制度化したのはレーガン政権が最初である。近代的な国民対策という科学的方法および心理作戦という戦争で試験済みの技術を駆使して、レーガン政権は国家安全保障協議会と国務省に先例を見ない官僚機構を築き上げた。その意図するところは、ニュースメディアを横並びにさせ、相反する情報がアメリカ国民に届くのを禁じることであった」と述懐している。[13]

次章で述べる一九九一年の湾岸戦争では、国防総省はメディアの現地での取材、報道についての「基本原則」を設定し、軍事作戦にマイナスになるような報道を防止する措置を講じた。基本原則には、現地に派遣されている米軍あるいは多国籍軍の規模・位置、まだ実施されていない軍事作戦計画などの報道を禁じる内容が盛り込まれ、その他の報道規制が敷かれた。[14]結果的に、メディアにとって湾岸戦争の軍事作戦に関する情報源はもっぱら、サウジアラビアの拠点で毎日行われる米軍・多国籍軍将校によるブリーフィングだった。CNNも、主な情報源だったこのブリーフィングを重点的に世界に生放送した。これにより、視聴者の否定的感情を刺激するような戦争の破壊や殺戮といったテレビ・イメージは流されず、米政府側の見解が中心的に国民に伝えられることになった。[15]メディアは基本的に、米政府から米国民への情報伝達の媒介となっただけである。

ポスト・ベトナム時代、米軍がグレナダに進攻し、さらには湾岸、コソボおよびアフガニスタンで軍事作戦を展開した際、ときの大統領および国防総省はベトナム戦争の経験から学び、メディア・コントロールの維持に努めたように思われる。この間、メディアを自分の目的に利用することに堪能な大統領もいた。とりわけレーガン大統領はメディアの操縦にかけては名人芸で、レーガン自身が「悪の帝国」と名づけたソ連に対する強権政策への支持を得るためにメディアを利用した。このテーマは、二〇〇二年一月にイラク、イランおよび北朝鮮を「悪の枢軸」と表現したブッシュ大統領が引き継いでいる。

◉——戦略防衛構想（SDI）

カーター政権からレーガン政権へと変わる中で、米国の対ソ政策は大きく変化した。レーガンは、ソ連は米国以上に軍備に費やし、核兵器においては米国を凌駕していると認識していた。反SALT2綱領のキャンペーンを張り、核兵器制限交渉にはあからさまな嫌悪を見せた。米国は核兵器を補強することによって「脆弱な窓」を閉めなければならなかった。つまり、ソ連の先制攻撃に対し論理的に脆弱とされていた地上配備のICBMを補強しなければならなかった。レーガンが大統領に就任した時、ソ連は西欧諸国に向けて三弾頭の中距離ミサイルSS20の配備を続けてきた。レーガンはNATO同盟国の承認を得た後、パーシングIIと巡航ミサイルの追加配備で対抗する方針を明らかにした。レーガン政権は、西側核戦力の強化計画を背景にして、ソ連との間に中距離核戦力制限交渉（INF交渉）を開始した。INF交渉において、米国側は「ゼロ・オプション」を提案し、米ソ双方が欧州からすべての中距離ミサイルを撤去する提案を示した。そのためには、ソ連は六一三基の中距離核ミサイルを解体し、米国は五七二基を配備するのを控えなければならなかった。この提案はソ連に拒否されたが、核軍拡競争の激化が核戦争へとエスカレートするのではないかという西欧諸国の不安を沈静化させる上では一定の効果があった。

アラスカから韓国に向う大韓航空機007便がソ連領空に三五〇マイル侵入し、機密軍事施設の上空を飛行し、ソ連の空対空ミサイルにより撃墜され、米国人六〇人を含む二六九人の乗員乗客が死亡するという事件が発生した。一九八三年九月に米ソ関係は新たに悪化した。レーガンは大韓航空機撃墜に「野蛮な行為」の烙印《らくいん》を押した。[16] ジーン・カークパトリックはこれを故意の殺人と呼んだ。ロシアは逆に、西側がスパイ活動のための民間航空機を重要防衛施設の上空に送り込んだと非難した。[17]

レーガン大統領は一九八三年三月二十三日に戦略防衛構想（SDI）を発表した。SDIは、核兵器による先制攻撃あるいは報復攻撃を無効化することにより、従来の相互確証破壊戦略を根本的に転換する意味を持っていた。同時に米国のソ連に対する技術的優位を軍事戦略に生かし、さらに米国のハイテク産業の技術的競争力を高める狙いもあった。これはまた、米国内の核凍結運動の勢いを削ぐ役割も果たした。これが成功すれば、このシステムは、米国が自ら破壊されることなく、ソ連を破壊する能力を回復させるものだった。ワインバーガー国防長官の言葉では、この状況は、米国が唯一の核大国である状況を再現するものだった。ただ、SDIは技術面、費用面から実現可能性に大きな疑問が持たれ、反対意見も強かった。

戦略兵器削減条約（START）合意の見通しも、SDI発表によって先行きが不透明になっていった。「スターウォーズ」と称されたSDIは宇宙空間の対弾道ミサイル防衛システムを想定したもので、レーザーすなわち粒子ビームで米国を防御（遮蔽）し、宇宙空間でソ連の弾道ミサイルを阻止、破壊するというものである。ホワイトハウスの元科学顧問ジェローム・B・ワイズナーは「両陣営それぞれ一万以上の核兵器を持っている。九〇～九五パーセントを迎撃できる防衛システムがあったら奇跡だが、それでも文明を完全に破壊するに十分な五～一〇パーセントの核兵器が残る」と述べ、構想には懐疑的だった。[18] 仮にSDIが機能するようなことになったら、ソ連の攻撃という脅威を抹消し、米国が報復を気にせず自由に核兵器を使えるようになるので、抑止そのものを危うくする、という主張もあった。SDIを数十億ドルの「役立たず」と見るむきもあったが、「凍結した改革運動に切込みを入れる……秘密兵器」の役割を果たした。[19] 大統領自身は楽観的で、SDIを「こうした原子兵器をひとつ残らず免れる完全な防衛」と考えていた。[20] SDI研究は進められ、議会の予算を引き続き獲得するために、時には実験結果の捏造まで行われ、一方STARTはパチパチ音を立てて消え去っていった。しかしSDIそのものの実現以上に、SDI推進の政策そのものが、ソ連との関係において重要な意味を持っていた。

◉―――新デタント時代

ソ連は、核兵器を含む軍備拡張路線を継続し、さらに世界的にも第三世界への膨張政策を推進していたが、これはソ連経済に過大な負担を課し、経済的に限界に直面していた。こうした状況で、多大な投資を必要とするSDI開発をめぐってソ連が米国と競争することは経済的には困難な状況だった。あえて競争しようとすれば、ソ連が経済的に破綻に直面する。米国がSDIを推進しても、ソ連はそれを手を束ねて見ているしかなく、SDIによって自国の核戦力が効力を失ってゆく時を待つしかない状況に追いやられた。

事実SDIは途方もなく高くつき、一九九六年までに米国は配備前の準備に四〇〇億ドルを支出していた。ソ連がそれに対抗することを余儀なくされれば、その費用はすでに切迫していた経済にさらに負担をかけることが予想された。一九八六年のソ連政治局決議は、米国が経済的、軍事的圧力でソ連を消耗させようと試みていると非難した。レーガンの国家安全保障顧問ロバート・マクファーレンは一九九三年の回想録で、S

DIプログラムはソ連を破産させることを目的に採用され、その目的は達成されたと書いている。

ソ連では一九八五年三月にゴルバチョフ政権が誕生し、こうした手詰まり状態を打開し経済的活路を見出すため、ペレストロイカ（改革）とグラスノスチ（公開）を推進するとともに、「新思考外交」を開始した。ゴルバチョフは対米外交では、軍縮と米ソ関係改善を求め、これに呼応してレーガン政権も第二次冷戦から新デタントへと政策を転換してゆくようになる。

一九八六年十月にアイスランドのレイキャビクで米ソ首脳会談が行われ、レーガンとゴルバチョフは戦略核兵器の大幅削減とINF問題の処理に関してほぼ合意に近づいた。ただゴルバチョフは、この合意と交換条件にSDIの放棄を強く求めたが、レーガンはSDI継続の路線は頑として譲らず、核兵器の削減合意は最終的に成立しなかった。レーガンはこの成り行きに「わくわく」した。しかしゴルバチョフが「もちろんすべてはあなたがSDIを諦めるかどうかにかかっている」と語ったとき、レーガンは「まるでお気に入りの子供を噴火している火山に放り込めといわれたかのような反応をした」[21]。会談は即座に終わりになったが、それでも状況は明らかに好転した。

一九八七年十二月にワシントンで開かれた米ソ首脳会談では、レイキャビク会談で原則合意されていたI

中距離核戦力全廃条約（INF条約）に調印するレーガンとゴルバチョフ（1987年12月）

NF問題で、INF全廃条約の最終合意に漕ぎつけ、条約が調印された。核軍拡競争が恒常化していた米ソ関係において、INFという特定の分野に限られてはいるが、一度配備した核兵器を全廃する条約が始めてまとまった。ゴルバチョフは「ゼロ・オプション」を受け入れ、「米国が望んだことの一二〇パーセント」を与えることで交渉の主導権を握った。[22] レーガンとゴルバチョフの間の和やかさが交渉をスムーズにした。「私がゴルバチョフに、われわれは手持ちのカードをテーブルに並べるべきだと言ったら、彼はビザカードとマスターカードを取り出したんだ」と後にレーガンがジョークを言ったほどである。[23]「われわれはアフガニスタンから撤退する」とエドゥアルド・シュワルナゼ外相は約束した。気むずかしやのアンドレイ・グロムイコ外相と比べて有り難い変化だった。[24]

INF条約調印を契機に米ソ関係は急速に改善され、冷戦終結へとつながった。冷戦終結を挟んで、他の軍備管理分野でも交渉が進展し、一九九〇年十一月に欧州通常戦力（CFE）条約の調印、九一年七月には第一次戦略兵器削減条約（STARTⅠ）の調印が行われた。

競争から和解への移行は、ゴルバチョフとレーガンの間の友好的な人間関係によりさらに促進された。両指導者は深く根ざすイデオロギー的な違い、超大国である相手国に対する不信を持って権力の座についた。イデオロギー的な競争関係を解消する見通しはなかったが、両指導者は首脳会談外交の過程を通じて互いを尊敬しあうようになった。一連の首脳会談を通じて、共通の利益および相互に利益になる合意の機会に対する認識が徐々に生まれるようになった。その結果、圧倒的な不信感に満ちた冷戦の特徴は徐々に、盲目的信頼ではなく約束は守られるという証明に裏付けられた信頼に変わっていった。[25]

◉――中東軍事介入

レーガン政権の中東、中南米への外交政策は、同地域の紛争が、ソ連とその従属国が共産主義世界帝国の境界線を押し広げる結果生じたものとしてとらえられた。とくにレーガン政権時代の中東では、第二次大戦以前からのアラブ・イスラエル紛争と、先進工業国のペルシャ湾岸地域の石油へのアクセスが二つの大きな課題になった。ペルシャ湾岸地域の石油供給問題では二重の脅威が存在した。第一に産油国の石油供給中断、輸出禁止の可能性があった。第二にソ連が同地域で戦略的な支配権を得て、西側の首を絞める可能性があった。レーガン政権が最も懸念したのは後者の可能性だった。レーガン政権は、ヘンリー・キッシンジャー、ジミー・カーターにより確立された交渉の枠組みに依存する形でこれに対応した。しかしキャンプ・デービッド・プロセスは、PLO、シリアがイスラエルの存在権を認めるのを拒否し、ベギン政権が強硬な政策を続け、さらにサダト・エジプト大統領が暗殺された結果、行き詰まり、崩壊した。このため、レーガン政権は中東紛争に軍事的に直接介入するようになる。[26]

ジェームズ・E・ダガーティ、ロバート・L・ファルツグラフ・ジュニア共著『米外交政策―FDRからレーガンまで』は、レーガンの中東政策について次のように解説している。[27]

レーガン政権の中東へのアプローチは最初、イスラエルの〝戦略的資産〟（一九八〇年の選挙戦で使用された言葉）としての重要性とできるだけ多くのアラブ諸国を抱擁する〝戦略的コンセンサス〟の追求を中心要素に据えていた。ペルシャ湾における米国益の代理人としてイランのシャーに依存した悲惨な経験の後、重要な利益のために地域に展開されうる米軍事力に代わるものはないことが認識された。このため、レーガン政権は前任者以上に、海軍力の構築、カーター政権下で始まった緊急展開部隊（RDF）の強化を強調した。

一九七七年にCIAは報告書をまとめ、一九八〇年代初めまでにソ連は石油不足に苦しむようになり、ペルシャ湾の油田を欲しがるようになると警告した。ソ連はアフガニスタン侵攻に続き、ホメイニ革命のただ中にあるイランに勢力を伸ばし、シリア、イラク、南イエメンへの影響力を活用して、サウジアラビアはじめ保守的な湾岸諸国に圧力をかけるようになる恐れがあるとされていた。ソ連は湾岸諸国の油田を支配下に置き、ホルムズ海峡の閉鎖により西側を窮地に追いやるのではないかと予想された。これに対して、カーター政権はRDFを組織し、三十日以内にイランに二万人の軍隊を派遣できると見積もられた。しかしソ連は一〇万人の軍隊を動員できると見られていた。国防総省は一九八三年までには、三十日以内にペルシャ湾地域に二〇万人の軍隊を派遣できることを明らかにした。レーガン政権は一九八〇年代末までにRDFを四四万人にまで増強する計画を立てた。国防アナリストであるMITのW・W・カウフマンの一九八三年の見積もりによると、ペルシャ湾を防衛するためには最低限、航空母艦二隻、護衛艦五〇隻、揚陸艦六〇隻、九個師団、三六飛行中隊を必要とし、五〇〇〇億ドル以上のコストを要するというものだった。[28]

しかし現実には、ソ連はアフガニスタンでの戦闘に縛られてイランやホルムズ海峡にまで手を伸ばす余裕はなかった。ソ連は一九八三年までにはアフガニスタンに一〇万五〇〇〇人の軍隊を投入していたが、西側アナリストの見積もりでは戦況を有利に進めるためにはその倍の軍隊を必要とした。[29] また一九七〇年代からの一連の石油危機を通じて、先進国は中東石油への依存を減らす努力をし、このためOPEC（石油輸出国機構）の影響力は後退していった。

◉――アラブ・イスラエル紛争

米国の目標という観点からレーガン政権を理解するには、同政権のアラブ・イスラエル紛争への政策においても、ソ連が同地域内における紛争の究極的源泉であるという概念が重要である。レーガン政権は当初、ヘイグ国務長官の言葉を借りれば、地域におけるソ連の影響力とパワーに敵対する戦略的コンセンサスを醸成しようとした。[30] レーガン政権はこの政策を進めるために、イスラエル、アラブ諸国両方に対して軍事援助を進めた。この政策は、サウジアラビアにF15戦闘機を改善するための装備を売却し、空中警戒管制機（AWAC）五機を提供することが含まれていた。同時に、同政権は合同演習、イスラエルの医療物資備蓄、合同安保企画などを含むイスラエルとの戦略的協力に関する合意を追求した。これらの措置はソ連に敵対する措置としては妥当に見えたが、情勢が悪化する地域の状況においては、イスラエルとアラブ諸国は懐疑的に反応することが予想された。

政権初期においては、レーガンはイスラエルについてカーターほど批判的ではなかった。レーガンは、占領下のアラブ領土における新しいユダヤ人の入植を弁護し、一九八二年四月のイスラエルのベギン首相への書簡で、イスラエルの軍事的優位を維持する手助けを約束した。しかしレーガンは、イスラエルの反対を押してアラブ諸国に高度な兵器を売却し続けた。レーガンはエジプトにも大規模な経済、軍事援助を提供した。米イスラエル関係はすぐに困難な状況になった。一九八一年六月八日、イスラエルが米製ジェット機を使ってイラクの原子炉を破壊する奇襲爆撃を実行した時、米国はイスラエルを攻撃者として非難する決議案を安全保障理事会に提出した。ワインバーガー国防長官も、同年十二月のイスラエルのゴラン高原の併合を〝挑発的〞と呼び、レーガンはその併合を非難する国連総会の表決を全会一致にした。

イスラエル、シリア、PLOは、シリアとPLOが支配を強化しようとしていたレバノンの戦略的情勢に焦点を当てた。イスラエルの戦略的関心はアラブ世界全体に及んだ。このことは一九八一年六月のイラク原子炉爆撃・破壊で劇的に明らかだった。イスラエルはイラクが原子炉を通じて核兵器を保有する寸前にあったと主張した。イスラエルとエジプトとのキャンプ・デービッド合意により、イスラエルはエジプトとの軍事対立を心配しなくてもよくなり、イスラエルの優位な軍事力を他のアラブ諸国に全面的に向けることができる立場にあった。これがイスラエルのベギン政権の態度を強硬なものにした。さらに一九八一年十月六日のサダト・エジプト大統領の暗殺により、キャンプ・デービッド・プロセスがイスラエルの行動を抑制するというレーガン政権の希望は消え去った。レーガン政権はイスラエルの行動を抑制するうえで限界に直面していた。それでもイスラエルに対する武器援助を継続した。

当時レバノンは、内戦、PLOとシリア軍の進入、政治的魂胆で群雄割拠状態にあり、異端キリスト教マロン派のレバノンフォース、イスラム教民兵アマル、PLO、南レバノン軍、シリア軍などが入り乱れ、無政府状態になっていた。

イスラエルの北の小国レバノンの国民は貧困なイスラム教徒の多数派と効果的な政府を維持できない比較

的裕福なキリスト教徒の少数派に大きく分裂していた。イスラム教徒そのものも対立する派に分裂し、あるものはシリアあるいはイランと同盟していた。これらのグループは各々別個の民兵という武装勢力を維持し、その間、戦闘が頻発しレバノンを破綻状態にしていた。隣国シリアは、レバノンはシリアに属するべきだと主張し、「秩序を回復」するために部隊を派遣した。パレスチナ難民の数が増え、そのほとんどは南レバノンに定着し、そこで別個の軍隊を維持し、時々イスラエルに対するテロ攻撃あるいはロケット攻撃を実行したことも不安定性を増大させた。それに対して、イスラエルは難民の定住地を爆撃することにより報復した。

◉――第六次中東戦争

こうした背景のもとに、イスラエルは一九八二年六月六日、レバノンにいるＰＬＯからの越境ゲリラ攻撃を防ぐために、レバノンに三万人の軍隊を送り込み、ＰＬＯを掃討する作戦に出た。第六次中東戦争が始まった。[31]レーガンはイスラエルに侵攻を止めるよう求めたが、多くの人はレーガンが暗黙の支持を与えたと考えた。侵攻の一カ月前の一九八二年五月にイスラエルの国防相がヘイグ国務長官を訪問したが、同長官はレバノン内戦を終結するための「国際行動」を呼びかけ、イスラエルに青信号を送ったように見えた。ヘイグはそれが平和のための新しい有用な機会を生み出したと述べ、米国はイスラエルの西ベイルートからの撤退とすべての国のイスラエルへの武器援助停止を求める国連決議案に拒否権を行使した。

イスラエル軍は一週間以内にＰＬＯの本部があったベイルートを包囲するところまでいった。イスラエル軍は、シリアの所有するＭＩＧ２１、ＭＩＧ２３戦闘機七九機、地対空ミサイル（ＳＡＭ）基地一九を破壊し、

PLOの七〇〇〇人の部隊とシリア軍二〇〇〇〇人を孤立させた。レバノンはアラファトPLO議長に退去を要請し、一九八二年八月二十一日、アラファト議長は米国の仲介でベイルート放棄を決定し、PLOがベイルート以南から掃討されることになって、PLOとイスラエルは停戦した。

イスラエルは不承不承、停戦に合意した。イスラエルの行動は直ちに、レーガン政権が受け入れうると考えるレベルを超えるようになった。とくにヘイグに代わってジョージ・シュルツが国務長官になった後はそうだった。アラブ民間人の殺害が過剰になったように見えたとき、ワシントンはクラスター弾の売却を停止し、イスラエルのベイルート爆撃に対する反対を表明した。イスラエルが停戦を破ってベイルートの非軍事地域に対する激しい攻撃を開始したとき、レーガン大統領はベギンに電話して激しい憤りを表明した。レーガンは後にその攻撃について、自分やホワイトハウスの他の人々を辟易させた残虐な攻撃と呼んだ。国連総会は一二〇対二の表決で、イスラエルに対する制裁を求めた。こうした圧力を受けてイスラエルは、PLOのヤセル・アラファト議長をはじめ生き延びたPLO部隊が海路でベイルートを立ち去ることを許す停戦に合意した。米国は八〇〇人の海兵隊を上陸させてフランス、イタリアの軍隊に合流させ、一万人以上のPLO戦士の避難を監督した。この撤退は九月までに完了した。

しかしレバノン内戦はその後も継続し、PLOが掃討された後に新たにレバノン大統領になったバシル・ジェマイエルが一九八二年九月十四日、シリア情報部の工作員によって仕掛けられた爆弾で暗殺された。

レーガン大統領は九月十一日、ヨルダン川西岸のパレスチナ人自治政府、西岸のユダヤ人入植の凍結、エルサレムの最終的帰属をめぐる交渉などを含む独自の和平案を提案した。しかしアラブ諸国指導者、海外のユダヤ人指導者はこの提案を有用と考えたものの、イスラエル内閣は提案を拒絶した。

第六次中東戦争で、シリア軍は大きな打撃を受けたが、一年以内にソ連がシリア軍の軍備を回復させ、五〇〇〇人から七〇〇〇人の軍事顧問を派遣してシリア軍を訓練し、ソ連のより新しい防空システムを運用した。

一九八三年四月十八日、ベイルートの米大使館に自動車爆弾による自爆テロが行われ、六三人が死亡し、一二〇人が重軽傷を負った。イラン人テロリストが犯行声明を出した。一九八三年十月二十三日には、ベイルートの米海兵隊兵舎に対して爆弾を満載したバンによるテロ攻撃が実行され、二四一人の米海兵隊員が死亡した。

一九八三年十二月三日には、シリア軍が米軍機に発砲し、米軍は翌日、地中海上からF14戦闘機を発進させてシリア軍を攻撃した。しかしシリア軍の対空砲による反撃で、米戦闘機二機が撃墜された。米軍の被害が増えるにつれ、米軍は一九八四年二月二十六日にレバノンから撤退した。

レーガン政権発足当初から、米国とリビアの関係は良好ではなかった。一九八六年四月初めにはベルリンのディスコで爆弾が爆発し、米軍兵士一人が死亡し、六三人が負傷した。レーガン大統領は、この爆弾テロへのリビアの関与を示す証拠があるとし、リビアに対する報復武力行使を指示した。一九八六年四月十五日、米国はリビアの地上の標的に対して一連の空爆を実施した。これはリビアのカダフィがテロ活動を支援するのを抑制することを意図したものだった。

レーガン政権二期目には、クウェートをめぐるイランとの対立が先鋭になった。イラン・イラク戦争でクウェートがイラクを支援した時、イランはクウェートの海上封鎖を宣言し、クウェート石油を運搬する船舶を砲撃した。一九八七年、ソ連はクウェートに三隻のタンカーを貸与し、クウェートの船舶を保護するための助けを申し出た。ペルシャ湾へのソ連の影響力の展開を防止するため、ホワイトハウスはクウェートのタンカーに米国旗を掲げるのを許可することにより、米国の保護を提供することを申し出た。米国は護衛のためにもっと多くの戦艦をペルシャ湾に派遣した。イランは米国がペルシャ湾での海軍力のプレゼンスを拡大していると非難し、国際海域に機雷を敷設し、数隻の米艦船を破損させた。一九八七年十月、イランのミサイルが米国旗を掲げるクウェートのタンカーを攻撃した後、米国はイランの石油積み出し施設を砲撃し、すべての中立の輸送に保護を提供した。イランとの緊張は一触即発の状態だった。一九八八年七月、イラン領海を非合法に航海する米艦船の神経過敏になった乗員がイランの民間航空機を誤って撃墜し、乗員乗客二九〇人全員を殺害した。レーガンは深い遺憾の念を表明した。事件の恐怖は、事故が戦争を生み出しうる危険をすべての人に想起させた。イランは海上に機雷を敷設するのを停止し、米国は一部の船舶を撤収し、石油タンカーの航行が再開され、危機は去った。

◉——日米、米中の相克

日本は第二次大戦後、しばらくは米国の軍事的保護下にあった。占領時代を経験した。独立回復後、日本の経済力が目覚しく成長するにつれ、安全保障問題において日本が果たす役割も増大してきた。日本の経済は急速な成長を続け、一九六〇年から八八年の間に年平均六パーセントの割合で成長が続いた。人口一人当たりのGNPは一九四六年の一七ドルから八七年の一万三〇〇〇ドル（米国は一万八〇〇〇ドル）に増え、西欧の数カ国を超えた。第二次大戦勃発時のGNPは米国の一〇パーセントにすぎなかったが、一九八八年には五〇パーセント近くになり、ロシアと世界第二の座を競うまでになった。レーガンは一期目に二度、日本が「自発的に」米国への輸出を規制するよう強い態度に出た。最初は就任一年目のことで自動車関連、二回目は繊維関連で再選直前のことだった。これらのシーリングはレーガン大統領任期中ずっと適用され、後に鉄鋼および工作機械の米国への輸出規制が加わった。日米貿易摩擦が常態化していく。

日本経済の拡大、日米貿易不均衡の拡大で、貿易摩擦が起こってきたが、安全保障面でも摩擦が生じた。「ある摩擦が起こってきた。在日米軍は犯罪を犯し、乏しい土地を占用した。日本は嫌悪の対象である核兵器を排除しようとしたが、米国はその願望をいつも尊重はしなかった。一部の日本人はベトナム戦争に強く反対し、独自の外交政策を追求できるように核兵器開発を主張した。米国は日本に軍事力を増強することにより、より大きな防衛費を分担し、在日米軍駐留費用の分担を従来の四四パーセントから引き上げるよう圧力をかけた」[32]。レーガン大統領は、冷戦の高まりの中で日本の戦略的役割の重要性を認識し、日本の防衛分担の拡大を求めた。一方中曽根康弘首相は国際国家日本という国家的目標を掲げ、対米重視政策を実行した。レーガンと中曽根は、それぞれロン、ヤスという愛称で呼び合う個人的親交を深め、日米関係の絆を強めた。戦後最良の日米関係と言われるゆえんである。

一九八〇年大統領選で、レーガンは中華民国を承認し直すことを公約し、就任後は台湾への武器売却が増大した。しかしレーガンはすぐに、共産中国と協力する用意があることを、予想外にも示した。これは、すべての共産主義者がモスクワの悪の代理人であるという立場のイデオロギー的純粋性からの逸脱だったとも指摘される。レーガン大統領就任後六カ月以内に、ヘイグ国務長官はイデオロギーよりも現実政治を優先し、ソ連の脅威を考えると、共産中国とのより良好な関係が肝要であると述べた。ヘイグは中国を訪問した際に、世界のあらゆる場所における両国の目標は同一でないとしても類似していると語った。一九八一年六月にレーガンは貿易に対する制限を解除し、九月には米国の教授が中国の大学で歴史、政治学、法学を教える文化交流合意に署名した。一九八八年までには約五万人の中国人学生が米国で入学した。信じられないことだが、レーガンはこの世界最大の共産主義独裁国家に武器の売却を開始した。

米中関係は一九八〇年代に、中国の鄧小平の一連の改革により大きな変化を遂げつつあった。また中国と台湾の緊張関係も緩和されてきていた。一九八四年四月、レーガンは共産主義国への初訪問として中国を訪問した。かつて西側では最悪の形態の共産主義と批判された人民公社を見せられ、素晴らしいと思うと感嘆した。鄧は米企業に中国で原子力発電所の建設を許し、両国の新しい友好関係が成熟し繁栄することへの希望を表明した。米中間には、米国の中東政策、中南米政策、アフリカ政策などをめぐる意見の違いもあったが、米中協力が優先され、関係改善が進んだ。

近年の大統領で比較的に公衆の信望が高く、職務的前評判が低い状態から出発したのは、第三十九代大統領ジミー・カーター（一九七七―一九八一年）と第四十代大統領ロナルド・レーガン（一九八一―一九八九年）である。カーターはウォーターゲート事件で米国が混乱した状況下で、アウトサイダーとして大統領選を戦い、新鮮なイメージを与えた。その意味で、カーターへの公衆の信望と期待は高かった。しかしワシントン政界の門外漢であり、職務的な評判、期待は低かった。レーガンもイデオロギー重視の極右主義者というイメージがあり職務的評判が低かったが、米国民の保守化の波に乗り、またカーター政権下の経済悪化に嫌気がさした国民の支持を得たという点で、公衆の信望は高かった。

カーター大統領の場合、ワシントン通のウォルター・モンデールが副大統領だったものの、ワシントン政界には馴染まず、ワシントンに信頼できる友人やコネもほとんどなかった。また大統領のリーダーシップにナイーブな考え方をもち、人間関係も下手で、結果的に議会、官僚に嫌われた。また外交面では、国際政治の現実を無視した理想主義的な人権外交を打ち出し、共産圏に対してもナイーブな対応をして、挫折してしまった。これに対してレーガン大統領は、ワシントン政界に対しては門外漢だったが、有能な閣僚やスタッフを多く登用し、日常的な政策決定、運営を中核スタッフに委任した。レーガン自身は、持ち前の卓越した弁舌力と説得力で、国民の前に外交と内政のビジョンを提示し、米国民から自分の政策への支持を集めることに成功した。カーターの場合はそのリーダーシップ能力の弱さのために、レーガンの場合はリーダーシップ能力の強さのお陰で、それぞれ大統領として失敗、成功が分かれた。

予想されたことだが、八年間にわたるレーガンの外交政策処理は多様な見解を生み出した。レーガンは結局のところ、米国を巨額の財政赤字に追い込み、経済を修復し教育を改善して国際市場で必要な競争力をつけることを怠ったために、米国の力と権威を低下させたといえるのかもしれない。保守系のコラムニストであるジョージ・F・ウィルは、レーガンは「安心を与えてくれた偉大な大統領の一人であり、乗客そして時には海までも静めてしまう落ち着いた船長だった」が、レーガンの「おおらかさは麻薬性で、地平線の向こうの危険に対する国の感覚を麻痺させるところがあった」と述べている。[33] 退任演説で、レーガンは「米国は再び世界で尊敬され、リーダーシップを待望されている」と陽気に宣言した。[34] レーガンが「将来に向けて時を刻む時限爆弾をいくつか仕掛けていった」と言うものもいる。[35]

マイケル・マンデルバウムは、レーガンは「幸運な大統領だった」という結論を打ち出した。[36] ロバート・タッカーは、これらの批評家全員がその主張を誇張し、的外れな意見を述べていることを示唆している。[37] レーガンは幸運だったかもしれないが、同時に米国の国力衰退の流れを逆転させ、国際政治におけるその力の信頼性を回復し、ソ連の影響力拡大を阻止するという外交政策上の主要目標を巧みに実現した。

◉Endnotes

1 Wesley M. Bagby, *America's International Relations since World War I* (New York: Oxford University Press, 1999), pp.331–322.
2 *Baltimore Sun*, March 19, 1981, p.4.
3 *New York Times*, January 2, 1981, p.1.
4 Ronald Reagan, Address before a Joint Session of the Congress on the State of the Union, February 6, 1985. http://www.reagan.utexas.edu/archives/speeches/1985/20685e.htm
5 Walter LaFeber, *Inevitable Revolutions*, 2nd ed. (New York: Norton, 1993), p.276.
6 Doug Stokes, "Countering the Soviet Threat?" *Cold War History*, 3 (April 2003), p.82.
7 William M. LeoGrande, "A Splendid Little War: Drawing the Line in El Salvador," *International Security*,vol.6, No.1 (Summer 1981), p.27.
8 *Ibid.*, p.45.
9 "Haig Cites 'Hit List' for Soviet Control of Central America," *New York Times*, March 19, 1981.
10 Bob Woodward, *Veil* (New York: Simon & Schuster, 1987), p.281.
11 David C. Newsom, *The Public Dimension of Foreign Policy* (Bloomington: Indiana University Press, 1996), p.86.
12 Johanna Neuman, *Lights, Camera, War* (New York: St. Martin's, 1996), pp.207–208.
13 Robert Parry and Peter Kornbluh, "Iran-Contra's Untold Story," *Foreign Policy*, 72 (Fall 1988), p.3 and p.16.
14 Pete Williams, "Ground Rules and Guidelines for Desert Shield," in Hedrick Smith, ed., *The Media and the Gulf War* (Santa Ana, CA: Seven Locks Press, 1992), pp.4–12.
15 James M. McCormick, *American Foreign Policy & Process*, 3rd ed. (Itasca, IL: F. E. Peacock, 1998), p.531.

16 Ronald Reagan, "Korean Airline Massacre," Department of State Currency Policy, No.507, September 5, 1983.

17 *New York Times*, December 9, 1996.

18 "Abroad At Home: The President's Fantasy," *New York Times*, March 27, 1983.

19 David Wirls, *Buildup* (Ithaca: Cornell University Press, 1992), p.149.

20 Deborah H. Strober and Gerald S. Strober, eds., *Reagan* (Boston: Houghton Mifflin, 1998), p.128.

21 Ronald Reagan, *An American Life* (New York: Simon & Schuster, 1990), p.675 and Jack F. Matlock, *Autopsy on an Empire* (New York: Random House, 1995), p.97.

22 Carolyn M. Ekedal and Melvin A. Goodman, *The Wars of Eduard Shevardnadze* (University Park: Penn State University Press, 1997), p.xix.

23 Walter LaFeber, *America, Russia and the Cold War, 1945–2006* (New York: McGraw-Hill, 2006), p.325.

24 Leon V. Sigal, *Hang Separately* (New York: Century Foundation Press, 2000), p.91.

25 Jack F. Matlock Jr., *Reagan and Gorbachev: How the Cold War Ended* (New York: Random House, 2004), p.319.

26 James A. Nathan and James K, Oliver, *United States Foreign Policy and World Order*, 3rd ed. (Boston: Little, Brown, 1985), pp.454–455.

27 James E. Dougherty and Robert L. Phaltzgraff, Jr., *American Foreign Policy: FDR to Reagan* (New York: Harper & Row, 1986), p.361.

28 William W. Kaufmann, "The Defense Budget," in J. A. Pechman, ed., *Setting National Prioritie, 1984* (Washington DC: Brookings Institution Press, 1983), p.67.

29 Selig Harrison, "A Breakthrough in Afghanistan?," *Foreign Policy*, 51 (Summer 1983), pp.3–26.

30 Christopher Van Hollen, "Don't Engulf the Gulf," *Foreign Affairs*, 59 (Summer 1981), p.1067 参照。

31 International Institute for Strategic Studies, *Strategic Survey, 1981–1983* (London: IISS, 1983), pp.64–78 参照。

32 Bagby, *op. cit.*, p.346.

33 George F. Will, "How Reagan Changed America," *Newsweek*, 113 (January 9, 1989), p.13 and p.17.

34 Foreign Policy Association, *Great Decision 1990* (New York: Foreign Policy Association, 1990), p.16.

35 Terry Deibel, "Reagan's Mixed Legacy," *Foreign Policy*, 75 (Summer 1989), p.49.
36 Michael Mandelbaum, "American Policy: The Luck of the President," *Foreign Affairs*, 64 (Special 1985), pp.393–413.
37 Robert W. Tucker, "Reagan's Foreign Policy," *Foreign Affairs*, 68 (Special 1988), pp.1–27.

chapter 9

George H. W. Bush

冷戦の終結

ジョージ・H・W・ブッシュ George H. W. Bush

◉――二期八年間副大統領

第四十一代大統領（一九八九―一九九三年）ジョージ・ハーバート・ブッシュは一九二四年六月十二日、プレスコット・ブッシュとドロシー・ウォーカー夫妻の息子として生まれた。ブッシュ家は米国の中でも名門とされる家系で、先祖が英国王室に連なる家柄である。父親のプレスコットは著名な投資銀行ブラウン・ブラザース・ハリマンにいたこともあり、コネチカット州選出の共和党上院議員も務めた。

ブッシュは高校を卒業した後、米海軍に志願し、第二次大戦における最年少の海軍艦上攻撃機パイロットになる。一九四二年から太平洋戦線に従軍し、一九四四年マリアナ沖海戦で日本機銃撃により、また、一九四四年九月二日には小笠原諸島沖で父島地上砲台の対空砲撃で乗機を撃墜されたが、いずれも味方に救助されて生還した。航空殊勲十字章などの勲章を受章した。大尉まで昇進して退役し、エール大学に進学し卒業した。一九四五年一月六日にバーバラ・ピアスと結婚して六人の子供をもうける。長男のジョージ・ウォーカー・ブッシュはテキサス州知事を経て第四十三代大統領になり、次に生まれたポーリン・ロビンソン・ブッシュは三歳で白血病で死去。次男のジェブ（ジョン・エリス）・ブッシュはフロリダ州知事になった。あとは、三男がニール・マローン・ブッシュ、四男がマーヴィン・ブッシュ、末っ子がドロシー・ウォーカー・ブッシュ・コッチである。プレスコットが上院議員、その血を引くブッシュ親子がそれぞれ第四十一代、第四十三代大統領、ジェブ・ブッシュが州知事と三代にわたって大物政治家になっていることからブッシュ家はブッシュ王朝とも呼ばれることがある。親子が第二代、第六代大統領を務めたアダムズ家、父親が大事業家で息子のジョン・F・ケネディが第三十五代大統領になり、さらに弟のロバートとエドワードが上院議員になって大統領候補として有力視されたケネディ家と比較される。

ジョージ・ハーバート・ブッシュが政界に本格的に進出したのは一九六四年で、同年テキサス州で民主党の現職連邦上院議員ラルフ・ヤーボローに対抗して上院議員選に出馬したが、その年は民主党が選挙で躍進した年で、敗北した。ブッシュは一九六六年、六八年とテキサス州から下院議員に当選、再選され、一九七〇年にはヤーボローを破って上院議員になっていた民主党のロイド・ベンツェンを相手に上院選に再度挑んだが、敗北した。ブッシュは大統領になったリチャード・ニクソン、ジェラルド・フォードなどとの繋がりを大切にし、その引き合いもあって、共和党全国委員長、米国連大使、米中連絡事務所長（特命全権大使待遇）、CIA長官などの職を歴任した。ブッシュは一九八〇年大統領選挙に出馬し、ロナルド・レーガンのサプライサイド経済政策を「ブードゥー（呪術）経済学」と呼んで批判したが、指名獲得には至らなかった。レーガンにより副大統領候補に指名され、レーガン当選とともに一九八一年一月から副大統領としてホワイトハウス入りし、以後レーガン政権二期八年間にわたって副大統領を務めた。レーガン銃撃暗殺未遂事件の時に、「自分が責任者だ」と言ってでしゃばったアレクサンダー・ヘイグ（当時国務長官）と違い、レーガン大統領に対しては補佐役に徹したが、とくに外交、安全保障分野での知識と経験によりレーガンを助けた。

ブッシュはレーガン政権二期目が終わる一九八八年に大統領選挙に出馬し、民主党候補に指名されたマイケル・デュカキス・マサチューセッツ州知事を相手に全米四十州で四二六の選挙人を獲得して大勝し、一九八九年一月に二期目副大統領としてはジョン・アダムズ以来一九二年ぶりに第四十一代の大統領に就任した。

◉——政策の継続性

新任大統領としては、レーガン政権で八年間副大統領を務めたジョージ・ブッシュほどその職務上よく訓練された人物はほとんどいなかった。ブッシュの知識と経験を強調してしすぎることはないからである。ブッシュは国務長官に同じテキサス人であるジェームズ・A・ベーカー三世を選任した。ベーカーは企業弁護士で、レーガン政権の首席補佐官、財務長官、一九八〇年大統領選ではブッシュの選対委員長を務めた。ベーカー国務長官の「実務的」問題解決能力はその「調整」能力にある、とマーガレット・サッチャー元イギリス首相は述懐している。[1] ソ連のエドワルド・シュワルナゼ外相は、初めての会談の後に「一緒に仕事をやり遂げることのできる人物だ」とベーカー評を語っている。[2] ブッシュ同様保守的なベーカーは、機をみて前もって政策課題をこなすというよりは、手元にある目の前の仕事から対処することを好んだ。国家安全保障担当補佐官には元空軍中将のブレント・スコウクロフトを選任した。スコウクロフトはコロンビア大学から国際関係論で博士号を取得しており、ヘンリー・キッシンジャーのスタッフ、フォード政権の国家安保担当補佐官を務めた。スコウクロフトはベーカーそして後任のローレンス・イーグルバーガーとは円滑に仕事をこなし、レーガン前政権のような内部不和が顕在化することはなかった。「角がなく敵もほとんどいない」かつての空軍中将スコウクロフトは、政策立案者というよりは、まとめ役、仲介人、調整者の役を務めた。[3]ベーカーはほとんど外交経験がなかったが、ブッシュはベーカーに外交における大幅な自由裁量を与え、ニクソン政権とは対照的に国家安全保障会議ではなく国務省が外交を主導する役割を果たした。また、スコウクロフトは時としてより慎重な物腰のどちらかと言えば冷戦主義者だったが、レーガン政権に比べてブッシュ政権では内部対立がはるかに少なかった。

ベーカー国務長官の卓抜した存在感とブッシュ大統領との緊密な個人的関係を考えると、スコウクロフト国家安全保障担当大統領補佐官のプロセス支配能力に疑問をもつむきもある。しかし、かつてフォード大統領のもと国家安全保障担当補佐官を務めた実績および官僚政治における経歴を考えると、スコウクロフトはかなり巧くやったといえる。注目を浴びることを求めず、概して高い評価を得たスタッフをまとめあげ、即座に広範な米国の諸政策の再調査に乗り出した。議会対策や外遊といった外交政策の広報的側面の多くをベーカーに任せていたスコウクロフトは、結局のところ、外交政策のヒエラルキー（階層制度）においては、米外交政策の主要な鋳造者であり、米外交政策を「動かし、揺さぶっている」張本人とされた。[4]

ブッシュ大統領はスコウクロフト国家安全保障担当補佐官、スヌヌあるいはスキナー大統領首席補佐官、ベーカー国務長官、チェイニー国防長官、パウエル統合参謀本部議長らからなる「小さい非公式の諮問プロセス」に依存した。これらの側近は、大統領への忠誠心、静かなチームワークを重視した。これは、シュルツ国務長官、ワインバーガー国防長官の対立などが継続したレーガン政権とは対照的だった。さらにブッシュ大統領は、こうした主要閣僚の非公式諮問体制を中心に、国防総省、国務省、国家安全保障会議、その他の省庁などをまたぐ国家安全保障会議の省庁間委員会で公式の外交政策立案、調整メカニズムを形成した。具体的には、スコウクロフト補佐官を中心にした閣僚レベルのNSC長官委員会（PC）と国家安保担当次席補佐官を中心にしたNSC副長官委員会（DC）が、政策調整の責任を担った。PCとDCのもとに、一連の省庁間ワーキング・グループ（別名、政策調整委員会、PCC）が政策オプションの形成、政策実施の監督・調整のほとんどの実務をこなした。これらのワーキング・グループ（WG）は、地域別と機能別に組織され、地域別WGは各地域担当の国務次官補により、機能別WGは国防、財務などの次官補によりそれぞれ統括された。これらのメカニズムは、大統領の外交政策への統制力を強化するためのものだった。[5]

レーガンが国際問題に関して個人的経験をほとんど持たないイデオロギー主義者だったのに対して、ブッシュは中央情報局長官、米中国大使、国連大使などを務めたプラグマティストだった。一九八八年大統領選でブッシュが米国民に約束したのは、レーガン政権につきまとった行き過ぎやつまずきのないかたちで、全体的政策の継続性を保つことだったと指摘できる。[6]

ブッシュ政権は就任当初、過去のラテンアメリカ政策を徐々に転換していった。大統領自身は北米特有の伝統的なラテンアメリカ観を持っており、レーガンの干渉主義に基づく行動の残務処理、未処理問題に携わった。ブッシュはレーガンの中米政策の二つの不安定要因を取り除いたとされる。一つは、ニカラグア反政府勢力（コントラ）への秘密軍事援助をめぐる騒動で、ブッシュは軍事援助を議会に要求することを止め、一九九〇年のニカラグア大統領選挙を中心に外交、経済援助を展開した。ブッシュはこの選挙でサンディニスタ政権の候補が勝利することを予想していたが、予想に反して、民主勢力を代表するビオレッタ・チャモロが大統領に当選した。もう一つはパナマ問題で、CIAエージェントとして活動した元米同盟者マヌエル・ノリエガが米国に公然と反旗を翻すようになったことだった。レーガン政権はパナマに対する武力行使の賢明さについて意見の一致を見ることができず、経済制裁を課した一九八八年までは状況を変化させる努力はほとんどなされなかった。レーガン政権時の一九八八年二月、マイアミ連邦大陪審はノリエガを麻薬密輸容疑で起訴し、引き続き米政府は経済制裁を実施、米国とパナマの関係は悪化していた。

ブッシュは麻薬撲滅を政策の一つに掲げていたが、パナマは当時ノリエガ将軍の軍事独裁下で南米と北米を結ぶ麻薬の中継点として麻薬取引、麻薬収益のマネーローンダリングにも関与していた。ブッシュは一九八九年十二月二十日、パナマのノリエガ将軍の軍隊が米海軍士官夫婦など米軍将兵を虐待したことへの報復として、麻薬撲滅、米国民保護、パナマ運河における米国の権益保護という大義名分を掲げて、二万四〇〇〇人の米軍によるパナマ進攻作戦を実施した。ノリエガ将軍率いるパナマ国家防衛軍と米軍の間で激しい戦闘があったが、米軍はパナマシティを占領した。ノリエガ政権は崩壊し、一九八九年五月の選挙で大統領に当選したがノリエガにより選挙結果を無効にされたギジェルモ・エンダラが新たにパナマ大統領に就任した。その後、パナマ国防軍は解体され、国家警察隊、海上保安隊、航空保安隊で構成される国家保安隊に再編された。一九九〇年一月にノリエガは米軍に投降し、米国に身柄を移送され、九二年四月のフロリダ州マイアミ連邦地裁での裁判で麻薬密売容疑などで有罪判決を受けて四十年の禁固刑を宣告された。

◉――冷戦終結

ブッシュは、強い米国の復活を求めたいわば富国強兵政策を進め、ソ連を軍事的、経済的に追い詰めたレーガンの後を引き継いで、冷戦を終結させた。一方ソ連ではゴルバチョフの改革路線で米ソ関係が大きく転換する機会が訪れていた。ソ連では民主主義と自由市場への動き、帝国の解放、西側との関係改善が加速した。冷戦はソ連の東欧諸国支配に対する抵抗で始まった。一九四七年のトルーマン・ドクトリンが想起される。そして一九八九年初め、ゴルバチョフは東欧からソ連の戦車と軍隊を撤退させ始め、同地域の国々が厳格な共産主義支配から自由化された共産主義あるいは非共産主義政権に移行するのを、明らかに容認し静観した。一九八九年六月には、ゴルバチョフは東欧の変化を感動的と呼び、東欧諸国に介入する権利を放棄し、ブレジネフ・ドクトリンを否定し、それをある高官が言うところのシナトラ・ドクトリンに置き換えた。フランク・シナトラのヒット曲「マイ・ウエイ」にちなんで、国々に自国の好きな方法でやっていいということを意味した。一九八九年五月十二日、ブッシュは戦後米国の一貫した政策「封じ込め政策」からソ連の国際社会への統合追求に移行する時、平和の時が来たと述べた。

今や封じ込めを越え、九〇年代の新しい政策に向け踏み出すときにきた。……米国は今や、単にソ連の拡張主義を封じ込めることよりもはるかに大きな目標を持とうとしている。……われわれの最終目標は、ソ連を世界秩序に迎え入れることである。[7]

十月には、ベーカーが米国はペレストロイカ（改革）の成功を欲すると述べ、ソ連が経済改革を進めるために顧問と技術支援を提供することを申し出た。ソ連科学アカデミー米国カナダ研究所長ゲオルギ・アルバトフは米国がソ連に対する経済戦争を中止したと歓迎した。ゴルバチョフはブッシュとの早期会談を求めたが、ブッシュ大統領はすぐには対応しなかった。これは一部の人々にとって、ブッシュ大統領が劇的な事態の進展に対して傍観者の域をほとんど出ないように見受けられた。レフ・ワレサその他、ゴルバチョフの政治的立場を強めることを願う人々からの催促があって、ブッシュはついにロシアの指導者と会談することに同意した。その心を動かしたのは、同盟国との協議、東欧の変化の速度、そして何かを逸したくないという概念だった。

一九八九年十二月二日から三日、その秋の歴史的なベルリンの壁崩壊を受けて、ブッシュとゴルバチョフは地中海のマルタで首脳会談をしたが、ゴルバチョフは米国に対する先制攻撃はしないことを約束し、長期的な米ソ協力を推進する意思を表明した。これは冷戦終結への道を開いた重要な会談だったと見られている。一九九〇年七月の北大西洋条約機構（NATO）首脳会議では、NATOとワルシャワ条約機構が共同で互いがもはや敵同士ではないことを宣言し、正式に冷戦を終結させることを提案した。ブッシュとゴルバチョフは一九九一年七月三十一日にモスクワでの首脳会談で、それまで九年間にわたり交渉されてきた第一次戦略兵器削減条約（START1）に調印した。これはレーガン政権下の一九八七年に調印された中距離核戦力全廃（INF）条約以来の重要な核兵器削減合意だった。この条約は、米ソ各々が保有する戦略核弾頭総数の上限を六〇〇〇発、弾道ミサイルに搭載した核弾頭数を四九〇〇発、大陸間弾道ミサイル（ICBM）、潜水艦発射弾道ミサイル（ＳＬＢＭ）、戦略爆撃機などの戦略核運搬手段の総計を一六〇〇基に削減することを規定したものである。これらの削減目標を条約発効後七年で三段階を通して達成することとし、条約履行の査察・監視も盛り込んだ。さらに、ブッシュとエリツィンがＳＴＡＲＴ２条約に合意した一九九二年には、もっと大幅な削減が合意された。戦略兵器数は米国三五〇〇基、ソ連二九九七基にまで削減され、双方はさらにＩＣＢＭから多目標弾頭（ＭＩＲＶ）をすべて廃絶することでも合意した。

これにより、米ソはポスト冷戦時代に移行してゆく。ゴルバチョフが進めたペレストロイカ（改革）、グラスノスチ（公開）を軸にした体制改革は、ソ連に属していたバルト三国や他の共和国の独立をもたらし、同時にソ連に配備されていた戦略核兵器はいくつかの共和国に分散することになった。ブッシュはこれらの情勢変化のほとんどに対して、情勢を静観する政策で臨んだ。ＳＴＡＲＴ１条約調印から五カ月後にソ連が崩壊したため、ＳＴＡＲＴ２の条約当事国は、米国とロシア、ベラルーシュ、カザフスタン、ウクライナとなり、ＳＴＡＲＴ１条約批准は一九九四年までずれ込んだ。米ロ両国は二〇〇一年までに、ＳＴＡＲＴ１の弾頭数削減が終了したことを宣言した。

◉――ドイツ再統一

ゴルバチョフの改革努力に由来する外交政策問題は、一連の容赦ない波となってブッシュ政権を襲った。最初の波はブッシュが就任する数週間前の一九八八年十二月に到来した。国連の演説でゴルバチョフは、ソ連がヨーロッパ駐留軍を五〇万人削減すると一方的に発表した。次なる波はポーランドとハンガリーである。ポーランドで共産主義体制に対する焦点として一九八〇年代に出現した労働組合運動である「連帯」が一九八九年に合法化され、自由選挙が行われた。「連帯」は大勝利を収め、ポーランド新政府は市場ベースの経済改革の実行を誓約した。ハンガリーでは一九九〇年に共産主義支配が終結した。一九八九年に正式に解散され名前を変えた共産党は、一九九〇年の三月と四月に行われた自由選挙で大敗を喫した。ブッシュは一九八九年七月、ポーランドとハンガリーを訪問、欧州は今、自由と民主主義の諸価値に基づく東西融和と自由な全欧州の創造という歴史的転換期にあると演説し、それぞれの国への改革支援プログラムを発表した。[8]

ベルリンの壁崩壊・1961年に東西ベルリンの境界に築かれた壁がクレーンによって撤去された（1989年11月）

　さらに驚くべきは次の波だった。一九八九年の八月から九月にかけて、大量の東ドイツ人が国外へ脱出し始めた。この脱出には民主改革を求める大規模なデモが伴った。そして十一月、一九六一年から存在した東西冷戦を象徴していたベルリンの壁が崩壊した。多くの人々が冷戦終結の象徴だとする動きだった。同じ十一月、西ドイツのヘルムート・コール首相が二つのドイツを統合して一つの連合を結成することを提案し、翌年二月には、東ドイツ新首相が独自の再統一計画を提出した。フランス、イギリス、ロシアおよび米国の四つの「占領勢力」と東西両ドイツによる、いわゆる2＋4会談が五月に開催され、ドイツ再統一の枠組み合意に達した。一九九〇年十月、東西ドイツは正式に再統一され、一つの国になった。

次の波はソ連自体から到来した。一九四〇年に強制的にソ連に組み込まれたバルト諸国の一つリトアニアが、一九九〇年三月に独立を宣言した。ゴルバチョフはその動きを「不法かつ無効」とした。他の共和国がソ連を離脱しようとする動きを鈍らせ、ゴルバチョフの政治基盤を補強するために、ロシアと九つの共和国は、一九九一年四月に、より多くの自治を共和国に与える新たな連邦条約に同意した。同年八月十九日、この条約を調印することになっていた日の前日、「国家非常事態委員会」を名乗る、民間および軍部で強硬路線をとるゴルバチョフの対立者が権力を掌握しようと試みた。ロシア共和国大統領ボリス・エリツィンが政府内外から勢力を結集し、クーデターを阻止した。

ゴルバチョフは権力の座に復帰したものの、その政治力は大いに弱まり、独立への圧力は激化した。一九九一年末、ロシア、ベラルーシ、ウクライナの三共和国が、もはやソ連は存在しないと発表した。そして、ソ連に代わりに新しい独立国家共同体（CIS）が創設された。リトアニア、エストニア、ラトビアのバルト共和国とグルジアは共同体に加わらない道を選んだ。同年末の十二月二十一日、カザフスタンでの首脳会議でグルジアを除く十一共和国がCIS条約に調印し、十二月二十五日にはゴルバチョフもソ連大統領を辞任して、六九年にわたるソ連の歴史が幕を閉じた。

米国は冷戦に勝ったという見方を唱道する人々は、西側の政治、経済、軍事制度がソ連とその同盟国の制度よりももっと持続性があると主張した。さらに、米国が主導した封じ込め政策は圧力と忍耐をうまく組み合わせてソ連の能力を圧倒した。言い換えれば、封じ込めは、ジョージ・ケナンが五十年近く前に予言したような効果を発揮し、西側の抵抗の選別的適用を通じてソ連の拡張を防止した。[9]

米国の冷戦勝利は米国自体の経済的苦悩と時期を同じくしたが、米国はそれでも自国の全体的業績を誇るに足る理由があった。米国が西側同盟を率いた冷戦の約半世紀の期間に核戦争は勃発しなかった。ソ連の拡張主義の野望は牽制された。民主主義が台頭する国々の数は着実に増えていった。冷戦勝利後、米国政府は満足感にひたることなく、旧ソ連ブロックを経済的、政治的改革プロセスのパートナーとして引き付けようとした。このプロセスは共産主義封じ込めプロセスと同じくらい複雑かつ困難で、場合によっては危険だったが、欧州協力の領域を徐々に拡大し、二十世紀においてそれまで見られなかったほどの安定を生み出すことになった。[10]ポスト冷戦時代の到来である。

◉──湾岸戦争

冷戦終結後、米国はポスト冷戦時代の最初の主要な国際紛争に直面することになる。ブッシュ政権の外交政策の本質が明らかになった瞬間は湾岸戦争である。一九九〇年八月二日の夜明け前にサダム・フセイン大統領のもとでイラク軍が隣国クウェートに電撃的に侵攻し、米国をはじめ世界の国々を驚かせた。ブッシュ大統領はそれに対して、国連安全保障理事会に緊急安保理事会開催を要請し、また、米国内のイラク、クウェートの資産凍結を表明した。米国はフセインが次にサウジアラビアに侵攻し、世界の石油の四〇パーセントを支配するのを懸念した。米政府と同じくサウジアラビアのファハド国王も、イラクがクウェートの次にはサウジにも侵攻を試みるのではないかという不安を強め、米軍の支援を要請した。ブッシュは、イラク軍のクウェートからの即時全面撤退を要求し、米軍部隊をサウジアラビアなど湾岸地域に派遣することを含め、空爆、地上軍作戦の準備を一九九〇年八月から開始した。

イラクのクウェート侵攻から四日後、サウジアラビアのファハド国王からの要請に応えて、ブッシュは米空挺部隊二三〇〇人、ＡＷＡＣＳ機、Ｂ５２、Ｆ１１機を「砂漠の盾」作戦の一環としてサウジアラビアの油田を防護するために派遣した。サウジアラビアに派遣された米軍部隊は八月末までには一〇万人に達し、十一月には二〇万人を突破し、一九九一年初めまでには四〇万人に拡大することが予告された。一九九〇年八月二日にイラクがクウェートに侵攻した際、イラクに軍事顧問団と最大の武器供与を行ってきたソ連は、即時イラクとの軍事取引を停止した。米ソ両国は共同でイラクへの「武器供給の全面的遮断（中止）」を世界に訴えた。[11] ブッシュは湾岸危機のあいだ中、ゴルバチョフと電話で連絡を取り続けた。「テディ（セオドア）・ルーズベルトのようだと言われるかもしれない」とブッシュは湾岸危機の最初の数週間、一人瞑想にふけった。[12] ベトナム戦争を強く意識したパウエル統合参謀本部議長は、「可能な限り大規模で決定的な攻撃を行う必要がある」とアドバイスした。[13]

国連安全保障理事会は、イラクのクウェート侵攻「無効」を宣言し、経済制裁をイラクに課すとともに、イラク禁輸を維持するために船舶による臨検を実施する権限を米国に認めた。ブッシュは、国連を軸に欧州、アジア、中東などの同盟諸国への根回しを行い、国連安全保障理事会の武力行使容認決議を勝ち取った。この間、ベーカー国務長官は安全保障理事国を精力的に訪問し、国家元首や外相を直接説得し、ブッシュは十一月十九日、ＣＳＣＥ（全欧安保協力会議）でヨーロッパ諸国、ゴルバチョフの支持を取り付けた。一九九〇年十一月二十九日、国連安保理は加盟国に対して、イラクのクウェート占領を終わらせるために「必要なすべての手段を講じる」ことを許可する決議678を承認し、一九九一年一月十五日をイラクがクウェートから撤退する期限に定めた。決議678は賛成一一、中国が棄権、イエメンとキューバが反対して可決された。ブッシュは同盟国、友好国との外交協議を通じて、多国籍軍のための連合体制を構築していった。イラクは、聖戦を戦う好戦的姿勢と平和的解決への希望を表明する柔軟な態度を交互に示したが、国連安保理の決議には従わなかった。ブッシュは十一月の中間選挙が終わるまで、攻撃のための増強を発表しなかった。国連制裁により、イラクの輸入の九〇パーセント、輸出の九七パーセントが断たれていた。これに対しイラクは、もし米国がイスラエルを占領地から退去させられれば、クウェートからの撤退を考えると答えた。

一九九一年一月十二日、米議会上下両院はブッシュにクウェート解放、米国益保護のための対イラク武力行使を実行する権限を与える決議を可決した。同年一月十六日に「砂漠の嵐」作戦の名のもとに米軍を主力とする多国籍軍による空爆が開始され、空爆は約四週間継続した。多国籍軍は同年二月二十四日に地上軍による進攻作戦を開始し、クウェートのイラク軍防衛網を突破してクウェートシティーに向けて地上軍部隊を進撃させた。湾岸戦争で多国籍軍の総指揮を取ったノーマン・シュワルツコフ司令官は、卓越した作戦により短時間でクウェートからイラク軍を駆逐し、さらにバグダッドを包囲してフセイン政権を崩壊させる作戦へと進もうとした。しかしブッシュは米軍の死傷者を最小限に止めることへの配慮から、地上軍投入が開始されてからわずか一〇〇時間で停戦を宣言した。地上戦突入後わずか一〇〇時間で、イラクは国連の停戦案を受け入れた。クウェートは約七カ月ぶりに解放された。湾岸戦争は四三日というこれまでにない短い期間で終了した。大喜びのブッシュは「神にかけて、われわれはベトナム症候群をきっぱりと蹴飛ばした」と宣言した。[14] ブッシュはバクダッドに軍を進めサダム・フセインを捕捉しようとはしなかった。依然として敵意あらわなイランに対する緩衝地帯としてイラクをとどめておこうとしたからである。[15] ブッシュはイラク軍あるいは不満を持つバース党内の協力者がフセインを放逐してくれることを期待したが、イラク北部のクルド人と南部のシーア派が反乱を起こしたもののフセインに粉砕され、その期待もついえた。

国連安保理決議６８７によりイラクは、クウェート国境への不可侵、国境地域への国連平和維持軍の駐留、ミサイルを含むすべての化学兵器、生物兵器、核兵器の完全開示、大量破壊兵器廃棄への協力を受け入れなければならなかった。空中戦のあいだブッシュは、「われわれのピンポイント攻撃によって、フセインは以後しばらく核兵器製造ビジネスはできなくなる」と豪語した。[16] 多国籍軍の空爆を免れたとしても、国連の査察団が突き止めようとした。サダム・フセインの科学者とエンジニアが核施設建設に当たり、湾岸戦争開始時、もう数カ月で核兵器製造という段階だった。査察団はスカッド・ミサイル一〇〇基、神経ガス七〇トン、マスタード・ガス四〇〇トンを発見し廃棄した。フセイン政権は国連の兵器監視下で存続させた。だが、フセイン政権は国連の監視下にありながら大量破壊兵器開発努力を放棄せず、国内のシーア派やクルド族などに対する弾圧を強化し、ブッシュの息子ジョージ・W・ブッシュが大統領になった後の二〇〇三年にイラク戦争が開始される遠因となった。

冷戦後には、地域紛争、民族紛争などが世界各地で頻発するようになり、大統領の戦争権限と戦争権限法の関わりが新たな議論を呼ぶようになった。一九九〇年のイラクによるクウェート侵攻、占領を契機として始まった湾岸戦争では、ブッシュ大統領は国連安全保障理事会で武力行使を承認する決議を取り付け、そのうえでサウジアラビア防衛（「砂漠の盾」作戦）のために米軍部隊を投入することを議会に報告した。その際に、ブッシュ大統領は戦争権限法への言及は一切避けている。防衛的な「砂漠の盾」作戦の段階では議会は米軍派遣を比較的順当に支持したが、クウェート解放を目的にした攻撃的な「砂漠の嵐」作戦が必要となる段階となって、多くの議員が武力行使前に議会の事前承認を必要とすると主張した。これに対して、ブッシュ大統領は軍最高司令官として議会の承認なしでも軍隊を武力行使に動員する権限をもっていると主張した。このため一部の議員は、大統領による武力行使を阻止するために法廷訴訟に持ち込んだが成功しなかった。

ブッシュ大統領はその後、クウェート解放のための武力行使権限に対する承認を国連安全保障理事会に要請し、これに対してはブッシュ支持派の議員の多くが反発した。国連安保理は一九九〇年十一月に武力行使承認決議を行った。国連安保理決議は一九九一年一月十五日をイラク軍のクウェートからの撤収期限に設定したが、その期限の直前になってブッシュ大統領はようやく議会に武力行使への承認を要請した。これは大統領が事前の根回しにより、議会でほぼ確実に武力行使への承認を得ることができる態勢が整うのを待ったためである。連邦議会の上院本会議は一月十二日に表決を行い、賛成五二、反対四七でブッシュ大統領による武力行使を承認した。さらに下院本会議も二五〇対一八一で武力行使を承認した。議会の武力行使承認決議に対してブッシュ大統領は署名したが、その際にも戦争権限法には一切言及なしで署名を行った。

◉――アジア関係

ブッシュは米国の伝統的な同盟国との関係を重視し、対中関係においても日本、韓国、台湾などの安全保障上の同盟国との関係をベースにして進めた。ブッシュは一九九二年一月に訪日した際、当時の宮澤喜一首相主催の晩餐会で気分が悪くなり、突然椅子から崩れ落ちて倒れるという出来事があった。米大使館の医務官が対応し、インフルエンザという診断を下した。

中国では一九八九年四月にその二年余り前に総書記を解任された胡耀邦が死去し、その追悼集会が契機になって学生や知識人による民主化運動が起こり、それを中国政府当局が戦車を繰り出して弾圧する天安門事件が起こった。一九八九年六月三日から四日にかけて、中国人兵士と戦車が北京の天安門広場を急襲した。五日、米国は中国市民に対する武力制圧に対する制裁として、中国国防省の訪米招待を取り消し、以後、米中間の高官往来が凍結された。中国人の生活の中心地が「大量殺戮地帯」となり、何百人、おそらくは何千人のデモ参加者が殺された。[17] ブッシュ大統領は、武器売却停止を含む対中経済制裁を課することにより天安門での虐殺に対応した。ブッシュは中国に対し関係を損ないたくはないが、「国民を処刑しているのでは無理な話である」と伝えた。[18] 米国は中国への武器売却を一時停止し、新たな世銀の融資を延期したが、中国の最恵国待遇は、議会での論議があったものの継続した。

世界の安全保障のためには安定かつ友好的な米中の絆が必要との確信から、ブッシュは六月三十日ブレント・スコウクロフトを密かに北京に遣わし、「自国の国民を殺したりしなければ、われわれはもっと多くのことができる」とのメッセージを託した。[19] その後数週間、ブッシュ政権は米中政府間の高レベルの接触をすべて中断し、中国の融資申請の検討を先送りするよう国際機関に呼びかけた。しかし、その年末には、ブッシュ政権は人権侵害を理由に中国を罰することに対する熱意を失ってしまった。そして、地域における米国の長期的な戦略的、経済的な利益を守ることに関心が移り、その利益は中国との正常な外交関係が進められない場合は損なわれるものだった。[20] 評論家は米国が近視眼的に中国長老派の肩をもち、若手の進歩的な将来の指導者を疎んじていると非難した。ブッシュはチェコ・プラハの若手指導者には喝采を送ったが、中国・

北京の若手は冷たくあしらった。論争は、人権要求と世界のパワーポリティックス上の計算が衝突したとき、どちらを譲るべきか、という典型的な問題に終始した。[21] こうした中、ブッシュ政権は中国人民の米国における合法的滞在を延長する法案を差し止め、中国とビジネスを行っている会社への融資を禁止した議会禁止令を解除し、通信衛星三基の売却を発表することになる。

湾岸戦争時およびその直後には、米国民のブッシュに対する支持率は急上昇し、再選が確実視された。しかし一九九〇年七月から一九九一年にかけて景気後退が深刻になり、ブッシュは海外の戦争には力を入れるが国内のことはなおざりにしたとか、国民生活の窮状に無頓着といった批判を受け、支持率の下落につながった。これは、無所属で出馬して一般投票の一九パーセントを獲得したロス・ペローの存在とともに、ブッシュ再選の失敗の原因になった。ブッシュは湾岸戦争の圧倒的勝利にもかかわらず、大統領選を制することができなかった。民主党候補のビル・クリントンはブッシュ政権の経済運営の弱点を集中的に批判し、一九九二年大統領選挙で当選を果たした。

それにしてもブッシュの人気は前任者のレーガン大統領よりもはるかに幅の広い旋回を示した。レーガンに対する世論調査の支持率が五ポイント以上変化したのは就任後三年間でわずか二回だったが、ブッシュは十三回もあり、これほどの昇降を経験した大統領は近代大統領の中でトップである。ブッシュの支持率は一九九〇年一月のパナマ進攻で上昇し、翌月には低下、そしてさらに落ち込んだ。支持率は冷戦終結を謳ったゴルバチョフとのマルタ首脳会談で再び上昇、しかし翌月には急落した。そして湾岸危機で再度急上昇し、議会との予算折衝で落ち込み、湾岸戦争中に急上昇した。湾岸戦争の勝利後、支持率は再び下降し、一九九二年一月にはトルーマン、ジョンソン両大統領を除き、最も低い支持率で大統領選の年に突入する大統領になってしまった。[22] このように湾岸危機を通じて世論は劇的に変化し、その結果、相反するアメリカ政治状況が生まれ、アメリカ外交政策形成における大統領の権力が変化した。

◉――プラグマティズムの代価

ブッシュの外交政策に関しては、プラグマティズム（実用主義）を評価する声もある半面、ポスト冷戦時代の到来という歴史的機会に相応しい長期的なビジョンが欠けていたことについての批判も多い。一方ウィリアム・ハイランドは、二十世紀の置き土産である国際システムは多分に過渡期にあるので、プラグマティズムがとりわけ望ましい、と断言している。[23] そのような条件の下では、「最優先原則をあらかじめ明確に決めたところで、どれも、急速に成長する多様きわめる新しい国際的アジェンダを取り扱うのには不十分である」。米国民が学ばねばならない非常に難しい教訓の一つは、これら新しく出現する問題に対しては、米国はけんかの中心ではなく、むしろ傍観者の立場にあるべきである、という点である、とハイランドは続ける。このように、抑制とスタイル両方の観点で、ブッシュ政権の外交政策は時代によく合っていた。

グレン・ヘイステッド著『米外交政策、過去、現在、未来』は、その点をこう説明している。「ジョージ・ブッシュ政権の顕著な特徴はプラグマティズムだった。それに対する評価は、ビジョンに比してプラグマティズムを相対的にどの程度重視するかによって大きく変わってくる。それは驚くに値しない[24]」。湾岸戦争後の状況を調査する中で、デビッド・ガーゲンは、ブッシュ政権は新しい世界の枠組みを構築するよりも、古い世界の瓦礫《がれき》を清掃することのほうにはるかに熟達していたと指摘した。[25] ガーゲンによると、問題はブッシュが短期的目標に集中し、計画立案の展望がせいぜい一年くらい先にしか広がっていなかったことだ。ブッシュのプラグマティズムの代価は、一連の機会を逸したことである。第二次大戦後に構築されたと同じような超党派的コンセンサスをポスト冷戦時代に構築する機会、勝利の余韻を他の外交目標を達成するために活用する機会が失われた。ブッシュは冷戦後の「新世界秩序」を口にしながらも、ソ連が崩壊し、米国が世界の唯一の超大国として残る一極世界が浮上したポスト冷戦時代をリードするグランド戦略を欠いていた。

こうしてジョージ・ブッシュは大統領任期を通して、国際政治の将来に関して首尾一貫したビジョンを欠いているという批判に悩まされた。さらにブッシュは、米ソ関係に対する慎重すぎるように見えるアプローチ、ソ連の指導者が正当性を失った後にもゴルバチョフを擁護し続けたこと、米国防費の即座の大幅削減に抵抗したことでも批判された。生涯を通じて政府官僚、管理者、世話人だったブッシュはこういう深遠な歴史的機会を活用する度胸を欠いていたと見られる[26]。

ブッシュはホワイトハウスを去った後は、大統領時代に国内政策の一環として推進したボランティア活動の奨励を中心にした「千の光の点」運動を支援した。また息子のジョージ、ジェブなどの知事選出馬、ジョージの大統領選出馬などを支援することに力を割いた。二〇〇〇年代に入ってからは、ビル・クリントンとともにアジアの津波災害の被災地の慰問などを行い、慈善活動に積極的に関与している。

◉Endnotes

1 Margaret Thatcher, *The Downing Street Years* (New York: Harper Collins, 1993), p.783.
2 Michael Beschloss and Strobe Talbott, *At the Highest Levels* (Boston: Little, Brown, 1993), p.41.
3 David Halberstam, *War in a Time of Peace* (New York: Scribners, 2001), p.65.

4 John Barry with Margaret Garrard Warner, “Mr. Inside, Mr. Outside,” *Newsweek*, February 27, 1989, p.28 and “A Mover and Shaker behind Bush Foreign Policy,” *New York Times*, February 6, 1989.

5 Jerel A. Rosati, *The Politics of United States Foreign Policy*, 3rd ed. (Belmont, CA: Wadsworth/Thomson Learning, 2004), pp.127–128.

6 Glenn P. Hastedt, *American Foreign Policy: Past, Present, Future*, 5th ed. (Upper Saddle River, NJ: Prentice Hall, 2003), p.66.

7 *Public Papers of the President, George Bush, 1989, I* (Washington, DC: U.S. Government Printing Office, 1989), pp.540–543.

8 *Ibid.*, pp.924–927.

9 Steven W. Hook and John Spanier, *American Foreign Policy since World War II*, 6th ed. (Washington, DC: CQ Press, 2007), p.211.

10 *Ibid.*, p.218.

11 *New York Times*, August 5, 1990.

12 John T. Rourke, *Presidential Wars and American Democracy* (Washington, DC: Paragon, 1993), p.14.

13 Pierre Salinger and Eric Laurent, *Secret Dossier* (New York: Penguin, 1991), p.110.

14 Michael Dunne, “The United States, the United Nations, and Iraq,” *International Affairs*, 79 (March 2003), p.271.

15 Thomas G. Paterson, J. Garry Clifford, Shane J. Maddock, Deborah Kisatsky and Kenneth J. Hagan, *American Foreign Relations: A History since 1895*, 6th ed. (Boston: Houghton Mifflin, 2005), p.493.

16 Rick Atkinson, *Crusade* (Boston: Houghton Mifflin, 1993), p.496.

17 James Baker, *Politics of Diplomacy* (New York: Putnam, 1995), p.103.

18 George Bush and Brent Scowcroft, *A World Transformed* (New York: Vintage Books, 1989), p.102.

19 Baker, *op. cit.*, p.110.

20 Hastedt, *op. cit.*, p.71.

21 Paterson, Clifford, Maddock, Kisatsky and Hagan, *op. cit.*, p.496.

22 Paul Brace and Barbara Hinckley "George Bush and the Costs of High Popularity: A General Model with a Current Application," *Political Science & Politics*, 26 (September 1993), p.501.
23 William G. Hyland, "The Case for Pragmatism," *Foreign Affairs*, 71 (Special 1991), pp.38–52.
24 Hastedt, *op. cit.*, p.72.
25 David Gergen, "America's Missed Opportunities," *Foreign Affairs*, 71 (Special 1991), pp.1–20.
26 Hook and Spanier, *op. cit.*, p.210.

chapter 10

William J. Clinton

ポスト冷戦初の大統領

ウィリアム・J・クリントン William J. Clinton

◉——ベビーブーマー世代初の大統領

第四十二代米大統領（一九九三—二〇〇一年）ウィリアム・クリントン（ビル・クリントン）は一九四六年八月十九日、アーカンソー州ホープで生まれた。父親のウィリアム・ブライスは行商人だったが、ビルが生まれる三カ月前に交通事故で死亡した。ビル出産後、母親のバージニア・デル・キャシディは看護婦の勉強のためニューオリンズに移り、幼いビルは雑貨店を営んでいた母方の祖父母エルドリッジ、エディス・キャシディに預けられ、幼少時代を過ごした。一九五〇年に母親が看護学校を終えて戻ってきて、すぐにアーカンソー州ホットスプリングスで自動車ディーラーをしていたロジャー・クリントンと結婚した。クリントン一家は一九五〇年にホットスプリングスに移住した。ロジャー・クリントンは酒飲みで賭博好きで、家庭内暴力が絶えなかったという。ホットスプリングスで、クリントンは小中学校、高校時代を通じて生徒のリーダー的存在で、音楽を愛好し、読書好きだった。クリントンはコーラス隊に入り、サクソフォン奏者だった。一時は音楽の道に進むことを考えたが、十六歳の時に政治の道に進むことを決意した。

一九六三年にクリントンはボーイズ・ネーション代表としてホワイトハウスを訪問し、大統領だったジョン・F・ケネディと会った。これはクリントンの政界進出への夢をより強いものにした。クリントンは一九六四年にジョージタウン大学外交学部に入学し、在学中にフルブライト上院議員のもと上院外交委員会で働いた。同大学卒業後、クリントンはフルブライト議員の選挙運動に参加し、ローズ奨学生としてオックスフォード大学に二年間留学し、英国ではベトナム反戦運動にも参加した。英国から帰国後、エール大学法学大学院に入学し、一九七三年に法学博士号を取得して修了し、アーカンソー大学法学大学院で一時教えた。エール大学在学中にヒラリー・ローダムと知り合い、一九七五年に結婚した。ヒラリーは有能な野心に満ちた才女だった。

クリントンの政界への本格的進出の機会は大学卒業後すぐに訪れた。クリントンは一九七四年の中間選挙で、アーカンソー州から連邦下院議員に出馬したが落選した。クリントンは一九七七年にアーカンソー州司法長官に選出され、一九七八年には三十二歳でアーカンソー州知事に当選した。州知事時代には、アーカンソー州の教育水準の向上、道路の整備などの公共事業に取り組んだ。しかし一九八〇年に他州に収容されていたキューバ人難民をアーカンソー州に移転するカーター大統領の決定を受け入れたことなどが州民の不評を買い、一九八〇年の州知事選では再選に失敗した。しかし一九八二年の州知事選では再度当選し、カムバック・キッドの異名を取った。当時のアーカンソー州知事の任期は二年間だったが、一九八四年、八六年、九〇年と連続して当選を果たし、知事時代には全米知事協会会長、南部成長政策理事会理事長、全州教育委員会委員長などの要職も務めた。

一九九二年の大統領選挙で当選し、九三年一月に、ベビーブーム世代として初めて第四十二代大統領に就任した。一九九六年に再選を果たして、二期八年を務めた。民主党大統領として再選を果たしたのは、フランクリン・ルーズベルト以来だった。クリントンは一期目は、実現しなかった医療保険改革、財政均衡化など国内経済政策を主に進め、二期目はホワイトハウスのインターン、二十二歳のモニカ・ルインスキーとの性的関係に端を発したセックス・スキャンダル、一九九八年の下院のクリントン弾劾決議などで政権が揺れ、外交政策の効果的な展開を阻害した。このほか、クリントンが知事時代に政治的圧力を使って自分が関与していた不動産取引に資金を獲得しようとしたというホワイトウォーター・スキャンダルが議会やマスコミ、検察当局の調査の対象になった。クリントン政権の八年間は、好景気により米国の経済成長が継続し、それに助けられて、度重なるスキャンダルにもかかわらずクリントンの政権末期の支持率は六五パーセントとアイゼンハワー以来最も高い数字を示した。同政権下では財政赤字が一九六九年以来初めて黒字に転じた。

◉――経済外交の推進

クリントンが大統領になったポスト冷戦時代は、米国が外交にどこまで比重を置くべきかが新しい課題として浮上してきた時代だった。頻繁に提起された問題の一つは、冷戦後の米国の外交政策は、米国が第一次大戦後に西半球の殻に閉じこもるようになった一九一八年の状況に似たものになるのか、それとも第二次大戦後に強力な国際的役割を担った一九四五年の状況に似たものになるのかということだった。第一次大戦後ウォーレン・ハーディング、一九四五年ハリー・トルーマンがそれぞれ大統領に就任した。ハーディングもトルーマンも歴史に残る大戦争を経て大統領に就任し、米国を国際政治の新しい時代に導くという仕事に直面した大統領であった。ポスト冷戦時代初の大統領としての課題の中心的関心事は、米国がもはや強力な軍事的脅威に直面しなくなった時に、どれほどの注意と資源を外交に投入すべきかということだった。これに応えるために米政府内外の政策アナリストは、総じて四つの基本的モデルに集約される一連の可能な外交戦略を考えた。それは、(一) 世界的リーダーシップからの後退、(二) 自由主義的な国際主義キャンペーン、(三) 米国の経済と軍事の卓越性を維持する努力、(四) 外交における〝選択的関与〟という臨機応変の政策である。[1]

孤立主義か国際主義かと言う伝統的考え、経済、軍事の卓越性の維持、米国の長期的利益に深く関わる外交政策の懸命な取捨選択を含むさまざまな戦略が模索される中、結果的には、クリントンがこの外交政策の歴史的方向性を明確に定める前に、米国を取り巻く世界環境はソ連の軍事的脅威が存在した世界からイスラム過激主義テロの脅威が国際的に浮上する世界へと変化していった。クリントンもこの新しい世界的脅威に受身的な形で対応しようとしたが十分に対応し切れず、そのツケは次のブッシュ政権の上にのしかかることになる。

クリントンは大統領選挙で、第四十一代大統領ジョージ・ブッシュが湾岸戦争など外交に集中する余り内政や経済を軽視していると批判し、就任後も、米国経済再建につながるような外交分野に力を入れた。クリントンは選挙期間中、米国の世界におけるリーダーシップを維持することを誓約したが、ホワイトハウス入りしてからは先ず税制、赤字財政、経済成長、ヘルスケア、福祉改革など国内優先課題を前面に出して、「外交政策を覆い隠そう」とした。[2] 選挙スローガン「問題は経済だ、愚か者！（It's the economy, stupid)」は本来ならば、米ソ関係にも応用できたかもしれない。と言うのも、後にクリントンがロシアを市場経済に移行させるために「われわれは、もっといろいろすべきだったかもしれない」と悔やんでいたほどである。[3] 経済外交への強い思いを表現したものと言える。

米国経済の将来はクリントン大統領の外交政策に顕著な影響を与えた。クリントンは、米国の経済的見通しについての深い国家的不安を鋭く感じ取っていた。クリントン政権下で米国の対外経済政策策定に大きな変化がみられた。クリントン大統領は就任直後の一九九三年一月二十五日、国内および対外経済政策の調整と統合を図るために、NSCの経済版として国家の経済戦略を立案する国家経済会議（NEC）を創設した。冷戦終結とともに国際経済問題が国家安全保障に及ぼす影響が拡大したが、それを反映する出来事であった。NECはクリントン大統領の行政命令により創設され、国家経済政策を総括する役割を与えられた。とりわけ貿易分野における米国の競争力をモニターし、米国が優位な産業技術の移転を制限することに重点が置かれた。

新組織の機能は次のとおりである。

（一）内外の経済問題に関する経済政策策定プロセスを調整する
（二）経済政策に関する大統領への助言を調整する
（三）経済政策の決定および計画と大統領が明示した目標の合致を図り、なおかつその目標が効果的に達成されるようにする

（四）大統領の経済政策に関する課題の実行をモニターする[4]

Ｉ・Ｍ・デスラーが指摘しているように、ＮＥＣシステムに問題がないわけではなかった。「省庁間の調整は非常に困難である。それが経済問題に関する調整で、しかも大統領のやり方が自由奔放で必ずしも予測できない場合は、なおさらである。[5]」それにもかかわらず、デスラーはＮＥＣの存在を次のように評価している。

クリントン大統領の国家経済会議（ＮＥＣ）は、ロバート・ルービン（経済担当大統領補佐官）が大統領の最優先課題に対し並々ならぬ手腕を発揮したことにより、力強いスタートを切った。ＮＥＣは非公式な関係が最上であるとした。そして、ＮＥＣスタッフとともに、ＮＥＣの手順の中で働くことの利益をあらゆる重要なプレイヤーに説くことからはじめた。ＮＥＣは本質的には、明示された政策領域内における中心的機関になったといえる。多少とはいえ、無視できない程度には、政策の事実上の一管理者であった。[6]

すなわちデスラーは、大統領が米国の経済政策の策定をコントロールする一助として、ＮＥＣは全体的にそれなりの成功を納めた、と評価している。とりわけ次の四つの要素が揃ったとき、ＮＥＣはうまく機能した。

（一）問題が大統領および政権にとって重要である
（二）問題が明らかにＮＥＣの管轄内で
（三）ある中心的決定を要する最終期限が存在し、行動を余儀なくさせるイベントをＮＥＣが抱えている

（四）本来的に主導する実施機関が存在する[7]

米外交政策策定において、NECのような組織が制度化されることがしごく当然に思えた時期があったことを指摘しておくことは重要である。最終的には、大統領の国際経済への関心の度合いと、クリントンに奉じるNECの将来的活用に負うところが大であるとされた。それにしてもNECの創設と発展が、外交政策の支配と統合をより円滑に行おうとする大統領の努力の反映として、ホワイトハウスを中心に政策策定が行われているという時代の趨勢を象徴しているのは明らかである。[8] NECは大統領命令で設置されたもので、NSC創設のように立法命令によって生まれたものではないが、NSCとて、真の影響力を獲得したのはケネディ大統領が行政命令によって支援スタッフを規定してからだったことを忘れてはならない。[9]

第四十一代大統領のブッシュは外交大統領を自認していたが、四十二代大統領クリントンの経験と関心は主として国内問題にあり、そこに大きな関心を注いだ。クリントン自身も言っているように、自身の外交経験は主として国際経済問題を通じてのものであり、外交をやるために大統領になってのではなかった。それだけ、経済的見通しについての国家的不安を強く抱いていたからと言える。クリントンが国務長官に選んだのは六十七歳のワーレン・クリストファーで、スタンフォード大学法学部卒業で、カーター政権下で国務副長官を務め、イランの米人人質解放交渉を行った外交スペシャリストである。抑制感を持ち、威厳を備え、気むずかしやなクリストファーは「カリスマ性のないディーン・ラスク」といわれたが、不屈のネゴシエーターであることを証明した。[10]

その後二期目には、チェコ元外交官の娘でコロンビア大学で博士号を取得し、カーター政権で国家安全保障担当補佐官だったブレジンスキーの補佐を務め、ジョージタウン大学国際政治学教授をしていたメデレーン・オルブライトがクリストファーの後釜として国務長官に就任した。「われわれの世代のほとんどはベトナムだが、私の思考はミュンヘンにある」とオルブライトは明言している。[11] 率直な物言いのオルブライトは、すぐにタカ派のレッテルを張られた。「武力を行使しなければならないとしたら、それはわれわれが米国人ゆえである。われわれはそうしたことを避けられない国なのである」とも述べている。[12]

◉――NAFTA調印

経済に焦点を当てた外交の代表的分野は貿易だが、米国、メキシコ、カナダが自由貿易圏を形成して関税障壁を撤廃する北米自由貿易協定（NAFTA）を推し進め、一九九二年には調印に漕ぎ着けた。米国では一九九三年に批准されるとともに関連法令が制定され、これにより、同協定は一九九四年一月一日に発効した。米国とカナダとの間には一九八九年に自由貿易協定が成立していた。NAFTAとくに米国とメキシコとの協定締結に関する交渉と協定の実施は、二十世紀における米国の貿易政策で最大の論争であった。ただし争点となったのは、メキシコからの輸入拡大によって米国内で賃金が低下し雇用が喪失するという懸念、メキシコにおいて実施される労働基準や環境規制の適切性などであった。NAFTAにおける米国の経済的利益は、メキシコで一九八五年から開始した貿易自由化の一方的処置を恒久化し、かつメキシコ市場に完全かつ関税なしでアクセスすることであった。こうして麻薬と不法移民という継続する二国間問題が存在するにもかかわらず、NAFTAはすでに急成長していた「Mexamerica（メクサメリカ）」、すなわち米国とメキシコ二つの文化が「離れれば状況はもっと悪くなるという恐れのゆえに抱擁しあう、乗り気でない夜の愛人のように」混ざり合う二〇〇〇マイルの境界線を有する社会を拡大することを約束していた。[13] ＮＡＦＴＡ実施法案は、クリントンと米議会の民主党同盟者および共和党議員との連携により賛成二三四票、反対二〇〇票で承認されたが、民主党議員の一〇二人が賛成、一五六人が反対した。ＮＡＦＴＡは民主党内の自由貿易派と労組などを支援する保護貿易派との間の対立を引き起こし、その対立はその後も長く尾を引いた。

ＮＡＦＴＡの経済効果の公式な評価としては、ＮＡＦＴＡ実施法に基づく報告書『ＮＡＦＴＡの米国経済及び産業への影響』が米国国際貿易委員会によって一九九七年に発表された。[14] この報告書では、一九九六年までを調査対象機関として、ＮＡＦＴＡは米国経済に対して、純輸出、所得、投資および輸出関連雇用に小さいものであるがプラスの効果を与えた、と指摘している。ＮＡＦＴＡが米国の経済に与えた影響に関する研究にについて興味深い点は、ＮＡＦＴＡ擁護派とＮＡＦＴＡ批判派とで異なった結論を導いていることである。例えば、米国の雇用に対するＮＡＦＴＡの効果について、擁護派は六五万件以上の職がＮＡＦＴＡによって形成されたと指摘しているのに対し、批判派は逆に七六万件以上の職がＮＡＦＴＡを契機とする輸入拡大のために失われたと指摘している。[15]

一九九六年大統領選挙では、ロス・ペローがＮＡＦＴＡ批判を展開してこの民主党の内部対立を煽り、一般投票の八・四パーセントを獲得した。クリントンは共和党候補のボブ・ドール上院議員を四〇・七パーセントに押さえ再選を果したものの、一般投票では四九・二パーセントと過半数を切った。

◉——東アジアへの対応

急速に統合される世界経済における米国への主要な挑戦は東アジア諸国からやってきた。日本と〝フォー・タイガー〟、すなわち香港、シンガポール、韓国、台湾に主導されたこれらのNICS（新興工業国）は、一九八〇年代から九〇年代初めにかけて世界で最も急速な経済成長率を享受した。経済的側面を重視するクリントンの外交政策の焦点は勢いアジアに向かざるをえなかった。

クリントン政権は発足当初、ブッシュ前政権が中国との関与外交を進めたのを「独裁者に媚を売る」と批判し、人権問題を前面に立てた対立的な対中政策を進めようとした。ところが、中国に進出あるいは輸出している米企業約二〇〇社の連合体、米中商業評議会（USCBC）が、対中関与政策、対中最恵国待遇更新を求めて、ロビー活動に積極的に動いた。毎年、対中最恵国待遇の更新時期が来ると、それについての意見書を作成しては行政府、議会に働きかけを行った。このほか、ATT社やボーイング社などの米大手企業が、中国政府との関係改善を米政府に働きかけてきた。クリントン大統領は、中国政府の利益を擁護する動きが、お膝元の米企業から起こってきたことに驚き、政権一期目の後半には、人権問題を前面に立てた対中政策を一八〇度方向転換し、かつて批判していた対中関与政策推進へと政策を変えた。この間、約八〇〇もの大企業や貿易団体がクリントン大統領に嘆願書を送り、何十億ドルものビジネスの損失であり、数万の雇用の喪失であるから、中国への無条件の最恵国待遇を認めるよう求めた。対中最恵国待遇延長決定に反対する人権団体に加わったのは、ごく小数の企業にとどまった。[16]

さらに第二期政権発足とともに、クリントン大統領は中国を二十一世紀における「戦略的パートナー」と位置づけ、米中友好協力関係の樹立を外交の最優先課題として、それまでタブー状態だった米中軍事交流にも乗り出した。中国政府も、米国内の中国系実業家や東南アジアの華僑系財閥の財力とコネをテコに、米国の対中貿易政策に影響力を行使する動きを強めた。とくに一九九六年大統領選では、中国系の資金が民主党の選挙運動に流れ込み、選挙資金をテコにした米外交政策への影響力工作が行われた。一九九七年になってこのことが問題になり、民主党違法献金疑惑への議会調査では中国政府の違法献金、影響力工作が大きな焦点になり、中国系のクリントン大統領後援者が起訴される事態にまで発展した。

対アジア政策においては、クリントンは一期目においては、主要な貿易相手国として中国との経済関係を重視し、米中関係を強化する一方、日米関係の比重を下げる結果を生み出した。日米関係を左右したのは貿易問題だった。日本のアンチ・アメリカニズムと米国の「ジャパン・バッシング（日本たたき）」が世界の二大経済を悩ませた。[17] クリントンの対日経済外交は、やがて日米間の政治対立を生み、一九九四年二月の細川・クリントン首脳会談では、共同声明も出せないほど対立が露呈した。一九九〇年代半ばにニューヨーク証券取引所が高騰した際、東京の日経平均株価は一九八〇年代後半の半値レベルまで暴落した。米国の対日輸出は一九八六年は二七〇億ドル、一九九二年の四七八億ドルから一九九七年には六六〇億ドルに跳ね上がり、一方対日貿易赤字は一九九〇年半ばも相変わらず五〇〇億ドルあたりを推移していた。アジア通貨危機を経験した後でも、日本の巨大な海外投資が利益をもたらしているおかげで、日本は依然として巨額の貿易黒字を維持していた。「日本は世界の長期資本の源であり、米国は最大の債務国であることにかわりはない」とアジア専門の国際政治学者チャルマーズ・ジョンソンは述べている。[18]

一九九八年にクリントンは中国を訪問したが、日本に立ち寄ることもせず帰国したため一部から「ジャパン・パッシング（日本素通り）」だと批判された。この訪中で、クリントンは江沢民総書記との会談で、台湾の独立、二つの中国政策、台湾の国連などの国際機関加盟を支持しない政策を明瞭に表明した。クリントンの対日政策も安全保障面での同盟関係よりも、貿易不均衡解消に焦点を置いた日本市場開放、内需拡大を迫るなど経済面に力を入れていた。クリントンの対日経済外交はやがて日米間の政治的対立を生み、一九九四年二月の細川・クリントン日米首脳会談では、共同声明も出せないほど対立が露呈したことは記述の通りである。二期目になると、クリントンは日米関係の修復を手がけ、米ソ冷戦終結後の日米安全保障関係の再定義、構築にも力を入れた。米政府は緊密な日米軍事同盟を重要視し、相互防衛費以上の額を日本が肩代わりして引き受けていることを大いに評価していた。米国の官僚は、日本が国際債務問題救済に財源を投入し、フィリピンのような途上国に経済支援の手を差し伸べていることに対し、日本政府に褒章の意を表した。北朝鮮の核への野心と中国の台湾に対する潜在的脅威が、ソ連という敵がいなくなっても、日米の軍事的連携を維持し続けたいという日本政府の願望をいっそう強くさせた。[19]

クリントン政権ではジョセフ・ナイ国防次官補らが中心になって、一九九五年二月に「米国の東アジア・太平洋地域の安全保障戦略」（通称「ナイ・イニシアチブ」）を策定した。これは、米国の冷戦後のアジア太平洋地域への関与を再定義し、日米関係を同地域における機軸に位置づけた。ナイ・イニシアチブは、この地域が世界で最も経済的に成長しつつあり、この地域の安定は米国の経済的健全性と世界の安全保障にとって重要だとの認識を示している。したがってこの地域の平和と経済成長を維持するために、米国のリーダーシップが不可欠であることを強調している。この「ナイ・イニシアチブ」で、東アジアの米軍一〇万人体制を維持する方針が示された。[20] 一九九六年四月の橋本・クリントン会談で日米安保の再定義がなされ、会談後には、日米両国が二十一世紀に向けての同盟をスタートさせる「日米安全保障共同宣言」を発表した。

この首脳会談では、グローバルかつ太平洋地域における日米両国のパートナーシップと、「安全保障に関す

1996年4月、迎賓館でのクリントン大統領と橋本首相（毎日新聞社提供）

る日米共同宣言―二十一世紀に向けた同盟関係の再確認」の二つが謳い上げられた。[21] この宣言の中でクリントン大統領と橋本首相は、米国に対する平時の日本の支援の拡大、東アジアで有事の際の日米それぞれの役割の明確化、軍事関連技術の移転をめぐるより緊密な協力関係の構築、国際的な安全保障政策全般について日米両国のより緊密な調整作業といった段階的処置を通じて、日米両国の同盟関係を再興させることを明言した。この間、日米両国政府は沖縄の普天間飛行場の全面返還に合意、五年から七年以内の返還を目標とし、同基地の移設候補地の検討が始まった。

クリントン大統領は一九九七年五月に、「新世紀に向けての国家安全保障戦略」を発表した。大統領は「国家安保戦略」の中で「日米安保協力は、地域の平和と安定の促進、核不拡散条約の順守、安定を脅かす通常兵器、汎用技術、品目の移転による危険への対処まで及ぶものである。二国間の公開貿易促進とコモン・アジェンダなどの広範にわたる国際的協力における継続的進展は、次の世紀における日米安保の基礎となるものである」と述べ、二十一世紀へ向けての日米安保の意義を強調している。[22]

クリントンは二〇〇〇年十一月に、ベトナム戦争終結後米大統領としては初めてベトナムを訪問した。一九九五年七月にクリントンはベトナムと完全な外交関係を樹立した。北ベトナムで七年間捕虜生活を送った経験のあるピート・ピーターソンを大使に任命したことは、正常化への憤りを緩和するための「政治手腕」と称された。[23] また二〇〇〇年十月には、オルブライト国務長官を北朝鮮に派遣して金正日総書記と会談させ、クリントン大統領訪朝の可能性も模索したが実現しなかった。

◉――北朝鮮へのアプローチ

ポスト冷戦時代の米国の朝鮮半島への政策は、もっぱらクリントン政権下の八年間で立案形成されてきた。クリントン政権の対北朝鮮政策の基礎は、一九九四年十月に成立した「米朝枠組み合意（米朝核合意）」である。交渉過程で北朝鮮は、保有核物質の国際原子力機関（IAEA）への公開、査察の全面的受け入れを拒否し続け、その問題解決を先送りする形で枠組み合意が結ばれた。枠組み合意は、北朝鮮が重油、軽水炉の供与を受ける条件で、原子炉の新規建設、核物質分離などの核開発活動を凍結することを盛り込んでいる。そして北朝鮮がIAEA保障措置を受け入れ履行する前提条件の下に、軽水炉が供与されることになった。

しかしその後、北朝鮮が重油を軍事用に流用したり、ひそかに核開発を進めたりしているという疑惑が浮上し、さらに弾道ミサイル開発という新しい問題が表面化してきた。このためクリントン政権二期目の後半には北朝鮮のミサイル開発問題が中心的テーマになり、クリントン大統領は政権末期に、北朝鮮のミサイル開発・製造・輸出問題解決に焦点を当てることになる。北朝鮮は、米国とのミサイル協議が進んでいる間は、ミサイル発射実験は一時停止することを公約した。しかし米政府は、枠組み合意に似た合意により、北朝鮮のミサイル開発・製造・輸出の全面停止を勝ち取ろうとした。

二〇〇〇年十月のオルブライト国務長官訪朝により、米朝両国はミサイル合意に大きく近づいた。金正日総書記はオルブライト長官との合計六時間にわたる会談で、重要な譲歩を幾つかした。しかし、米側はミサイル合意の検証問題、既存ミサイルの処分なども求めたが、金総書記は米国が衛星による監視能力を持っているという理由で、現地査察による検証を拒否した。

米政府は、オルブライト訪朝をさらにクリントン大統領訪朝、首脳会談でのミサイル合意調印にまで進めるために、首脳会談で調印するミサイル枠組み合意の草案とミサイルに関して米朝双方が順守すべき義務を記した秘密書簡を準備し、北朝鮮に渡した。書簡の中には、ミサイル関連技術輸出規制（ＭＴＣＲ）の国際規定に従って投射重量五〇〇キログラムで射程三〇〇キロ以上のミサイルの実験、製造、配備の禁止、保持ミサイルの種類・数量の公開などの米側追加要求が盛り込まれていた。コーエン国防長官、シェルトン統合参謀本部議長は、極東同盟国、極東配備米軍にとって脅威になっていた北朝鮮が保持するミサイルの全面解体をも要求すべきだという立場だったが、その要求までは書簡に盛り込まれなかった。

米政府の当初の計画では、十一月にシャーマン調整官を中心とする国務省、国防総省、国家安全保障会議（ＮＳＣ）代表からなる代表団を北朝鮮に派遣して、首脳会談で調印する合意文書の詰めを行い、クリントン大統領訪朝、合意調印を実現することになっていた。当面の合意の障害になる検証問題その他の技術問題は、枠組み合意調印後に実務レベルで交渉し、詰めるというシナリオだった。ところが、十一月七日に実施された大統領選挙投票が決着しないという不測の事態が発生し、大統領選結果を巡る憲法的危機が発生し得る状況では大統領外遊は不適切であるという理由から、シャーマン調整官、さらにはクリントン大統領の訪朝は保留された。

選挙の決着がついた十二月半ばになって、ようやくシャーマン調整官とホワイトハウスのアジア専門家ジャック・プリッチャードが、次期政権の外交政策引き継ぎに当たっていた次期国務長官コリン・パウエル、次期国家安全保障問題担当大統領補佐官コンドリーザ・ライスと会合し、訪朝計画について背景説明を行った。これに対して、パウエル、ライスは、クリントン大統領の訪朝を妨害はしないが、その結果生まれる合意をそのまま支持することもしないという立場を明瞭にした。このため、シャーマン調整官の訪朝は見合わせることになり、結局十二月二十九日、時間切れでクリントン大統領訪朝は断念することが公表された。

最近になって明らかにされた米朝交渉の状況から見て、クリントン政権末期に、ミサイルに関する枠組み合意が達成される寸前まで来ていたことは間違いない。米政府はこの合意の見返りとして、北朝鮮に年間数億ドル規模の食糧援助を行う用意があったもようで、米大統領訪朝が実現していれば米朝国交正常化に向けて大きな弾みがつき、連絡事務所の相互設置などにつながっていた可能性が強い[24]。

クリントンは二期目には、イラクが国連湾岸停戦決議にもかかわらず化学、生物、核兵器、ミサイルの開発を追求しようとしていると批判し、イラクのサダム・フセイン政権弱体化の政策を進めようとした。クリントンは一九九八年十月三十一日、イラクの「政権変更」の路線を打ち出すイラク解放法案に署名した。その後クリントン政権は一九九八年十二月十六日から十九日まで、「砂漠の狐」作戦と呼ばれる四日間にわたるイラク爆撃作戦を実行した。一九九八年十二月のクリントン弾劾の前夜、サダム・フセインが再び国連査察官を排除した時、クリントンはイラクの軍事能力低下を目指す米英共同爆撃作戦である「砂漠の狐」作戦を開始した[25]。四日間にわたり発射された数百発のトマホーク・ミサイルは湾岸戦争時を上まわり、イラクの兵器プログラムを「一年以上」後退させたが、中国、ロシア、フランスからは批判を引き起こした[26]。クリントンは離任する時までイラクの「政権変更」のオプションを検討したが、コソボでの戦いと二〇〇〇年秋のイスラエル・パレスチナ間で再燃した暴力がイラクへの注意をおろそかにした。[27] その間にもサダム・フセインは新しい国連監視検証委員会（UNMOVIC）を無視し続けることになる。

◉――海外介入の継続

クリントン大統領は進行中の二つの米国の海外介入を引き継いだ。一つはソマリア、もう一つは旧ユーゴスラビアだった。それに加え一年目にはハイチにも介入した。これらの介入は共産主義と戦うためでも、軍事的あるいは経済的脅威に対処するためでもなかった。むしろ、それは主として人道主義と米国の価値観、すなわち飢餓、民族的虐待、圧政に敵対する価値観を推進するためのものだった。

クリントンは一九九二年大統領選挙戦中、ハイチのボートピープルに審問もせず入国拒否を続けるブッシュの政策を非難し、その政策を変えることを約束した。しかし、何千あるいは何万人ものハイチ人が米国に入って来るのを恐れたクリントンは、大統領就任直後、ブッシュの入国禁止ならびに強制退去政策を続けると発表した。クリントンはハイチに関するさらにもう一つの選挙公約を破ったかどで攻撃を受けた。だが、一九九四年夏までに米国に逃れるハイチ人の数が急増し、こうした事態への対応を求める議会の要請に従って、クリントン政権は再度ハイチ政策を見直すことになる。米国に逃れてきたハイチ人は、送還される代わりに、今度は「安全な避難所」に送られることになる。ハイチ危機を終結させるための武力行使も公然と議論された。七月下旬に国連安保理は武力行使を容認、九月初旬には、クリントン政権スタッフの口ぶりからは、この武力行使はもはや「確実」とみられた。九月十八日に米軍がハイチ沿岸に配備されると、軍進攻の脅しが現実になろうとしているかにみえた。しかし、土壇場になってクリントンはジミー・カーター元大統領、サム・ナン上院議員、パウエル司令官をハイチに急派、ハイチの支配者ラウル・セドラ中将とその側近の退陣を交渉し、紛争の平和的解決をめざした。最初の締切時間が経過し、三時間の猶予をもらい、その最終締切時間の三十分前に合意に達した。

ブッシュのソマリア政策は米軍主導の多国籍軍を短期的に人道支援のために派遣し、治安回復後、任務を国連に引き継ぐというものであった。しかしクリントンは一九九三年三月に採択された国連安保理決議８１４を梃子に、多国籍軍の役割を人道支援からソマリアの国家再建へと拡大し、本格的にソマリアに関与するようになった。こうしてクリントンは一九九三年にソマリアの首都モガディッシュに派兵して武装勢力に対する戦闘を開始したが、その戦闘中に米軍のＭＨ６０ブラックホーク攻撃用ヘリコプターが撃墜され、米軍兵士が敵陣に取り残された。これを契機に米軍と武装勢力との市街戦が始まり、ソマリアの武装戦士の多くが死亡したが、米軍兵士も一八人が死亡し、七三人が負傷し、一人が捕虜にされた。武装勢力は米軍兵士の死体を車に繋いで見せしめに市街地を引きずり回し、それがテレビで放映された。この映像が米国内だけでなく世界中に配信されると、クリントン政権は内外から厳しい批判を浴びせられ、クリントンはソマリアからの全面撤退を決意、やがて米軍部隊の主力は撤収を余儀なくされた。

クリントンは旧ユーゴスラビアのボスニア・ヘルツェゴビナでのセルビア人とイスラム教徒の間の紛争やコソボ自治州におけるセルビア人によるアルバニア人に対する大虐殺、民族浄化政策にも介入した。一九九二年大統領選でクリントンは、ブッシュがイスラム教徒を助けるために十分な対応をしていないと批判した。クリントンはクリストファー国務長官が〝地獄からの問題[28]〟と呼んだこの問題を引き継いだが、欧州共同体はクリントンの共同軍事介入提案を拒否した。しかし、セルビアがボスニアとクロアチア内のセルビア人による戦闘を支援していると考えられたので、国連はセルビアに制裁を課した。クリントンは、一九九四年二月に爆撃の脅しでボスニアのセルビア人にサラエボから重火器を撤収させ、一九九五年九月の強力な米国の爆撃でボスニアのセルビア人を占領地域から撤退させた。停戦が達成された後、一九九五年十一月にオハイオ州デイトンで和平会議が開かれた。デイトン合意はボスニアについて名目上の統一を保全しながらも、実質的にはエスニック集団ごとにボスニアを分割した。米国は停戦を維持しデイトン合意の実施を監視する五万三〇〇〇人からなるNATO主導の軍隊に兵力を提供した。全国選挙が一九九六年九月に実施されたが、選挙された政府は機能できず、国は三つの別々の地域として統治された。

ユーゴスラビアで米国の国益が脅かされていたと考えるのは、かなり無理があるとも思われた。介入は主として苦しみを緩和したいという動機で行われたように見えた。しかし今や、米国は状況の複雑さを理解していなかったようにも見えた。米国はボスニアの統一を保全しようと求め、旧ユーゴスラビアのすべての統一を回復しようとする者に反対した。達成された解決策は米国が求めた統一ボスニアとは程遠いものだった。外国軍が撤退すれば、戦闘が再開されるとも見られた。ボスニア紛争の政治解決の限界を指摘することができる。これはまた、クリントンが直面したポスト冷戦時代の宗教、民族対立が中心となった紛争解決の難しさを示すものだった。

また、クリントンの外交政策の新ウィルソン主義指向も批判の的になった。マイケル・マンデルバウムは、傷だらけの政策を結び付けてハイチ、ボスニア、ソマリアに向わせたのは、こうした国々の社会、政治、経済事情に対する誤った焦点である、と主張する。そして、この三つの外交政策問題は前政権から引き継いだものではなく、真の国益の問題に外交政策を集中できなかったクリントン政権の問題である、と述べている。[29] レーガン、ブッシュ両政権に仕えたポール・ウォルフォウィッツは、クリントン政権は平和維持支援をもっと慎重にやるべきだったし、米国の基本的な国益にプラスとなるような国際的コンセンサスの構築にもっと積極的に取り組むべきだった、と主張する。[30]

クリントンは一九九九年に「同盟軍作戦」で、米軍参加による旧ユーゴスラビアでの北大西洋条約機構（NATO）空爆作戦を実行した。作戦を遂行したNATO軍最高司令官はウェスレー・クラーク大将だった。国連安全保障理事会は、コソボを国連管轄下に置き、コソボへの平和維持軍派遣を規定した決議1244を承認した。これにより空爆作戦は一九九九年六月十日に終結した。当時ユーゴスラビア大統領だったスロバダン・ミロセビッチは戦犯法廷により「人道に対する罪」で告発された。

クリントンは政権末期になって中東和平にも力を入れ、イスラエルのアフド・バラク大統領とパレスチナ自治政府のヤセル・アラファト議長をメリーランド州の大統領別荘キャンプ・デービッドに招待し、和平交渉を進めようとした。しかしパレスチナ人による武装蜂起（第二次インティファダ）がイスラエルで激化し、交渉は挫折した。

クリントン政権時代は、その後のウサマ・ビンラディン率いるイスラム過激派国際ネットワークであるアルカイダのテロとの戦いが始まった期間でもあった。クリントン政権発足直後の一九九三年二月にはニューヨークの世界貿易センター爆破テロ事件が起こり、のちにアルカイダとの繋がりが明らかになる容疑者が起訴された。一九九八年八月にはアフリカのケニアとタンザニアの米大使館に対する爆弾テロが実行されて多くの犠牲者を出し、二〇〇〇年にはイエメンで米駆逐艦USSコールに対する爆破テロ事件が起こったが、これらはいずれもアルカイダが関与した対米テロ攻撃だった。クリントンは一九九八年八月の米大使館爆破テロへの報復として、アルカイダの拠点になっていると見られたスーダンとアフガニスタンに対する一方的ミサイル報復攻撃を実行したが、アルカイダ側に大きな被害はなかった。米国との関係修復と米テロ支援国家リストからの削除を求めたスーダン政府は、一九九六年、九八年、二〇〇〇年に、ビンラディンを逮捕し身柄を米国に引渡し、さらに中東・アフリカ地域の過激派組織に関する情報を提供することをクリントン政権に申し出たが、同政権はこれを拒否した。

◉——新しい東西関係の模索

冷戦は終結したが、クリントンにとってポスト冷戦時代の新しい東西関係を模索することが大きな課題になった。スティーブン・ホークとジョン・スパニアーは「冷戦終結は米国の地位を高めただけでなく、西側全体において新しい高揚感を生み出した。二つの力がこのポスト・ヒストリカルの世界の特徴になるはずだった。それは民主主義と自由市場資本主義である。両方ともすでに開発途上諸国の多くの部分で定着し、一九九〇年代には東欧、旧ソ連の全域に広がることが予想された」と指摘している。クリントンとボリス・エリツィン・ロシア大統領は一九九三年一月の第二次戦略兵器削減条約（START2）調印の会談を含め十回にわたる米ロ首脳会談を行い、比較的良好な関係を維持した。START2はSTART1とともに、米国とロシアの戦略核兵器を三分の二削減するものだった。クリントン政権も「ロシア・ファースト（ロシア第一主義）」

政策を追求した。[31] クリントン政権のロシア問題専門家ストローブ・タルボットはエリツィンを「改革の化身」だとし、「われわれの望むロシア」を創るために、ロシア国民の高い失業率とセーフティネット（財政保証）がなくなることを承知の上で、「ショック療法」と通貨至上主義の引き締めを主張した。[32] クリントンは定期的にエリツィンに詳細な書簡を送りコミュニケーションの円滑化を図り、また、エリツィンが一九九三年十月にロシア・ドゥーマ（最高議会）を解体したことから、これに対抗する国会議員に軍が発砲する騒ぎが起こった時にも、無条件にエリツィンを支持した。

ロシアは米国の影響力に対する世界的挑戦を止め、キューバへの支援を停止した。エリツィンは、「われわれはもはや敵ではなくパートナーだ」と語った。米国は一九九三年から一九九六年まで合計四五億ドルに達する経済援助をロシアに提供することまで行った。だが、「わが友ビル」との数回の首脳会談にもかかわらず、ロシアの経済危機に対処できなかったことに加えて健康悪化が重なり、エリツィンは信頼できないパートナーとなってしまった。[33] 一九九二年以降の六〇〇億ドルを越える西側からの融資も、ロシア経済が崩壊し、「永久凍土のザイール」化するのを防ぐことはできなかった。[34]

ロシア連邦大統領ボリス・エリツィンと会談するクリントン大統領（1998年11月）

ソ連の支配から脱して独立、民主化の道を歩み始めた東欧諸国や旧ソ連共和国も、経済をはじめその他幾多の困難に直面し、その道は必ずしも平たんではなかった。最も深刻な米ロ関係の摩擦は、ＮＡＴＯの旧共産主義諸国を含む東方拡大の問題をめぐって起こってきた。一九四九年に反ロシア同盟として形成されたNATOがロシア国境まで拡大することは、ポスト冷戦時代とはいえロシアから見て敵対的かつ攻撃的なことに見えた。西側の専門家の一部もこうした拡大には反対した。彼らは、それ以上の反ロシア安全保障措置は必要とは考えなかったのである。一部の批評家は、将来はロシアではなく欧州連合（EU）がヨーロッパにおける米国の主要なライバルになると警告した。

クリントン大統領は一九九四年に、NATO東方拡大はもはや起こるかどうかの問題ではなく、いつどのように起こるかの問題だと発表した。[35] 東方拡大が同盟を弱めるというペンタゴンの懸念にもかかわらず、アンソニー・レイク国家安全保障担当補佐官とリチャード・ホルブルック国務次官補（欧州問題担当）はその決定を押し通した。[36] クリントンはポーランド、ハンガリー、チェコ共和国をNATO加盟の最初の恩恵を受ける国に、正式に指定した。この「最も決定的な過ち」は「ロシアの外交政策をわれわれが好まない方向に決定的に動かすことになる」というジョージ・F・ケナンの予告にもかかわらず、欧州の指導者はクリントン提案に同意した。[37] 一九九九年三月には新たにこの三カ国がNATOに加盟、二〇〇四年三月、エストニア、ラトビア、リトアニア、スロベニア、スロバキア、ルーマニア、ブルガリアが加盟した。ロシアはNATOとパートナーシップの立場にあることを受け入れた。二〇〇九年にはアルバニア、クロアチアが加盟するに至っている。

◉——ポスト冷戦時代の力の均衡

ポスト冷戦時代に政権を担当したクリントンは、ポスト冷戦時代への過渡期における米外交の方向性を模索した。この過渡期における中心的問題の一つは新しい力の均衡だった。ポスト冷戦時代の力の均衡について一つ明瞭なことがあった。ソ連崩壊は、一九四〇年代末以来継続してきた二極構造の秩序に終わりをもたらしたことである。多くの有識者から見て、国際システムは再び多極構造に変化した。そして一連のかつまた主要な東アジアの新興工業諸国が世界舞台の強力なプレイヤーとして浮上してきた。二極システム終焉にもっと説得力ある主張を打ち出したのは、少なくとも当面は一極的な力の均衡が支配することを認識した人々である。すなわち米国は多様な面で優位性を持っており、それを総合すると他のいかなる単一国家であれその総合的資源と比較した時に、それは米国の一極支配時代の到来を示すというものである。その言葉を考え出したコラムニストのチャールズ・クラウトハマーは、「米国の卓越性は、世界のどの地域であれ関与することを決めた紛争において決定的プレイヤーになることができる軍事、外交、経済の資産を備えた唯一の国であるという事実に基づいている」と述べた。[38] クリントン政権で国家安全保障担当補佐官を務めたサンディ・バーガーは二〇〇〇年に預言者のようにこう書いている。「われわれは全世界に力を放出しうる唯一の国であり、公平な立場で紛争を仲裁できる唯一の国である。われわれが友人の支援に失敗するようなことがあれば……われわれが友人を必要なときにわれわれは一人ぼっちになるだろう。そして、国々が連携してわれわれに反旗を翻すようになるだろう。[39]」イギリス人ジャーナリストのセバスチャン・マラビーも米国のパワーの「矛盾」について、「他の国が刃向かうにはあまりにも偉大すぎるが、それでも国際テロや核拡散といった問題を解決するには十分でない」と同様な記述をしている。[40]

スティーブン・ウォルトはクリントン外交の誤りを認めながらも、はるかに肯定的な評価をしている。ウォルトはクリントンが四つの外交政策目標を推し進めたとしている。（一）安全保障競走の勢いをそぎ、戦争の危険を減少する、(二) 大量破壊兵器の脅威を削減する、(三) 自由世界経済を促進する、(四) 米国の価値観と両立する世界秩序を構築する、の四つである。ウォルトは、クリントンの外交政策は「政策として得るところがほとんどなく、失うところが多い時代にはよく適している。米国民はこれをよく認識し、孤立主義も高くつく国際的十字軍も望んでいないことを明確にしている」と主張している。[41]

保守派は依然、クリントンの外交政策に多くの誤りがあるとした。ロバート・ケーガンは、四つの大きな失敗を指摘している。(一) 中国の封じ込めに失敗した、(二) サダム・フセインの排除に失敗した、(三) 適切な米軍事力の維持に失敗した、(四) ミサイル防衛システムの配備に失敗した、の四つである。[42]

外交政策という観点から見るとき、米大統領は三つのタイプに大まかに分類することができる。[43]第一は国家安全保障大統領、第二は経済外交大統領、第三は外交の素人である。最近の大統領では、CIA長官、駐中国大使、副大統領などの経歴を経て第四十一代大統領に就任したジョージ・ブッシュが国家安全保障大統領の典型である。経済外交大統領というのは第二次大戦以後では珍しい。クリントンは米国史上最も長期にわたる経済好況に助けられ、経済政策の運営に成功したというイメージを定着させるのにかなり成功した。おそらく経済外交大統領に該当するのは、国内経済発展を最重視し、外交においても北米自由貿易協会(NAFTA)や世界貿易機関(WTO)などの貿易政策を国内雇用創出のために重点的に推進したビル・クリントンくらいである。

クリントンは二〇〇一年一月二十日に大統領任期を終了後、全米、欧州を中心に世界中の企業や慈善団体で講演を行い、大きな収益を得た。二〇〇一年から二〇〇五年の期間のクリントンの講演による収益は三〇〇〇万ドル以上に達したという。講演では、国際問題に対する多国間アプローチによる解決を訴える内容が多かった。妻ヒラリー・クリントンはニューヨーク州選出の連邦上院議員に当選したが、クリントンはニューヨーク市のハーレムに事務所を開設した。クリントンは二〇〇四年十一月十八日にアーカンソー州リトルロックにウィリアム・クリントン大統領図書館・センターを開設し、その式典にはブッシュ大統領や父親のブッシュ元大統領、カーター元大統領らが出席した。クリントンはまた、エイズ防止・治療など人道的事業を促進することを趣旨とするウィリアム・クリントン財団を設立し、世界的に財団のために寄付を募ってきた。ヒラリー・クリントンが二〇〇八年大統領選挙予備選でオバマに対抗して善戦した後、オバマ政権の国務長官に指名され、就任したが、その指名承認プロセスではクリントン財団の世界各地での寄付集めが利害相反の種になりうる問題として取り上げられた。二〇〇九年七月には北朝鮮に拘束されている米国人女性記者二人の釈放問題を協議するため同国を訪問し、金正日総書記と会談する外交的行動力を示した。

◉ Endnotes

1 Barry R. Posen and Andrew Ross, "Competing Visions for U.S. Grand Strategy," *International Security*, Vol.21, No.3 (Winter 1996-1997), pp.5–53 参照。
2 Elizabeth Drew, *On the Edge* (New York: Simon & Schuster, 1994), p.138.
3 Strobe Talbott, *The Russian Hand* (New York: Random House, 2002), p.407.
4 I. M. Destler, *The National Economic Council: A Work in Progress* (Washington, DC: Institute for International Economics, 1996), p.1.
5 *Ibid*., p.40.
6 *Ibid*., p.61.
7 *Ibid*., p.36.

8 Jerel A. Rosati, *The Politics of United States Foreign Policy*, 3rd ed. (Belmont, CA: Wadsworth/Thomson Learning, 2004), p.264.

9 William H. Baugh, *United States Foreign Policy Making: Process, Problems, and Prospects* (Fort Worth, TX: Harcourt College Publishers, 2000), p.131

10 David Halberstam, *War in Time of Peace* (New York: Scribners, 2001), p.175.

11 Mark Danner, "Marooned in the Cold War," *World Policy Journal*, 14 (Fall 1977), p.11.

12 Jussi M. Hanhimaki, "Global Visions and Parochial Politics," *Diplomatic History*, 27 (September 2003), p.440.

13 W. Dirk Raat, *Mexico and the United States* (Athens: University of Georgia Press, 1992), p.173.

14 United States International Trade Commission, "Impact of the North American Free Trade Agreement on the U.S. Economy and Industries: A Three Year Review," June 1997.
http://usitc.gov/wais/reports/arc/w3045.htm

15 Stephen D. Cohen, Robert A. Blecker and Peter D. Whitney, *Fundamentals of U.S. Foreign Trade Policy*, 2nd ed. (Boulder, CO: Westview Press, 2003).

16 Glenn P. Hastedt, *American Foreign Policy: Past, Present, Future*, 5th ed. (Upper Saddle River, NJ: Prentice Hall, 2003), p.144.

17 James Fallows, "Getting along with Japan," *Atlantic Monthly*, 264 (December 1989), p.55.

18 *Washington Post National Weekly Edition*, August 24, 1998.

19 Thomas G. Paterson, J. Garry Clifford, Shane J. Maddock, Deborah Kisatsky and Kenneth J. Hagan, *American Foreign Relations: A History since 1895*, 6th ed. (Boston: Houghton Mifflin, 2005), p.499.

20 Department of Defense Office of International Security Affairs, "United States Security Strategy for the East-Asia Pacific Region" (Washington, DC: U.S. Government Printing Office, February 1995).

21「日米安全保障共同宣言― 21世紀に向けての同盟―」一九九六年四月十七日、外務省ホームページ参照。
http://www.mofa.go.jp/mofaj/area/usa/hosho/sengen.html

22 Bill Clinton, "A National Security Strategy for A New Century," May 1997.

http://clinton2.nara.gov/WH/EOP/NSC/Strategy/

23 Robert J. McMahon, *The Limits of Empire* (New York: Columbia University Press, 1999), p.224.

24 拙稿「朝鮮半島政策で転換図るブッシュ政権」『世界週報』二〇〇一年五月八日—十五日号、時事通信社。

25 *New York Times*, December 17, 1998.

26 *Newsweek*, 132 (December 28, 1998), p.48.

27 Kenneth M. Pollock, *The Threatening Storm* (New York: Random House, 2002), p.94.

28 Samantha Power, *A Problem from Hell* (New York: Basic Books, 2002), p.xii.

29 Michael Mandelbaum, "Foreign Policy as Social Work," *Foreign Affairs,* 75 (Jan/Feb 1996), pp.16–32.

30 Paul D. Wolfowitz, "Clinton's First Year," *Foreign Affairs*, 73 (Jan/Feb 1994), pp.28–43.

31 Charles William Maynes, "A Workable Clinton Doctrine," *Foreign Policy*, 93 (Winter 1993/1994), p.3 and Wolfowitz, *op.cit.*, p.41.

32 Stephen F. Cohen, *Failed Crusade* (New York: Norton, 2000), p.7 and p.250.

33 Raymond Garthoff, "The United States and the New Russia," *Current History*, 96 (October 1997), p.307.

34 Jeremy Taylor, "Russia Is Finished," *Atlantic Monthly*, 287 (May 2001), p.52.

35 James Goldgeier, "NATO Expansion: Anatomy of a Decision," *Washington Quarterly*, 21 (Winter, 1998), p.94.

36 Jonathan Haslam, "Russian Seat," *International Affairs,* Vol.74, No.1 (January, 1998), p.124.

37 Victor Israelyan, "Don't Tease a Wounded Bear," *Washington Quarterly*, 21 (Winter, 1998), p.53 and *New York Times*, February 5, 1997.

38 Charles Krauthammer, "The Unipolar Moment," *Foreign Affairs*, 70 (Special 1990), p.24.

39 *Washington Post National Weekly Edition*, November 13, 2000.

40 Joseph S. Nye, *The Paradox of American Power* (New York: Oxford University Press, 2002), p.40.

41 Stephen Walt, "Two Cheers for Clinton's Foreign Policy," *Foreign Affairs*, 79 (Mar/Apr 2000), pp.63–79.

42 Robert Kagan, "The Clinton Legacy Abroad: His Sins of Omission in Foreign and Defense Policy," *Weekly Standard*, January 15, 2001.

43 Rosati, *op. cit.*, p.134

chapter 11

George W. Bush

九・一一テロとの戦い

ジョージ・W・ブッシュ George W. Bush

◉——父子二代の大統領

第四十三代大統領（二〇〇一〜二〇〇九年）ジョージ・W・ブッシュは、一九四六年七月六日にコネチカット州ニューヘイブンで、後に第四十一代大統領になるジョージ・H・W・ブッシュとバーバラ・ブッシュの六人の子供の中の長男として生まれる。祖父のプレスコット・ブッシュはコネチカット州選出の上院議員で、父親は一九八九年から九三年まで大統領を務め、政治家の家系である。少年時代をテキサス州ミッドランド、ヒューストンで過ごし、エール大学を一九六八年に卒業した。一九六八年五月には、テキサス州航空州兵部隊に、パイロットの筆記試験でぎりぎりの合格点を取って入隊したが、戦闘任務はなく、父親の政治的地位のゆえに優遇されたという批判がある。一九七二年にアラバマ州航空州兵部隊に移り、共和党上院議員選挙を助け、七三年十月に航空州兵部隊から除隊された。それからハーバード大学でMBAを取得し、予備役で六年間の軍役義務を終了した。この頃、ブッシュは酒癖が悪くアルコールに溺れ、一九七六年には父親の別荘のあるメーン州ケネバンクポートで飲酒運転により逮捕されるなど生活が乱れていたという。

その後、家族の石油関連事業で働き、一九七七年にローラ・ウェルチと結婚し、七八年に米連邦下院選挙に出馬したが、当選できなかった。プロ野球チームのテキサス・レインジャーズの共同所有者になり、一九九四年のテキサス州知事選挙に出馬して民主党のアン・リチャーズを破り、テキサス州知事に当選した。一九九五年から二〇〇〇年までテキサス州知事を務め、民主党との超党派的協力による政治手腕で一定の評価を得る。二〇〇〇年米大統領選挙に出馬し、クリントン政権の副大統領だったアル・ゴアを接戦の末破り、大統領に当選した。二〇〇〇年大統領選では、一般投票の得票数ではゴアがわずかに勝ったが、当落の決め手となる選挙人票数でブッシュが上回り、勝利を確定した。ただそれも、選挙人票の優劣を左右するフロリダ州の票の集計をめぐり投票日後かなりの期間にわたり決着が付かず、再集計、訴訟の末、ゴアが最終的に敗北を認め、ブッシュが辛勝した。[1]

二〇〇四年大統領選挙では、上院議員で民主党候補のジョン・ケリーを相手に、一般投票で五〇・七パーセント対四八・三パーセント、三五〇万票以上の差をつけて再選を果たした。二〇〇四年大統領選でも、選挙人票の帰趨はオハイオ州が決め手になったが、同州を含め複数の州で同性愛者の結婚を合法化する州民投票提案が出され、それを阻止するために福音派（エバンジェリカル）をはじめ保守的キリスト教徒（いわゆる宗教右派）が積極的に投票し、その波及効果でヴァリュー・ボーター（価値観を重視する有権者）が力を発揮し、ブッシュ再選を助けた。同選挙では、イラク戦争を含むテロとの戦い、経済問題が最大の争点になると見られていたが、同性婚問題などの価値観を重視するという有権者がもっとも多くを占めた。ブッシュ大統領は十一月四日の記者会見で、再選を果たし共和党の議席も伸びた結果を、米国民が自分の保守的世界観を受け入れた信任の印であるとし、二期目の政策に積極的に反映させる意欲を示した。ブッシュは再選の重要要因となったキリスト教保守派に言及し、「私は信仰を持つ人々がこの選挙で投票したことを嬉しく思う」とも語った。[2]

ブッシュ大統領の外交政策では、二期を通してテロとの戦いが最大の焦点になり、二〇〇一年九月十一日の同時多発テロ直後には、国家的危機に際して大統領を中心に一つになる米国民の特性が顕著になり、歴代大統領の中でも最高水準に近い九〇パーセント前後の支持率を記録したが、その後テロとの戦いの一環としての大義名分を掲げて開始した二〇〇三年三月からのイラク戦争が泥沼化し、それに経済運営の問題が重なって、二〇〇八年六月時点では歴代大統領の中でも最低水準に近い二八パーセントを記録した。ブッシュ政権二期、八年間を通じて、外交ではテロとの戦い、イラク戦争が焦点となり、国内政策では、大幅減税、移民政策、国土安全保障とそのための法執行機関、情報機関の権限拡張、落ちこぼれ防止法（ノー・チャイルド・レフト・ビハインド法、NCLBA）を軸にした教育改革などが政策上の業績となった。経済政策では、民間主導の経済活性化を狙った大幅減税が十分な効果を発揮しないままに、財政赤字が拡大した。石油価格の上昇によるインフレ、経済成長の鈍化、エンロンなどの企業の粉飾経理問題などの企業スキャンダル、政権末期のサブプライムローンの焦げ付きによる不良債権、リーマン・ブラザーズなど大手投資銀行の経営破綻などによる金融危機、信用危機、株価下落などの経済問題が深刻化した。

ブッシュは最初の大統領選の時は、外交政策には疎い候補者とされたが、テキサス州知事としてメキシコとの関係が強かったことから、中南米諸国、とくにメキシコとの経済・政治関係の強化を政策として打ち出した。またミサイル防衛システムの構築を安全保障政策として掲げた。ブッシュ就任後一年目に発生したニューヨーク、ワシントンに対するイスラム過激派組織アルカイダによるテロ攻撃は三〇〇〇人近い犠牲者を出し、二期にわたるブッシュ政権の外交政策、安全保障政策を規定する決定的役割を果たした。

スティーブン・フック、ジョン・スパニアーは共著『第二次世界大戦後の米外交政策』で、「九月十一日の攻撃は恐ろしい結末をもたらしたが、また米外交政策の（冷戦終結後の）十年間にわたる流浪を終結させた。歴史のこの期間はもはや、あいまいに「ポスト冷戦時代」と考えられることはなくなった。この表現は現在ではなく過去に関係した言葉だった。米国の公衆はもはや、以前は重要でないと考えられた海外からの脅威に背を向けることはできなくなった。米政府は一つの大戦略から別の大戦略へと変転することももはやできなくなった。これ以降、テロとの戦いが政府の注意を独占し、外交政策の基礎を提供し、国内政策の多くの側面を規定することになった」と指摘している[3]。

◉――冷戦後の一極世界

冷戦後の一九九〇年代は、米国が唯一の超大国として一極世界が出現した時代だった。ソ連崩壊後のロシアは経済的に停滞し、政治的腐敗、チェチェン問題で縛られていた。欧州連合（ＥＵ）は、欧州の統合、ユーロの共同通貨をめぐる産みの苦しみの中にあった。東アジアは、金融危機、日本のバブル崩壊後の経済停滞などで国力が後退し、米国と他の先進工業国との間の生産力の格差は拡大する一方だった。唯一、中国が台頭しつつあったが、ハイテク兵器開発、３ＣＩ（指揮command、統制control、通信communications、諜報intelligence）を中心にした軍備増強、経済成長を続けた半面、中国は抑圧的政治制度、国内問題のゆえにその軍事力を世界に投入することはできなかった。米国の国力が余りに多くの分野で他の国々を大幅に凌駕したがゆえに、二流的立場にある国々はワシントンに挑戦するよりも「追随する道」を選んだ。[4] このためこの期間は、むしろ世界的な安定の時代と多くの分析家が考えた。

こうした中でイスラム過激派の脅威が高まっていた。「イスラム原理主義」の脅威は、すでに一九八〇年代に、西側の新世界秩序に対する次なる大きな脅威になり得るものの一つと認識されていた。マーク・ジェルゲンスメイヤーは、これを「新冷戦—宗教ナショナリズムと世俗的国家の対立」と名づけた。[5] この名称に議論の余地はあるにしても、アイディア自体はきわめて明確である。この新しい「戦争」の場所を列挙すれば、これまでとは異なる参加者による「グレート・ゲーム」の新ラウンドが浮かび上がってくるからである。[6]

◉——イスラム過激派の脅威

二〇〇六年三月のイラク戦争の発端についてはさまざまな意見があるが、一九九三年の世界貿易センター爆破事件、米海軍ミサイル駆逐艦「コール」襲撃事件をはじめとするさまざまな襲撃事件、一九九〇年代後半のアフガニスタン、スーダンその他の国のムジャヒディン基地への米配備の巡航ミサイル攻撃が、その前兆といえる。クリントン政権時代でさえも、西側とりわけ米国を標的としたイスラム教徒の戦闘性の高まりに対する懸念は、次に直面しなければならない脅威とされた。しかし九〇年代終盤までには、こうした本質的に苛立たしい蚤の食い痕は治まったかに見えた。

中東、さらにはイスラム世界全体に広がるイスラム過激派は、オスマン帝国崩壊後、さらには第一次、第二次大戦後に欧米がイスラエルの建国を、国連を通じて支援し、中東の地図を書き直したことに幻滅を感じていた。また米国を中心にした欧米が、中東の世俗的政権の承認のもとに中東の原油を「搾取」してきたことにも憤りを感じてきた。欧米の文化的影響、その物欲主義、奔放な生活様式、政治的自由が、コーランの経典を根底にしたイスラム社会を腐敗させていることにも反発してきた。このイスラム過激派の欧米への憎悪は、一九七九年のイランにおけるイスラム革命、テヘランの米大使館占拠などの現象として表面化し始めていた。またサウジアラビアのもっとも富裕な建設事業王の五十二人の子供の十七番目として生まれたウサマ・ビンラディンが一九八〇年に土木工学の学位を取得して、アフガニスタンでのソ連軍に対するイスラム戦士の戦いを支援し、ソ連軍撤退後の八九年にサウジアラビアに帰還し、もう一つの超大国である米国に挑戦し、国際テロ組織アルカイダを結成した。

このアルカイダの脅威は、一九九六年のサウジアラビアでの米軍兵舎への爆弾テロ、九八年のケニアとタンザニアの米大使館爆破テロ、二〇〇〇年のイエメンのアデン港に停泊中の米駆逐艦「コール」への爆弾テロなどを通じて具体化し、拡大してきていた。ビンラディンは一九八九年にサウジアラビアに帰還して、サウジ王国の世俗的政体と米国との緊密な関係を批判したため、九一年にはサウジから追放され、スーダンに移住した。スーダンでは行動の自由を得たビンラディンは、アルカイダの組織化を進め、エジプト、ロシア、旧ユーゴスラビアなどの国々に細胞組織を作り、武器、戦士、その他の支援をイスラム武装勢力に提供し始めた。ソ連軍撤収後のアフガニスタンでの内戦を通じてタリバン政権ができるや、ビンラディンは一九九六年に歓迎のうちにアフガニスタンに拠点を移した。

米国は、こうしたアルカイダをはじめとするイスラム過激派のテロリストの脅威に大きな関心を払わなかった。米外交政策策定者にとって、冷戦時代の焦点はソ連共産主義の封じ込めに絞られ、イスラム過激派の台頭は二次的な関心事に過ぎなかった。もっと一般的には、米国の指導者は世界の力のバランスを主権国家という観点からだけ考えたため、ジハドあるいは聖戦の主唱者による脅威は優先的に考えられなかった。さらに、冷戦終結をめぐる幸福感に浸っていた米国の指導者は、イスラム過激派の脅威に対決することに熱意を持たなかった。そのテロ攻撃という戦術は、通常戦争の概念で固まっていた国防エスタブリッシュメントには容易には理解されなかった。キリスト教原理に文化的繋がりを持つにせよ世俗的国家である米国は、米領土における「神聖なテロ」の攻撃を予想する用意ができていなかった。[7]

◉——九・一一は歴史的転換点

こういう状況の中で、アルカイダの同時多発テロは、心の準備も外的準備もなかった米国を二〇〇一年九月十一日に突然襲った。大統領のスピーチライターの一人デビッド・フロムは九・一一の出来事を「映像に残っているなかでも最悪の犯罪だ」と語っている。[8]

ニューヨークとワシントンで連続テロ攻撃が発生した二〇〇一年九月十一日、火曜日朝（米東部時間）は、米国にとって歴史的な転換点になった。翌十二日の米新聞社説の冒頭と結論からも、このことがはっきりと見

2001年9月11日、同時多発テロによって炎上する
ワールドトレードセンター（dpa/pana）

てとれる。「テロとの戦いが米国の安全保障計画の作成および運用の周辺部から中心部に移されなければならないことを明確に示した。米本土に対する通常でない恐るべき攻撃が開始されているのだ。米国は資源を動員してこのような攻撃に対処する必要がある。……米国は国防政策の再構築に直ちに着手しなければならない」[9]、「世界貿易センターとペンタゴン（国防総省）への攻撃を組織したテロリストは懲罰に値する。そして、米国人に対するこのような憎むべき行為を企んだ者たちは阻止される必要がある。……このような折には、大統領には特別の種類の指導性発揮が求められる。彼らは国民を哀悼と思いやりで団結させる一方、報復とあさはかな軍事反応へのいかなる衝動も抑えなければならない。正義は最後には勝つのだ」[10]。

米国内に潜入していた一九人のアルカイダのテロリストが、

その朝ボストンからカリフォルニア州に向かう旅客機二機、ニュージャージー州ニューアーク、ワシントンそれぞれからカリフォルニア州に向かう旅客機各一機を離陸後暫くしてハイジャックし、旅客機を武器にして、米経済力の象徴であるニューヨークの世界貿易センタービル、米軍事力の象徴である国防総省（ペンタゴン）に突入するという自爆テロを実行した。さらに四機目の旅客機は、ホワイトハウスあるいは連邦議会を標的にしていたと考えられるが、ワシントンに向かう途中、乗客の勇敢な阻止行動によりペンシルバニア州の田舎地帯に墜落した。これにより、日常五万人が勤務する世界貿易センターのツイン・タワーが倒壊し、ペンタゴンの一角が大破し、四機に乗っていた二六六人を含め約三〇〇〇人が死亡した。

事件当時、フロリダ州の学校を訪問していたブッシュ大統領はエアフォースワンで、ルイジアナ州、ネブラスカ州の空軍基地に緊急避難し、安全が確認されてからワシントンに戻った。チェイニー副大統領はホワイトハウスにいたが、地下バンカーに緊急避難した。米政府の閣僚は一カ所に集まって攻撃で全滅することを避けるため、ばらばらの場所に避難した。その時点で米上空を航行中だった四五四六機の航空機はすべて緊急着陸し、飛行を禁止された。米国のメキシコ国境、カナダ国境は封鎖され、連邦政府ビル、外国大使館、ゴールデンゲート・ブリッジ、シアーズタワーなどの米国を象徴する建造物はすべて一時閉鎖された。これは米国民、さらには世界各国の人々に大きな心理的衝撃を与えた。「ブラックサンデー（一九七七年）」や「エアフォースワン（一九九七年）」などの映画に慣らされた人々にとって、そのイメージは、「ハリウッドの映画制作会社が巨額の予算を投じて作った映画そのもので、とうてい信じられないほど」真に迫っていた[11]。

北大西洋条約機構（ＮＡＴＯ）を統括する北大西洋評議会（ＮＡＣ）は創設以来初めて、ＮＡＴＯ加盟国どれかに対する攻撃はＮＡＴＯ同盟全体に対する攻撃であると宣言する憲章第五条を発動した。

テロ攻撃時フロリダにいたブッシュ大統領は、二機目が世界貿易センターに突入する映像を繰り返し見て、「これは戦争だ」とコメントした。[12] ブッシュ大統領はテロ攻撃のあった日の夜、全米国民向けテレビ演説で、テロ攻撃は戦争行為であると宣言し、事実上のテロリズムに対する宣戦布告を行った。この演説は後の「ブッシュ・ドクトリン」として明確にされた。ブッシュは「この行為を行ったテロリストと彼らをかくまう者たちを区別しない」と明言し、米国の報復の範囲を拡大した。[13] ブッシュは二〇〇一年九月二十日の米議会上下両院合同会議での演説で「すべての地域のすべての国はいま、決定を下すべきである。あなた方は米国の側につくか、テロリストの側につくか、どちらかである」と宣言した。[14] 米議会は迅速に反応し、テロリストに対抗するために「すべての必要かつ適切な武力」を行使する権限をブッシュ大統領に付与する合同決議を承認した。このように九・一一（この略称は直後から世界中で使われた）は「米外交政策の歴史にもっとも劇的な変化を、しかももっとも短期間でもたらす」引き金となった。[15]

◉――非対称戦争

ブッシュが宣言したテロとの戦いは、それまでの米国のいかなる戦争とも性格を異にしたものだった。軍事戦略の用語ではアルカイダに対する戦争は「非対称戦争」である。そこでは、標準的な武力の比率に基づく計算は適用されない。非対称戦争は基本的形態において、一方の比較的な強みを敵の弱みに対して活用する。成功する非対称戦争は「計画にない、あるいは予期しない武器を使用することにより容易に判別できる弱点を利用する」点にある。[16]

テロとの戦いを宣言することにより、ブッシュは長期的な戦いにおける米国民の支持を継続させなければならないという困難な課題を背負い込んだ。テロとの戦いはブッシュ政権の残りの任期を通じての中心的関心事になった。だがホワイトハウスは、軍事的後退、追加のテロ攻撃の可能性が高く、それに大きなコストを要するために、公衆の支持と理解を必要とした。この支持を維持することは容易ではない。なぜなら、米国は一撃で敵を破壊することは希望できないからである。むしろ米国は、長期間にわたって、消耗戦を戦わなければならない。[17] 要するに、アルカイダに対する戦いは、米国をして、明確に規定された場所の明確な敵に対して圧倒的軍事力を行使するという伝統的戦争アプローチを放棄せしめた。

この戦いは米国が公衆の支持と忍耐の必要に加えて、情報、外交、国土安全保障という他の三つの要因がその成否を決定する。[18]

アルカイダが米国本土へのテロ攻撃を実行しようとしているという情報機関の情報はあった。[19] 米中央情報局（ＣＩＡ）の二〇〇一年八月六日の大統領に対するデイリー・ブリーフィングには、「ビンラディンが米国内で攻撃を行う決意である」という内容が含まれていた。[20] 米連邦捜査局（ＦＢＩ）及び州、地方自治体の法執行機関も、同じ時期にテロリストの活動が活発になっていることを察知していた。しかし、情報機関間、情報機関と法執行機関の間で情報が分かち合われておらず、断片的な情報を一つに繋いで全体像を示すことができなかった。[21] このため、米情報機関間、情報機関と法執行機関、米国と外国の情報機関の間の情報共有を促進することが、テロとの戦いの鍵になった。またテロとの戦いのためには他の政府との政治的協力が必要だった。多くの国がテロに反対するレトリックを表明したが、実際にテロとの戦いで国が資源を投入し兵力を提供することは容易ではなかった。米国と近しく協力しすぎれば、その国の指導者は国内の反米グループから政治的挑戦を受け、さらに国がテロ攻撃の標的になりかねない。ブッシュは就任当初から、国連など国際組織、国際合意へのコミットメントを後退させ、米国の国益のために必要とあれば一方的な行動も取るという立場を取った。このことは、ブッシュ政権がテロとの戦いという大義名分のためとはいえ、他国の協力を得ることを一層困難にした。国土安全保障は米国内におけるテロとの戦いである。米国内にはアルカイダの細胞組織が潜伏し、活動している可能性があった。このため国内での監視活動を強化しなければならなかった。また空港、港湾、電力施設、通信ネットワーク、政府ビルなどのインフラを将来のテロ攻撃から守るために新たな防護措置が必要だった。このため、九月十一日テロ直後の十月二十六日にパトリオット法（米国愛国者法）が制定され、法執行機関の国内監視権限、法執行権限が強化されたが、一方では市民の自由が制限されるという批判を引き起こした[22]。さらに、それまで政府の諸官庁に分散していたテロ対策機能を統合するために、国土安全保障省が二十二官庁を統合して創設され、二〇〇三年一月二十四日に正式に業務を開始した。これは冷戦時代初期の一九四七年以来、最大の政府再編となった。

◉――ブッシュ・ドクトリン

米軍は、テロとの戦いでアフガニスタンのタリバン政権打倒、世界の他の地域のアルカイダ細胞組織の壊滅、アルカイダを支援するテロ支援国家への制裁という段階的な軍事戦略を採用した。ロナルド・レーガンがソ連を「悪の帝国」と呼んだように、ブッシュは二〇〇二年一月の一般教書演説で、テロを支援し大量破壊兵器開発を進めるイラン、イラク、北朝鮮を「悪の枢軸」と呼んで非難した。またブッシュは、トルーマン・ドクトリンの精神を引き継ぎ、自由に立脚した国家群と憎悪と迫害に立脚した国家群の世界的対立というビジョンを喚起した。[23]

またテロとの戦いの中で、ブッシュは二〇〇二年九月にいわゆるブッシュ・ドクトリンを打ち出した。このドクトリンは、米国の価値観の卓越性と想定される脅威に対する先制攻撃という二つの柱からなっていた。[24]

米国の価値観の卓越性という一本目の柱に関しては、米国のファシズムと共産主義に対する戦いにより、世界にはただ一つの国家の成功のための持続可能なモデルが残った。自由、民主主義、自由経済である。このモデルの擁護者であり体現者である米政府は、過去の帝国がしたように世界を専制支配するためにその優越性を使うのではなく、人間の自由を利する力の均衡を形成することにより、普遍的利益のために奉仕する。二〇〇二年九月のホワイトハウスの「米国の国家安全保障戦略」は、「わが国の軍隊は強力で、潜在敵国が米国の力に優越するか対等の立場に立つことを希望して、軍備増強を追求するのを思いとどまらせるに十分なものになるだろう」としている。[25]

脅威に対する先制攻撃という二本目の柱に関しては、ホワイトハウスの「米国の国家安全保障戦略」は、「米国は長い間、国家安全保障に対する十分な脅威も対抗するための先制行動のオプションを維持してきた。脅威が大きいほど、行動しないことのリスクも大きくなる。敵の攻撃の時間と場所について不確定性が残っていたとしても、その分だけ米国を防護するための先行的行動を取ることが必要になる。敵による敵対行動の機先を制するために、必要とあれば米国は先制行動を取る」としている。[26]

自爆テロリストが暗躍し、大量破壊兵器が拡散する世界において、従来の核抑止力、封じ込めは意味を持たなくなってしまった。[27] こういう状況で、脅威が具現化するのを待ってから対応することは、壊滅的結果をもたらしうる。とりわけブッシュは、テロと大量破壊兵器が交わる接点に強い警戒心を抱いた。二〇〇一年九月十一日の同時多発テロは、アルカイダが民間航空機をミサイル代わりにして世界貿易センタービル、ペンタゴンに突入し、その物理的な衝撃とジェット燃料の爆発を使ってテロを実行したものだった。これがもし、核兵器、化学兵器、生物兵器という大量破壊兵器を使ったテロだったらどうだったか。その被害は、はるかに大きな壊滅的なものになっていただろう。

アルカイダは長年、核兵器など大量破壊兵器を入手しようとしてきたことが知られている。テロを支援し、しかも大量破壊兵器を開発あるいは保有しているならず者国家がアルカイダと結びついたら、大量破壊兵器によるスーパーテロの脅威が現実のものになりかねない。ブッシュが、イラン、イラク、北朝鮮をとくに警戒したのはこのためである。米国に大量破壊兵器を密かに持ち込み、米国の政治、経済の中枢でそれを使用するようなスーパーテロが計画されていたなら、あるいはそれをならず者国家が支援しようとしていたなら、攻撃が行われるのを待ってから対応していたのでは遅すぎる。攻撃が行われる前に、先手を打ってテロ組織を摘発し、あるいはそれを支援するならず者国家を攻撃しなければ壊滅的テロを有効に阻止、あるいは抑止することはできない。そのために重要になっているのは、テロリスト、ならず者国家の意図、活動を事前に察知できる情報能力である。これが防衛のための先制攻撃を強調するブッシュ・ドクトリンの根底にある。

◉――ブッシュ・ドクトリンの実行

先制的戦争を正当化することにより、ブッシュ・ドクトリンは、主権国家が合法的に武力行使をする前に当面する危険について特定することを義務付けた国際法の中心的原則に挑戦した。[28] 国務省の政策企画部長だったリチャード・ハースは、国際法に対立するブッシュ・ドクトリンの側面を正当化して、こう述べている。

主権は義務を伴う。一つは、主権国家は自国民を大量虐殺してはならないという義務である。もう一つは、どんな形であれテロを支援しないという義務である。政府がこれらの義務を果たすことを怠るならば、自国領土への干渉を受けない権利を含む主権の通常の利点の一部を放棄することになる。[29]

二〇〇三年三月に始まったイラク戦争は、このブッシュ・ドクトリンを最初に実行に移した例だった。しかしブッシュ・ドクトリン、あるいはイラク戦争は、従来の国際法の原則を無視する要素を持っていた。この点が、国連安全保障理事会決議をベースにして多国籍軍を編成し、戦争を開始した一九九〇年代初めの湾岸戦争とは異なっていた。ブッシュ・ドクトリン、イラク戦争は、米国を国際的に孤立させうる要素を含んでいた。二〇〇一年九月十一日テロ以前から、ブッシュは国際機関、国際合意よりも米国の主権を優先する立場から、ユニラテラリズム（単独行動主義）を推進する傾向があった。それがブッシュ・ドクトリン、イラク戦争で一層顕著になった。サダム・フセイン政権と九・一一の繋がりについては、ブッシュ政権の閣僚がフセインとアルカイダの繋がりを示す「確かな」証拠があると主張したにもかかわらず、はっきりしないことが証明された。[30] 息子のブッシュが、一九九一年の湾岸戦争で父親が始めたことを完結させようとしているとする評論家もいた。政権内のタカ派は明らかに、中東にサウジアラビアに代わる米勢力の中心地を新たに築くチャンスとみていた。つまり、イラクをイスラエルに友好的で、テロリストをかくまったりしない民主主義国家にして、世界経済のために「適正価格」石油を供給させようとした。[31] ラムズフェルド国防長官、ポール・ウォルフォウィッツ国防副長官、リチャード・チェイニー副大統領率いる強硬派は、フセインが「身の毛もよだつ毒薬、疫病、毒ガス、核兵器を使うぞ」と米国および世界を脅していると語り、イラクの「政権交代」を強く主張した。「九・一一に大量破壊兵器が使われていたら、死者は三〇〇〇人ではすまなかった。何万人もの無辜《むこ》の男女そして子供たちが犠牲になっただろう」とラムズフェルドは警告した。兵器を持ったイラクは「ダンクシュート並みの威力がある」とジョージ・テネットＣＩＡ長官はブッシュに保証し、コンドリーザ・ライス国家安全保障担当大統領補佐官は「決定的な証拠がキノコ雲になるような事態は望まない」と警告した。[32]

◉──ネオコンの存在

ブッシュ・ドクトリンの背後にはネオコンサーバティブ（ネオコン）と呼ばれる政策ブレーンの存在があった。ネオコンは、米政策策定者が責任「回避」を続けたら米国の「基本的利益」につけ入る隙を与えることになるだろうと主張した。[33]

ブッシュ・ドクトリンに似た戦略は、父親のブッシュ政権の時にも、ネオコンの代表格であり国防次官（政策担当）だったウォルフォウィッツなどが中心になって推進しようとしていた。二十世紀の歴史をみれば「危機が出現する前に状況を整え、脅威が緊迫する前に脅威に対応する」ことが重要なことがわかる、とネオコンは主張した。「二十世紀の歴史は、（米国に）米国のリーダーシップの大義名分を受け入れるべきと教えたはずである。[34]」歴史のあちこちにみられるように、世界における米国の役割のあり方の問題は、米国誕生以来、繰り返されてきた問題である。「新しいアメリカの世紀プロジェクト（ＰＮＡＣ）」のメンバーがぞくぞくとジョージ・Ｗ・ブッシュ政権入りし、その問題追求に参画した。

ウォルフォウィッツは、「われわれの戦略はいま、将来、世界的な競争相手が出現するのを防止することに改めて焦点を当てなければならない」とし、米国の指導者は「潜在的競争相手がより大きな役割を果たすのを断念させるような新しい秩序を構築し保護しなければならない」と指摘していた。[35] 国防長官だったチェイニーはこれを支持していたが、マスコミに漏れて、父親ブッシュは世界支配を目論んでいるという批判が出てきて、政策トーンは和らげられた。[36] ウォルフォウィッツは二〇〇一年に発足したジョージ・Ｗ・ブッシュ政権では国防副長官になり、チェイニーは副大統領になって、ネオコンが外交、安全保障の重要な役割を占めることになる。それが、ブッシュ・ドクトリンの誕生、推進に重要な役割を演じることになる。

共和党のジョージ・Ｗ・ブッシュが二〇〇一年一月に大統領になった時、ワシントンのマルチラテラリズム（多国間協力主義）からの後退は勢いを得た。ブッシュはロシアからの反対にもかかわらず、弾道弾迎撃ミサイル（ＡＢＭ）制限条約を一方的に破棄し、ＡＢＭ条約違反と見なされていた国家ミサイル防衛（ＮＭＤ）システムを二〇〇四年までにアラスカ州、カリフォルニア州を中心に構築する政策を推進した。また地球温暖化対策においても、ブッシュは二〇〇一年三月に、クリントン前政権が一九九七年に調印していた国連気候変動枠組み条約の京都議定書に反対する立場を明確にした。京都議定書はまだ米国では議会で批准されていなかったが、他の八三カ国によりすでに批准されていた。クリントン政権は京都議定書に基づいて、二〇一二年までに米国の温室効果ガスの排出を一九九〇年の水準から七パーセント削減することを誓約していた。こうして米国は、国連や北大西洋条約機構（NATO）などの公式の（国際）機構を通して活動するよりも、ケース・バイ・ケースで「有志連合を形成」し、任務が完遂されればその連合を解消するようになる。他国からの助けが必要ないと考えられるなら、あるいは助けが来ないなら、米国は「独自に行動する」ようになる。[37]

ネオコンはクリントンの関与政策、国連重視を米国の主権を抑制するものとして批判してきたが、ブッシュの外交政策は支持した。ネオコンはブッシュ政権の要職に就き、ユニラテラリズムの傾向が強い外交政策を推進することになる。ブッシュのインナーサークルで、この動きに反対の立場を取ったのは、国務長官だったコリン・パウエルくらいだった。戦争に乗り気でないパウエルは、国防長官ラムズフェルドとしばしば衝突した。ラムズフェルドはかつて、パウエルの仕事は「妨害して廃案にすること（おかまいなしに長話しをする）ことで、自分の仕事は口がすっぱくなるまで強調することだ」と述べたことがある。[38] かつてスタンフォード大学の政治学者だったライスは、自分を「過保護に世話を焼く雌鶏」だとブッシュに思わせしめ、派閥抗争を調整しようと努め、存在感を示した。[39]

ネオコンの定義については論議があり、定義そのものが不明確な面がある。ブッシュ政権内でネオコンと呼ばれたのはラムズフェルド、ウォルフォウィッツなど外交・安全保障政策における強硬派である。これまでイラク戦争を含む対イラク政策においては、こうしたネオコンと呼ばれる強硬派が、ブッシュ政権の政策立案、運営の主導権を握ってきた。これに対して、パウエル国務長官など政権内の穏健派はネオコンの動きを牽制し、ブレーキをかける役割を果たしてきた。イラク戦争においても、米軍の単独武力行使ではなく、あくまでも国連安保理の承認のもとにイラク戦争を遂行すべきだと主張したのはパウエル長官だし、対テロ戦や中東政策においても軍事力だけに依存するのでなく、経済支援、教育その他を通じての市場経済、民主主義の拡大など多角的なアプローチを推進しようとしてきたのも同長官である。[40]

◉――国際テロ・ネットワークとの戦い

テロとの戦いは、明確な国家主権を相手にした戦いではなく、超国家的で明確な組織構造をもたないテロ・ネットワークを相手にした戦いであるだけに、容易に決着が付かない。その成功、失敗を明瞭に計る尺度もない。ブッシュは二〇〇一年十月七日、九・一一テロの直後に、テロ首謀者のアルカイダとそれを擁護するアフガニスタンのタリバン政権に対して大規模な軍事作戦を展開し、同国のアルカイダ基盤を壊滅させ、同年十一月にはタリバン政権を崩壊させた。これにより、世界六十カ国以上に細胞組織を持つアルカイダは、一時的にせよ世界的活動のための指令本部の基盤を失った。ブッシュ政権の情報機関再編、外交、国土安全保障を通じて、空港警備、民間航空機、インフラの安全などを強化する措置が施され、対外的には他国との協力を通じて、アルカイダの幹部の多くが拘束あるいは殺害された。この中には、二〇〇一年九月十一日テロの実質的な計画立案者とされるカリド・シェイク・モハメッドなどが含まれており、拘束されたアルカイダ幹部への尋問を通じてアルカイダのテロ計画に関して多くの情報がもたらされた。この情報を通じて、多くのテロ計画が実行に移される前に察知され、テロが防止された。

ローラ・ブッシュ大統領夫人は二〇〇八年九月のミネアポリスでの共和党全国大会の演説で、九・一一テロ以後八年間が経過するが、米国本土での大規模なテロを再び経験することなく安全が保たれてきたことをブッシュの実績として強調した。[41]確かに、顕著なテロ事件が何も起こらなかったこと自体が実績であることは間違いない。二〇〇一年九月十一日当時に比べて、米国の安全が高まったことにも、ほぼコンセンサスがある。半面、アルカイダの最高指導者であるウサマ・ビンラディンやその側近がまだ拘束されておらず、パキスタン北西部部族地域を中心にアルカイダ、タリバンが態勢を立て直しているという現実があり、民主党を中心にそれに対する批判が強い。国家安全保障局（NSA）をはじめ情報機関、FBIはじめ法執行機関による国内監視の強化、捜査権限の拡張などにより、市民の自由やプライバシーが抑制され、侵害されているという批判も高まっている。キューバのグアンタナモ米海軍基地の収容施設に収容されている約二七〇人（当初は五〇〇人以上）の人権侵害問題、拘束したテロ容疑者をCIAが管理する海外の秘密監獄に移送し、そこで拷問まがいの尋問を実施する「レンディション」と呼ばれる手続きをめぐる議論、テロ容疑者に対する特別軍事法廷による裁判をめぐる議論など、テロ対策措置には多くの批判がある。

ブッシュは、レーガン以来の小さな政府、民間の活力を志向する共和党保守派の思想を引き継いでいたが、テロ対策、国土安全保障推進のために大きな政府を志向せざるを得ない立場に立ってきた。二〇〇八年九月にサブプライムローン問題の波及効果として表面化した米金融危機は、大恐慌以来の深刻な危機とされ、政府が七〇〇〇億ドルを投入して救済策を打ち出すという事態に発展した。世界最大の保険会社AIGやファニー・メイ、フレディ・マックなどの住宅金融機関へのテコ入れなども、大きな政府の政策を推進する結果になった。これは議会の共和党保守派から、小さな政府、民間主導、自由市場経済などの保守主義の原則に反するという根強い批判を生んでいる。ブッシュが最大の外交課題として追求してきたテロとの戦いは、評価と批判が入り混じっている。

◉――九・一一テロへの報復行動

ブッシュは二〇〇一年九月十一日テロへの報復行動として、またより全般的なテロとの戦いの第一歩として、同年十月七日から、国際テロ組織アルカイダが中心的拠点を持つアフガニスタンで軍事行動を開始した。北部同盟を前面に立てた戦闘は九月二十二日から始まっていた。米軍は地下要塞をも貫通・撃破する「バンカーバスター」、通常兵器としてはもっとも破壊力が大きい六八〇〇キロ大型爆弾「デイジーカッター」などを駆使し、タリバン地上軍部隊に大打撃を与えた。偵察無人機、誘導ミサイル発射無人機などのハイテク兵器も活用した。アフガニスタンでの軍事作戦の最初の段階では、米軍兵士の死者は約五十人だけだったが、タリバン、アルカイダ部隊は一万五〇〇〇人が戦闘で死亡し、約七〇〇〇人がキューバのグアンタナモ米軍基地の収容所に送られた。圧倒的軍事力を駆使して電撃的に行われた武力行使により、同年十一月にタリバン政権は崩壊した。[42]

アフガニスタンでの基盤を失ったタリバン、アルカイダはゲリラ組織化し、米英軍との戦闘が継続した。アフガニスタンでは民主的選挙によりカルザイ政権が発足し、米軍はアルカイダのウサマ・ビンラディンを含む幹部、アルカイダ部隊とタリバン部隊をアフガニスタンの東部のトラボラと呼ばれる山岳地帯に追い詰めた。同地域は通常戦力が活動しにくい険しい山岳地帯であり、また随所に隠れ家になる洞窟が散在し、またタリバン、アルカイダはその地形を熟知していたことから、米軍は敵の所在を突き止め、掃討するのに苦戦した。

ブッシュは、テロとの戦いを進めるうえでパキスタンのムシャラフ政権と同盟関係を結び、アルカイダ、タリバンの掃討作戦を進めようとした。米国のパキスタンとの提携には問題もあった。ムシャラフ大統領は民主的に選挙されて大統領になったのではなく、一九九九年に軍事クーデターにより権力の座についた。このため国内の支持基盤は磐石ではなく、米国と協力することにより、同国内のイスラム過激派がムシャラフ政権への反発を強め、同政権が政治的に難しい立場に立たされる可能性があった。またパキスタン国内のイスラム教徒の過激化が進み、とくに政府の監督が行き届かないパキスタン北西部部族地域が一層政権から離れてゆく恐れがあった。またパキスタン最大の情報機関ＩＳＩ（パキスタン軍統合情報局）は、同国内およびアフガニスタンのイスラム過激派と近い関係を維持しており、インドに対抗するためにイスラム過激派を擁護してきた過去がある。ＩＳＩは、タリバンの組織化、タリバン政権の発足にも重要な役割を果たしてきた。このため、米国がムシャラフ大統領をテロとの戦いの同盟者にしたとしても、パキスタンの軍、情報機関がどれほどイスラム過激派の摘発、テロとの戦いに協力するかは疑問だった。

米国のアフガニスタンでの報復攻撃は二段階で展開されることになっていた[43]。第一は、米軍が反政府のアフガン民兵勢力がタリバンを転覆するのを助け、九月十一日攻撃の責任者とされるアルカイダのテロリストを一斉検挙することだった。第二は、米政府が多分国連と提携して、近隣諸国を脅したりイスラム過激派テロリストの聖域の役割を果たしたりしない新しい民主政権を創り出す努力を主導することだった。米国は特殊部隊を派遣して空爆の標的を特定し、地上軍による攻撃は北部同盟、第二戦線であるパシュトゥン部隊を含む地元の部隊により実行される。米国の空爆と地上からの圧力により、敵は隠れ家を求めてパキスタンに逃げ込むことになり、そこで拘束され、米国に身柄を引き渡される。それゆえ、パキスタンの協力は米国の軍事作戦にとって重要だった。そして、それは相当な代価を払って達成された。一九九八年にパキスタンが核保有国になった時に課せられた経済制裁の解除とともに一〇億ドル以上の対外援助が提供された。結局、米軍はトラボラでアルカイダ、タリバンの勢力に打ち勝つことができず、パキスタン側に越境するのを許すことになった。

◉――軍事行動の正当化

ブッシュは二〇〇二年九月にブッシュ・ドクトリンを打ち出してから、アフガニスタンでのタリバン、アルカイダ残存勢力との戦いが継続している間に、イラクに目を向け始めた。ブッシュは二〇〇二年一月二十九日の一般教書演説で、テロ支援国家であり同時に大量破壊兵器開発国であるイラン、イラク、北朝鮮を「悪の枢軸」と呼び、これらの国から大量破壊兵器あるいは兵器技術がアルカイダなどのテロ組織に流れ、それが米国を攻撃するのに使われることを強く警戒した。[44] この中でもブッシュは、イラクにとくに着目した。ブッシュは九・一一テロ一周年にあたり、「もし（他の政府が）やらないというなら、米国がやる」と国連に勧告した。[45] イラクへの軍事力行使を認める議会の両院合同決議に支えられ、ブッシュは二〇〇三年一月に「サダム・フセインが最近、相当量のウランをアフリカから手に入れようとしている、という情報を英国政府が入手した」と発言したが、これが誤りだったことが判明した。[46] 発言の元は、偽造文書と誤った情報だった。

ブッシュの父親のジョージ・H・W・ブッシュが大統領だった一九九一年に行われた湾岸戦争で、戦争を現場で指揮したシュワルツコフ大将はイラク軍をクウェートから排除するだけでなくバグダッドまで攻め上りサダム・フセイン政権を壊滅させることを主張したが、ブッシュは戦闘中断を宣言し、湾岸戦争の停戦合意を国連を介して結んだ。しかしその後、イラクのフセイン政権は、国連湾岸停戦合意、とくにその中心部分である国連大量破壊兵器監視グループの活動を妨害するような行動を繰り返し、密かに大量破壊兵器開発を進めているのではないかという疑いが持たれていた。またフセイン政権は湾岸停戦合意に拘束されている立場にありながら、南部のシーア派、北部のクルド族に対する弾圧を強行した。

さらにH・W・ブッシュは大統領を辞めた後、一九九三年にクウェート駐留米軍を訪問したが、その際、爆弾を全身にまとった男がブッシュを抱擁し一緒に自爆するという爆弾テロ計画が発覚し、未然に防止された。そのテロ計画にイラクが関与していたという情報が明らかにされた。ジョージ・W・ブッシュにとって、イラクのフセイン政権打倒は父親がやり残した仕事であり、またブッシュも父親を自爆テロで葬ろうと画策したフセイン大統領に対して個人的な恨みを持っていたとされる。このため、ブッシュは、イラクがアルカイダの二〇〇一年九月十一日テロに直接関与したという証拠はなかったにもかかわらず、イラクに執着していた。しかし、一九九一年の湾岸戦争のように、イラクがクウェートを侵攻・占領したとか、米国に対して軍事的に攻撃したといった対イラク武力行使を正当化できる要素はなかった。ただ、イラクが国連湾岸停戦合意に違反しているという大義名分があっただけだった。

ブッシュは、イラクに対する軍事行動を正当化するために、イラクがアフガニスタンを逃れたアルカイダ幹部に隠れ家を与えている、イラクは核兵器をはじめ大量破壊兵器の開発を進めており生物・化学兵器を保有していると主張した。二〇〇二年後半に、CIAはサダム・フセインが核兵器開発プログラムを再建する意図を持ち、生物・化学兵器について適切に報告しておらず、イラクが保有する弾道ミサイルの一部は、国連のイラク制裁で許容されているより長い射程距離を持つという報告書を出した。[47]とくにイラクが所持している濃縮ウランの備蓄に加えて、ニジェールで核兵器開発・製造のためのウランを購入しようとしたことを示すCIA関連文書を証拠として指摘した。しかしCIAは二〇〇二年二月にジョセフ・ウィルソン元米大使を派遣して、ニジェールのウラン購入疑惑を調査させ、ウィルソンは調査結果に基づいてイラクのウラン購入の情報は間違っていることを報告した。[48]ブッシュはそれでも、二〇〇三年一月の一般教書演説で、イラクが濃縮ウラン獲得活動を追求していると主張した。[49]ウィルソン元大使は二〇〇三年六月にニューヨークタイムズに批判的な論説を発表し、イラクのウラン入手疑惑が作り話であると反論した。[50]ブッシュ政権関係者はウィルソン元大使の妻ヴァレリー・プレイムがCIA秘密情報工作員であることをマスコミに漏洩し、CIA工作員の身元を公表するという不法行為はイラク戦争に反対した外交官への報復だったのではないかという疑惑が浮上し、刑事調査の対象となった。この結果、チェイニー副大統領の首席補佐官ルイス・リビーがこの関連で偽証罪の有罪判決を受け、ブッシュの政治顧問のカール・ローブも起訴まではいかなかったが刑事調査の標的になった。

◉――ラリー・アラウンド・ザ・フラッグ

イラクへの武力行使に関しては、二〇〇二年十月に米議会がイラクへの武力行使容認決議を承認したが、[51]その数日前にブッシュ政権は約七十五人の上院議員に非公開ブリーフィングで、イラクが無人機により米東部を生物、化学兵器で攻撃する手段を持っていると主張した。[52]当時、米情報機関、軍内部においてもイラクの無人機攻撃能力については意見が分かれていた。ブッシュは国連にイラク制裁執行を要求し、武力行使容認決議を国連安全保障理事会に提出したが、フランス、中国、ロシアの反対により決議採択は困難な状況だった。二〇〇三年二月五日、国務長官のコリン・パウエルが国連安全保障理事会に、イラクの大量破壊兵器プログラムと無人機による攻撃能力について発表し、決議承認を求めたが、安保理の承認は獲得できなかった。[53] ブッシュは、国連湾岸停戦合意にイラクが違反している限り、国連の湾岸戦争容認決議はまだ有効であり、新たな国連決議は必要ないという立場を取った。二〇〇二年十一月に国連兵器査察チームがイラクへの査察活動を開始し、二〇〇三年三月にはもっと時間を与えてくれるよう米国に求めたが、ブッシュはイラクへの武力行使へと動き、国連は査察活動の中断を余儀なくされた。ブッシュは米議会から、イラク戦争容認決議の承認を勝ち取り、二〇〇三年三月に英国などごくわずかな国と協力して一方的にイラク戦争を開始した。国連安全保障理事会の承認なしで開始されたイラク戦争は、国連の権威の失墜と見られ、国連の無力化を促進する先例と考えられた。イラクの挑発がない状況で米国が一方的に開始した戦争であることから、国際法上正当化されない戦争だという批判が出た。

二〇〇三年三月のイラクに対する武力行使でも、公衆の間には「ラリー・アラウンド・ザ・フラッグ《星条旗のもとに集結せよ》」の心理が働いていた。ブッシュ大統領は、パウエル国務長官などの閣僚とともに、イラクの大量破壊兵器の脅威を強調し、イラクに対する武力行使を正当化するキャンペーンを二〇〇二年秋の国連総会演説以来半年近くかけて進めていった。二〇〇二年秋の国連総会演説の時点では、ブッシュ大統領には基本的に二つの選択肢があった。一つは、イラクが一連の国連安保理湾岸戦争停戦決議に違反してきた事実に基づいて、既存の国連安保理決議だけでイラクへの武力行使を正当化する十分な根拠になると主張し、武力行使に踏み切るオプションだった。実際に、ブッシュ政権は、対イラク武力行使には、これ以上の国連安保理決議は不必要であると論じていた。また米議会は二〇〇二年十月にイラクへの武力行使を承認する決議を承認し、同決議は十月十六日に公法となっていた。このため米国は単独でもイラクへの武力行使に踏み切ることができる国内法的根拠をもち、他国に武力行使への参加を呼びかけることができた。二つ目は、ブッシュ大統領が湾岸戦争でやったように、国連安全保障理事会に武力行使決議案を持ち込み、改めて国連安保理の武力行使承認を得るオプションである。結局、ブッシュ大統領は二番目のオプションを選択した。これは、父親のブッシュが国連安保理にイラク武力行使決議案を提出して安保理決議承認を勝ち得て、圧倒的な国際的支持のもとに多国籍軍を組織する外交的勝利を収めた実績があり、それと同様の外交的勝利を達成することが可能だという読みがあったためだ。

しかし状況は湾岸戦争の当時とはかなり異なっていた。一番大きな違いは、湾岸戦争がイラクのクウェート侵攻、占領という誰の目にも明らかな国際法侵害行為に対抗する明確な正義の戦いだったことである。ブッシュ大統領のイラクへの武力行使の場合は、イラクが具体的な攻撃を仕掛けてきた状況はなかった。ブッシュ大統領は、九月十一日テロを実行したアルカイダとイラクとの繋がり、イラクの大量破壊兵器開発・保持による潜在的脅威を根拠に武力行使を正当化しようとした。またイラクのフセイン政権は土壇場で、国連査察を受け入れる姿勢を示したが、ブッシュ政権はいくらイラクが一時的に査察を受け入れてもサダム・フセインが政権の座にいる限りはイラクの脅威は増大し続けると訴え、イラクの政権変更が必要だと強調した。ブッシュ政権は武力行使の目的を政権変更に置いた。この米国の主張に対しては湾岸戦争時のような国際的支持はなく、国連安保理でもフランス、ロシア、中国が反対し、ドイツも強い反対の立場に立った。

結果的に、ブッシュ政権は国連安保理の反対にもかかわらず、単独武力行使に踏み切ることになり、米国内では公衆のうち一般大衆は「ラリー・アラウンド・ザ・フラッグ」の心理で大統領を支持したものの、エリート層の議員やジャーナリストは支持を控えるムードが生まれた。[54]

◉——先制戦争の実行と反応

先制戦争は、ジョージ・W・ブッシュ政権の新しい軍事ドクトリンの中心的要素だった。国際法においては、国はまず最初に攻撃を受けるか、ほぼ確実に即時的攻撃に直面していない限り、他国を攻撃することを禁じられている。このため、ブッシュ政権の立場は議論を呼ぶものだった。中世まで遡り現在の共通した基準になっている正義の戦争《ジャスト・ウォー》のドクトリンは、すべての平和的代替手段が尽くされない限り、武力の行使を禁じている。ブッシュの立場からすると、テロリズムと大量破壊兵器の時代に攻撃されるのを待つことは、攻撃を招来するだけであると考えた。これは二〇〇一年九月十一日に「恐ろしい効果をもって学んだ教訓」だった。[55]

また、サダムが一九九八年に国連兵器査察官を放逐した後、国連チームが以前に発見し除去した大量破壊兵器の備蓄を再構築しているかどうかを、外部の観察者が知ることはほとんど不可能だった。過去の経験、イラク政府の絶対的秘密性、サダムの挑戦的態度はすべて、サダムがこうした兵器をまだ保持しており、過去にしたように自由にそれを使用するだろうことを示唆していた。九月十一日攻撃後のこの不安な状況は、米国への敵意を共有するイラクからアルカイダなどのテロリスト・グループへの技術移転の亡霊を呼び起こした。

米軍は二〇〇三年三月から圧倒的な破壊力を持つ精密爆弾による集中的空爆を行った後、地上軍を投入し、電撃的にバグダッドまで攻め上った。二〇〇三年四月九日にはバグダッドが陥落し、フセイン政権は崩壊した。二〇〇三年十二月にはサダム・フセイン前大統領が拘束され、イラク国内で裁判にかけられて死刑により処罰された。しかし、イラク戦争で発見されると期待された大量破壊兵器の証拠は見つからず、またアルカイダ要員がイラクに保護されていたという証拠も発見されなかった。これは、ブッシュの国内外における立場を悪くした。

一方、ブッシュ政権、とくにイラク戦争を指揮した国防長官のラムズフェルドは、フセイン政権の打倒に集中し、戦争後の処理に関しては明瞭な戦略を立案していなかったとされる。アーサー・シュレジンジャーによれば、戦後の計画については「とてつもない無能さ加減」を露呈しつつ、国防省と国務省は、主権を暫定政府に移行する手立てを考え、軍隊および警察部隊を訓練し、失業率が六〇パーセントにも達している国の経済を再建することに奮闘した。[56]

フセイン政権崩壊後、イラク軍、イラク警察を武装解除したことも裏目に出た。ブッシュ政権は、フセイン政権崩壊後の宗派対立、民族対立に対処する用意ができていなかった。イラクでは、シーア派とスンニ派の宗派対立による暴力がエスカレートし、アラブ人とクルド族などの民族対立も先鋭化した。旧フセイン政権の軍幹部などを中心にした武装勢力の抵抗は根強く、アルカイダもイラクを聖戦の最前線と見なして戦闘員をシリアなどを経由してイラクに送り込み、イラクが新たなアルカイダの重要拠点になった。イラクのアルカイダ組織が組織され、武装勢力が強力になるにつれ、米軍の死者が増え、イラクでの武装勢力との戦闘は長期化し、泥沼化した。米軍の死者は二〇〇八年に四〇〇〇人を超えたが、戦闘の長期化、米軍兵士の死傷者増大に伴い、米国内の世論のイラク戦争への支持も弱まり、逆にイラク戦争反対ムードが強まった。米国内における反戦運動も拡大した。当初戦争を正当化する根拠にしていた大量破壊兵器の存在、アルカイダの存在が明らかにされなかったことも、米国内の反戦世論を強めた。ブッシュはそれに代わる戦争の理由を提示しなければならなかったが、中東全体の民主化、イラクのアルカイダ基地化阻止をイラク介入継続の新しい根拠に打ち出した。ラムズフェルドはブッシュ政権の一期目から二期目への移行期に、戦争泥沼化の責任を取る形で辞任に追いやられた。

ラムズフェルドの後を引き継いだロバート・ゲーツ国防長官、デービッド・ペトレイアス・イラク駐留米軍司令官のもとで、二〇〇七年初めから約三万人の米軍増派が行われ、武装勢力と戦う戦術に修正された。アルカイダが市民をも殺害する無差別的テロを進めていることにスンニ派部族長の間でも反対が強まっていたことに着目し、米軍はスンニ派部族長と連携を強めて、武装勢力との戦いを進めた。これが効果を発揮し、二〇〇七年末以降はイラクの治安情勢は改善し、イラクにおけるアルカイダも後退を余儀なくされた。イラク軍、イラク治安部隊の訓練も進み、駐留米軍は段階的削減の方向に向かっている。

◉――イラン問題の深刻化

イラクではフセイン政権崩壊後、一連の民主化プロセス、二〇〇五年一月の五十年ぶりの民主選挙を経てマリキ政権が発足したが、多数派でありながら抑圧されていたシーア派が主導する政権になっている。二〇〇五年十月にはイラク憲法の国民投票が実施され、多数派のシーア派とクルド族により支持された。マリキ政権の中枢に入っているシーア派指導者の多くは、フセイン政権時代にイランに亡命していた政治家でイランとの繋がりが強い。このためイランのイラクさらには中東における影響力拡大が新しい問題として浮上している。

とくにイランは大量破壊兵器開発を進めており、核兵器開発につながるウラン濃縮活動を国際社会からの圧力に抗して継続している。また弾道ミサイルの開発を進めており、米国にとって国際安全保障上の新たな脅威になってきている。ブッシュ・ドクトリンとイラク戦争の結果、米国と敵対する他の敵国は米国から攻撃される可能性に備えるため、軍事力を増強し、防衛を強化したが、イランと北朝鮮の場合は、核武装志向という形で表れた。イランは革命防衛隊の最精鋭部隊であるコッズ部隊を通じて、イラクのシーア派過激派に武器援助、訓練を提供しており、ブッシュ政権はコッズ部隊を国際テロ組織に指定した。フセイン政権がイラクを支配していた時代はイラクがイランの影響力を牽制していたが、イラクがイランの影響下に入る可能性がある現在、イラン問題はさらに深刻な懸念材料になっている。地政学的に見て、中東情勢がイラク戦争により改善されたかどうかは疑問が残るところである。アルカイダの勢力基盤という観点からしても、米軍の攻勢で後退しているとはいえ、イラクのアルカイダ勢力がフセイン政権時代よりも強化されていることは間違いない。

テロとの戦いの関連で重要になったのは国境警備である。国境警備は、国土安全保障、移民政策に絡む国内問題であると同時に、米メキシコ、米カナダの外交問題である。米議会では共和党保守派を中心にして国境フェンスの設置など国境警備強化のための法案が提出・検討されたが、テキサス州知事時代からメキシコとの関係を重視し、移民受け入れ政策を奨励してきたブッシュは、国境問題ではより柔軟で幅広い対応をしようとした。二〇〇六年に、ブッシュは議会に対して、一二〇〇万人以上に達するとされる不法移民が米国内で就労できるようゲストワーカー・プログラムを設置する立法措置を進めるよう要請した。ブッシュは、不法移民に法的資格を与えないことは何百万もの人々に米国の法的保護を否定することであり、移民労働者を必要とする雇用主を罰することになると主張した。ブッシュは議会に国境警備のための財源を拡大するよう要請し、六〇〇〇人の州兵士を米メキシコ国境に配置するよう指示した。二〇〇七年に、ブッシュは二〇〇七年包括的移民改革法案を支持した。法案はブッシュ政権が積極的に支援した超党派の上院議員により起草されたもので、不法移民の合法化、市民権獲得への道を準備し、ゲストワーカー・プログラムを設置し、国境警備を強化し、永住権申請プロセスを改革するなどの内容を含んでいた。だが二〇〇七年六月、上院は法案を承認せず、廃案となった。

◉――地球的優越性維持能力の崩壊

ブッシュ・ドクトリンの全般的効果は、安心させようとした国々の政府を警戒させる結果をもたらした。米政府に対する善意を引き出すよりも、単一の政府による世界支配という見通しは、その宣言された動機や意図がいかなるものであれ、大国、小国を一様に困惑させた。さらに、イラクの独裁者サダム・フセインに対して予防的行動を取るというブッシュの誓約は、海外で抗議を拡大させ、米国の国連と同盟パートナーとの関係に亀裂を生じさせた。その間、悪の枢軸の他の二国、北朝鮮とイランは核保有国へ一歩近づいた。米国では、政治的議論が多くの市民をして自国の民主政体について疑問を抱かせた。これらの展開は個別には米国の安全保障を脅かすものではなかった。しかし、総合すると、それらは、二十世紀に達成した地球的な優越性を維持する米国の能力を崩すことになった。このことは、二〇〇一年九月十一日直後には九〇パーセント前後だったブッシュの支持率が、二〇〇八年秋には史上最低水準に近い二八パーセントにまで下落している要因になっている。ブッシュ政権が二〇〇三年以来、イラクに軍事力、外交活動の主要な資源を投入してきた結果、イラン、北朝鮮、中国、アフガニスタン、パキスタンといった他の外交問題がないがしろにされてきた事実は否めない。

アフガニスタンでは、アルカイダ、タリバンをアフガニスタンの東部山岳地帯に追い詰めながら、イラク戦争に焦点が移ったためにアフガン東部での戦闘が中途半端になってしまった。ビンラディンをはじめとするアルカイダ幹部、タリバン部隊は戦闘を逃れ、パキスタン北西部の部族地域に拠点を移すことにより、アルカイダ、タリバンの基盤を再建することに成功している。もともとパキスタン北西部の部族地域は政府の監督が行き届かない地域だったが、パキスタン政府の米政府との協力の結果、同地域の独立性は一層強まっている。これはアルカイダに安全な隠れ場所、テロ訓練キャンプの場所を提供しており、同地域でアルカイダは外国の過激派を呼んで訓練を進めている。アルカイダがアフガニスタンで八年前に維持していた基盤にほぼ匹敵する基盤がパキスタン北西部にできつつあるとされ、米国本土に対するテロの脅威は継続している。

さらにタリバン部隊はパキスタン北西部を拠点に、とくにアルカイダから引き継いだ自爆テロを活発にして、アフガニスタンでの戦闘を強化しており、米軍の一部を含む北大西洋条約機構（NATO）の国際治安支援部隊（ISAF）四万八〇〇〇人、米軍部隊三万人に苦戦を強いている。二〇〇七年、二〇〇八年とアフガニスタンにおける米軍死者数は記録を更新している。また核兵器と弾道ミサイルを保有するパキスタンにアルカイダが拠点を確立していることは、アルカイダが大量破壊兵器へのアクセスを得る可能性を高めることになり、これは米国にとって重要な懸念材料になっている。ブッシュ政権の国土安全保障省は二〇〇八年九月から米国の空港に放射線探知装置を新たに設置する作業を開始したが、これは核テロへの懸念が高まっていることを反映したものである。テロの脅威という観点から見ると、ブッシュが二〇〇一年九月にテロとの戦いを宣言した時に比べて、脅威が減退しているかどうか、疑問が残る。

パキスタンではムシャラフ大統領が辞任し、ガリニ政権が発足したが、ガリニ政権の米国との協力姿勢はムシャラフ時代に比べ弱まっており、パキスタン北西部への米軍の介入（アフガニスタン側からの越境攻撃、CIA管理の無人機プレデターによるミサイル攻撃）をめぐりパキスタンと米国の間の緊張が高まっている。

◉――外交課題の積み残し

米国にとって、外交課題としては中国の台頭、中国のハイテク兵器を中心とした軍備増強、北朝鮮の核開発問題、インド・パキスタンの対立、イスラエル・パレスチナ問題、ロシアとの新冷戦状態など重要な課題が残っている。これらの外交課題は、イラク戦争に米国が集中した結果、ないがしろにされてきたことは否めない。

北朝鮮の金正日《キムジョンイル》は、イラク危機を北東アジアで核危機を挑発する好機と考えた。二〇〇二年末、金は北朝鮮の核プログラムを凍結するという以前の誓約を破棄し、国際兵器査察官を放逐し、寧辺《ニョンビョン》の北朝鮮核再処理施設を再開する準備を進めた。金にとって、核弾頭をより多く持つことは、米国から攻撃される可能性を抑止し、北朝鮮の地域的影響力を高めることだった。また北朝鮮は、余剰の核物質をもっとも高い値段をつける相手に売ることができた。米国が終わりのないテロとの戦いを行っている時に、二つのならず者国家を同時に相手にすることは不可能だった。

このため、ブッシュは北朝鮮に対しては、イラクへの一方的アプローチとは正反対の六カ国協議という多国間アプローチを採用した。米国はそのアプローチを実行する中で、多国間外交のあらゆる不利な側面を経験してきた。北朝鮮は二〇〇六年十月九日に核実験を実施し、核兵器保有の事実を誇示し、北朝鮮の核問題は深刻さを増した。六カ国協議のパートナーからの提案は、ブッシュ外交顧問により徹底的に批判されたクリントンの交渉と同じく、経済支援、安全保障上の保証、民生用に原子力を生み出す手段を含んでいた。北朝鮮が二〇〇五年九月にこれらの条件に合意したことで、一時的に緊張が緩和されたが、取引はすぐに破綻した。その後、断続的な交渉を繰り返して、六カ国協議合意に基づいて北朝鮮が寧辺核施設の運転凍結、核兵器開発計画の開示などを行い、それを受けて米国が北朝鮮のテロ支援国家リストからの削除を前向きに進めるところまできた。しかし二〇〇八年九月に入って、米国が北朝鮮の核兵器開発開示内容に不満を表明し、テロ支援国家リストからの削除を保留にしたことから、北朝鮮は寧辺《ニョンビョン》核施設の運転再開へ動いており、緊張が再び高まっていた。

米国務省は二〇〇八年十月十一日真夜中（米国東部標準時）、北朝鮮を国務省のテロ支援国リストから削除することを公式に発表した。北朝鮮は米国が北朝鮮のテロ支援国リストからの削除を保留していることを理由に核施設の運転再開を脅してきたが、これにより六カ国協議の合意実施が再開され、近く予定される六カ国協議を通じてさらに核合意実施が前進することが予想された。北朝鮮はこれを受けて、国際原子力機関（I

AEA）の核査察官による寧辺核施設査察再開を許可した。米国の今回の措置は、北朝鮮を核計画停止、核施設解体のプロセスに引き戻すための妥協と見られている。米国は本来、濃縮ウランの研究開発施設の検証などより広範にわたる合意を追求してきたが、現在の合意にはそうした内容は含まれておらず、北朝鮮の核計画に関する重要な部分についての交渉は米次期政権の宿題として残された形になった。拉致問題未解決を理由に北朝鮮のテロ支援国家リストからの削除に反対してきた日本は、米国の措置に批判的である。ブッシュ大統領は北朝鮮テロ支援国指定解除の発表に先立ち、麻生首相に電話して、指定解除方針を伝え、拉致問題については解決に向けて協力を継続する意向を表明した。

ロシアは南オセチア自治州をめぐるグルジアとの軍事対立で、北京五輪中にグルジアへの軍事攻勢を継続し、南オセチア自治州、アブハジア共和国への軍事プレゼンスを維持しており、グルジアを支持する米国との関係が悪化している。新冷戦ともいえる状況が生まれた。

イスラエル・パレスチナ和平問題も、米国は和平のためのロードマップを推進しようとしたが、暗礁に乗り上げている。そもそも、二〇〇一年九月十一日以来、テロとの戦いに集中した結果、イスラエル・パレスチナ問題はないがしろにされてきた。とくに二〇〇四年十月のパレスチナ解放機構（PLO）のヤセル・アラファト議長の死は、占領地区の政治的力のバランスを変化させ、統制の機会をアラファトのファタハ党を超えて拡大する機会を提供した。アラファトの後継者マフムード・アッバスはアラファトのパレスチナ自治政府に対する支配を継続しようと試みた。しかし、何十年にもわたるアラファトへの恨み、蔓延する政府の腐敗、経済停滞が、パレスチナの街頭で大衆の蜂起を引き起こした。蜂起は二〇〇五年に勢いを得て、二〇〇六年一月のハマスの選挙における勝利をもたらした。ハマスは、長いテロリズムの歴史をもち、最近政治プロセスに加わったイスラム過激派政党である。

選挙で立法評議会の支配権を獲得したハマスは、イスラエルの破壊、テロリズムの活用の呼びかけを放棄することを拒否した。レバノンのヒズボラとの連携を含め中東で影響力を拡大し、欧米との対立を深めているイランは、イスラエルに敵対するレトリックをエスカレートさせており、中東和平プロセスを複雑にしている。イスラエルの近隣諸国との和解なしには、中東の平和も、ペルシャ湾における米国の争議の集結も、イスラム過激派テロリズムに対する地球的闘争の終結も可能ではない。しかしハマスの政治的台頭により、イスラエルとパレスチナの和解の道はますます遠のいている。

ブッシュはシリアに対する経済制裁を強化した。二〇〇七年初めに、米財務省は二〇〇五年六月の大統領命令に基づいて、大量破壊兵器開発・拡散に関与していると見られるシリアの研究施設の米国内口座を凍結し、米企業のこれらの研究施設との取引を禁止した。[57] さらに米財務省は、二〇〇七年十一月に、二〇〇四年と二〇〇七年の別の大統領命令に基づいて、レバノンの政府プロセスへの不法な関与を理由に、二人のレバノン人政治指導者と二人のシリア人政治指導者の資産を凍結する制裁を課した。

九・一一の九日後、ブッシュは「われわれのテロとの戦いはアルカイダから始まった。しかしそこで終わるわけではない。世界に勢力を広げた（ネットワークを持つ）あらゆるテログループを探し出し、防衛し、打倒するまで、テロとの戦いは終わらない」と明言した。[58] これが九・一一委員会報告書『何をなすべきか?——世界戦略』の勧告の核心である。[59] 一連の軍事行動の目的を明確にすることに成功した。二〇〇七年に行った米国の国際関係教授対象の世論調査で、五〇パーセントが「国際テロリズム」が米国が直面している「もっとも重要な」外交政策であると回答した。[60]

ならず者国家の核保有を認めないことは、これまでのところブッシュ・ドクトリンにかなっていた。また、それゆえに、これからもこのドクトリンは持ちこたえるだろう。ドクトリン長命の理由はその斬新さではなく、米外交政策の永続的な特徴を描き出したことだろう。第一に、国土安全保障をになう国内組織を再編することによって、テロリズムに対抗しようとしている。これについてはコンセンサスができている。第二に、ブッシュ・ドクトリンは民主主義社会の拡大をめざしている。ただし、市民に幸福と資本主義の繁栄を授けるためではなく、大量破壊兵器の聖戦《ジハード》国家への拡散を不可能にするためである。[61]

ブッシュのテロとの戦いは終わっていない。とくに二〇〇八年十一月の大統領選挙から次期政権が発足するまでの移行期間、金融危機、経済危機に喘ぐ米国に対してアルカイダがテロ攻撃を実行する懸念があったし、テロとの戦いは今後の継続的課題であり続ける。北朝鮮の核問題は、寧辺の核施設運転再開の動きが一転してIAEA核査察官による査察再開許可への動き、金正日の健康問題などの国内問題などで、オバマ次期政権にとって緊急対応を要する課題として浮上する可能性があると見られた。このほか、中国、ロシアの安全保障面での脅威の高まりも今後継続する問題であり、それへの対応をどうするかは米政府内でもコンセンサスが形成されていない状況であり、行政府、議会を含めた議論が展開される可能性がある。ブッシュ政権末期、米国は未曾有の金融危機、経済危機の只中にあり、米政府は金融危機対応措置により七〇〇〇億ドルから一兆ドルを超える膨大な財源を投入せざるを得ない。こうした中で、内政、外交への支出を抜本的に見直さなければならない状況にあり、イラク、アフガニスタンでの軍事支出を含む国防予算、海外援助など外交に関わる支出が大幅に制限される可能性が見込まれた。経済問題が米外交に及ぼす影響を今後注視しなければならないとされるゆえんである。

◉ Endnotes

1 拙稿「形骸化進む米国の二大政党制—大接戦・大混迷となった大統領選の背景」『世界週報』二〇〇〇年十二月十二日号、時事通信社、六–九頁参照。

2 拙稿「第二期ブッシュ政権のアジア外交の方向性」『問題と研究』二〇〇五年一月号、問題と研究出版、一三一–一三八頁参照。

3 Steven W. Hook and John Spanier, *American Foreign Policy since World War II*, 7th ed. (Washington, DC: CQ Press, 2007), p.317.

4 William Wohlforth, "The Stability of a Unipolar World," *International Security*, Vol.24, No.1 (Summer 1999), P.7.

5 Mark Juergensmayer, *The New Cold War: Religious Nationalism Confronts the Secular State* (Berkeley: University of California Press, 1994).

6 Andrew Williams, *Failed Imagination?: The Anglo-American New World Order from Wilson to Bush*, 2nd ed. (Manchester: Manchester University Press, 2007), p.289.

7 Daniel Benjamin and Steven Simon, *The Age of Sacred Terror* (New York: Random House, 2002).

8 David Frum, *The Right Man* (New York: Random House, 2003), p.114.

9 "The War against America: The National Defense," *New York Times*, September 12, 2001.
http://query.nytimes.com/gst/fullpage.html?res=950DE5DA1238F931A2575AC0A9679C8B63&sec=&spon=&pagewanted=print

10 "Resilience and Restraint: Strength of Character Needed after Tuesday's Plane Attacks," *Christian Science Monitor*, September 12, 2001.
http://www.csmonitor.com/2001/0912/p8s2-comv.html

11 *Washington Post National Weekly Edition*, September 17–23, 2001.

12 Nicholas Lemann, "The Options," *New Yorker*, 77 (October 1, 2001), p.72.

13 Walter LaFeber, "The Bush Doctrine," *Diplomatic History*, 26 (Fall 2002), p.143.
14 President Gorge W. Bush, Address to a Joint Session of Congress and the American People, Office of the Press Secretary, September 20, 2001.
http://www.whitehouse.gov/news/releases/2001/09/print/20010920-8.html
15 Stephen M. Walt, "Beyond Bin Laden: Reshaping U.S. Foreign Policy," *International Security*, Vol.26, No.3 (Winter 2001/2002), pp.57–58.
16 Rob de Wijk, "The Limits of Military Power," *Washington Quarterly*, 25 (Winter 2002), p.79.
17 Barry R. Posen, "The Struggle against Terrorism: Grand Strategy, Strategy, and Tactics," *International Security*, Vol.26, No.3 (Winter 2001/2002), pp.39–55 参照。
18 Hook and Spanier, *op. cit.*, p.319.
19 "In Hindsight, C.I.A. Sees Flaws That Hindered Effects on Terror," *New York Times*, October 7, 2001, p.A1 and p.B2.
20 "Text: President's Dairy Brief on August 6, 2001," *Washington Post*, April 10, 2004.
www,washingtonpost.com/ac2/wp-dyn/A2285-2004Apr10?language=printer
21 U.S. Senate Select Committee on Intelligence and U.S. House Permanent Select Committee on Intelligence, "Joint Inquiry into Intelligence Community Activities before and after the Terrorist Attacks of September 11, 2001," 107th Cong., 2nd session, December 2002, p.xvii.
22 正式名称は次の通り。
The Uniting and Strengthening America by providing Appropriate Tools Required to Intercept and Obstruct Terrorism (USA PATRIOT) Act of 2001.
23 President George Bush, The President's State of the Union Address, Office of the Press Secretary, January 29, 2002.
http://www.whitehouse.gov/news/releases/2002/01/print/20020129–11.html
24 Hook and Spanier, *op. cit.*, pp.325–326.

25 White House, “The National Security Strategy of the United States of America,” September 2002, p.33.
http://www.whitehouse.gov/nsc/nss/2002/nss.pdf

26 *Ibid.*, p.19.

27 Robert Pape, “The Strategic Logic of Suicide Terrorism,” *American Political Science Review*, 97 (August 2003), pp.343–361 参照。

28 Hook and Spanier, *op. cit.*, p.326.

29 Nicholas Lemann, “The Next World Order: The Bush Administration May Have a Brand-New Doctrine of Power,” *New Yorker*, April 1, 2002, p.45.

30 Spencer Ackerman and John B. Judis, “The First Casualty,” *New Republic*, 227 (June 30, 2003), p.14.

31 Michael Ignatieff, “Why Are We in Iraq? (And Liberia? And Afganistan?),” *New York Times Magazine* (September 7, 2003), p.71.

32 Ackerman and Judis, *op. cit.*, p.17 and Bob Woodward, *Plan of Attack* (New York: Simon & Schuster, 2004), p.249.

33 Project for the New American Century, *Statement of Principles*, June 3, 1997.

34 *Ibid.*

35 “Excepts from Pentagon’s Plan: Prevent the Re-emergence of a New Rival,” *New York Times*, March 8, 1992, p.A14.

36 David Armstrong, “Dick Cheney’s Song of America: Drafting a Plan for Global Dominance,” *Harper’s*, Vol.305, No.1829 (October 2002), pp.76–82 参照。
http://www.informationclearinghouse.info/article1544.htm

37 Hook and Spanier, *op. cit.*, p.306.

38 Michael Hirsh, *At War with Ourselves* (New York: Oxford University Press, 2003), p.54.

39 Bob Woodward, *Bush at War* (New York: Simon & Schuster, 2002), p.256.

40 拙著『アメリカ外交の政治過程』勁草書房、二〇〇七年、一四八頁。

41 Mrs. Bush's Remarks to the Republican National Convention, Xcel Energy Center, St. Paul, Minnesota, Office of the First Lady, September 2, 2008.
http://www.whitehouse.gov/news/releases/2008/09/print/20080902-12.html
42 Michael E. O'Hanlon, "A Flawed Masterpiece," *Foreign Affairs*, 81 (May/Jun 2002), pp.47–63.
43 Hook and Spanier, *op. cit.*, pp.334–335.
44 President Bush, 2002 State of the Union Address.
45 Michael Dunne, "The United States, the United Nations, and Iraq," *International Affairs*, 79 (March 2003), p.271.
46 Woodward, *op. cit.*, p.294.
47 CIA, "Iraq's Weapons of Mass Destruction Programs," October 5, 2002, p.3.
https://www.cia.gov/library/reports/general-reports-1/iraq_wmd/Iraq_Oct_2002.pdf
48 "C.I.A. Chief Takes Blame in Assertion on Iraqi Uranium," *New York Times*, July 12, 2003.
http://www.nytimes.com/2003/07/12/international/worldspecial/12INTE.html?ei=5070&en=309e57a78da1599c&ex=1224734400&pagewanted=print&position=
49 President George W. Bush, The Presidente State of Union address, Office of the Press Secretary, January 28, 2003.
http://www.whitehouse.gov/news/releases/2003/01/print/20030128-19.html
50 *New York Times, op. cit.*, July 12, 2003.
51 "Congress Authorizes Bush to Use Force against Iraq," *New York Times*, October 11, 2002.
http://www.nytimes.com/2002/10/11/national/11IRAQ.html?ei=5070&en=3183d15fc35e3243&ex=1224820800&pagewanted=print&position=top
52 "Senators Were Told Iraqi Weapons Could Hit U.S.: Nelson Said Claim Made during Classified Briefing," *Frorida Today*, December 15, 2003.
http://www.informationclearinghouse.info/article5385.htm
無人機についてはブッシュの下記演説も参照。

President Bush Outlines Iraqi Threat, Remarks by the President on Iraq, Cincinnati Museum Center - Cincinnati Union Terminal, Cincinnati, Ohio, Office of the Press Secretary, October 7, 2002.
http://www.whitehouse.gov/news/releases/2002/10/print/20021007-8.html

53 "With Audio Tapes and Images, Powell Makes Case to U.N.," *New York Times*, February 5, 2003.
http://www.nytimes.com/2003/02/05/international/middleeast/05shell-dipl.html?ei=5070&en=ea3a1083f1081484&ex=1224820800&pagewanted=print&position=top

54 前掲拙著、一二八－一二九頁。

55 Hook and Spanier, *op. cit.*, p.339.

56 Arthur M. Schlesinger, Jr., "Eyeless in Iraq," *New York Review of Books*, October 23, 2003, p.26.

57 Executive Order: Blocking Property of Weapons of Mass Destruction Proliferators and Their Supporters, Office of the Press Secretary, June 29, 2005.
http://www.whitehouse.gov/news/releases/2005/06/print/20050629.html

58 President Bush, Address to Congress, September 20, 2001.

59 The National Commission on Terrorist Attacks Upon the United States (also known as the 9-11 Commission), "9/11Commission Report," July 22, 2004.
http://govinfo.library.unt.edu/911/report/911Report.pdf

60 Timothy J. Lynch and Robert S. Singh, *After Bush: The Case for Continuity in American Foreign Policy* (New York: Cambridge University Press, 2008), p.112.

61 *Ibid.*, p.296.

chapter 12

Barack H. Obama, Jr.

国際協調を目指して

バラク・H・オバマ Barack H. Obama, Jr.

◉——国際協調路線

バラク・オバマ米上院議員（民主、イリノイ州）は二〇〇八年十一月八日、米史上初の黒人大統領として第四十四代大統領に当選した。オバマの当選は、オバマの政策への米国民の支持表明という以上に、ブッシュ政権八年間に対する国民投票による拒絶票の意味合いが大きかった。それにオバマの「変革」、「融和」を訴えるメッセージが重なり合った。「オバマ氏が支持者の間で巻き起こした熱狂は、不安を感じ、分裂した国民を彼が鼓舞できることを暗示している。また効果的で、規律があり、時には容赦ない選挙戦を展開したことは、彼が想像を絶する複雑な問題を背負う政府を切り回せることも示唆している。オバマ氏が知性と雄弁を兼ね備え、合意をさぐる生来の才能も有していることは、彼は、米国が切実に必要として指導力を発揮できるという希望を与えている」[1]。とりわけ外交面において、ブッシュ時代の単独主義外交から多国間の国際協調を重視した路線に軌道修正をはかり、国際社会での米国の指導力発揮が強く期待された。大統領就任後もこのリーダーシップ発揮への期待値は高いものがある。

十一月四日の大統領選投票日、当選確定から二〇〇九年一月二十日の大統領就任まで七十七日間、大恐慌以来とされる金融危機、米経済不況など山積する国内問題への対処と多極化の様相を深める世界への対応に向けて、政権引継ぎに集中した。クリントン一期目の引継ぎ期間は、クリントンがアーカンソー州から連れてきた中核顧問を中心にして、ホワイトハウスの補佐官体制を整えることなく閣僚人事に着手した結果、非常に混乱した政権移行になった。オバマはその前轍を踏まないよう注意していると見え、まずラーム・エマニュエル下院民主党議員会長をホワイトハウスの次期首席補佐官に抜擢し、ホワイトハウスの補佐官体制を整えて、慎重に閣僚の人選を進めた。政権移行チームは、緊急課題になっている金融危機対策を含む経済政策を進めるため財務長官などの経済担当閣僚、イラク、アフガニスタン問題への対策、テロ対策を進めるための国防長官、国務長官など外交・安全保障担当閣僚の人選に優先的に取り組み、一月二十日を迎えた。

バラク・フセイン・オバマは一九六一年八月四日に、ハワイ大学に留学していたケニア人の父親とカンザス州生まれの白人の母親の間に、ハワイのホノルルで生まれた。父親は大学を卒業すると一歳の息子を残してケニアに去り、それ以来、オバマが父親と再会したのは一度だけだった。母親はインドネシア人と再婚し、オバマもインドネシアに移住したが、その後母親と離れてハワイに戻り、祖父母に育てられながら高校を卒業した。一九八三年にコロンビア大学を卒業した後、シカゴに移って黒人貧民街で住民の生活支援など地域活動、公民権活動に従事した。一九九〇年にはハーバード法科大学院に入り、ハーバード・ロー・レビューの編集長を黒人としては初めて務めた。弁護士として、シカゴ大学法科大学院の講師（憲法学）を経て、一九九六年にはイリノイ州上院議員に初当選し、二〇〇四年七月には民主党全国大会で重要演説をして、知名度が一挙にあがった。[2] 二〇〇四年十一月には、連邦議会の上院選挙で当選した。二〇〇七年二月に大統領選に出馬し、二〇〇八年十一月四日、当選を果たした。白人の母と、本人もよくは知らない黒人の父との間に生まれ、米国の権力と富の流れから外れたところで祖父母に育てられたバラク・フセイン・オバマという名前の米国人が、米国の第四十四代大統領に選ばれた。今は、立ち止まって基本的事実を確認することに意味がある「歴史的瞬間の一場面」にいるとされた。[3]

ブッシュ政権の八年間には、二〇〇一年九月十一日の同時多発テロを契機とするテロとの戦いで政府の力が強まり、米国の軍事力を背景にした単独主義外交が展開された。軍事力で政権変更を行い、形式的な選挙により親米政権を作るという路線には無理があった。この結果、自由と人権の守護者としての米国の威信が失墜し、世界の多くの国々が米国に対する反発を強め、他国民の間に嫌米ムードが広がった。世界のほとんどの国はオバマ当選自体を米国の民主主義復活の兆しとして評価しており、米国の国際的信用がかなり回復されてきている。これは、オバマの当選により米国の国際政治にも変化が生まれるかもしれないという期待感を反映したものだ。オバマは、この親米ムードの復興を弾みとして、ブッシュ政権の下で弱まった国際協調体制を再建し、国際社会での米国の指導力回復を目指すことになる。オバマは、「共和党の経済政策が失敗したことを率直に指摘し、流血を招き無意味な戦争の終結を約束した。米国民の市民的自由と、世界で地に落ちた米国の名声の回復も約束した」。[4] 何よりも、「オバマの勝利は米国を新たな、そしてよりよい軌道に乗せる大きなチャンスである」。[5]

オバマは国政に携わった期間が三年余りの連邦議会上院議員の経歴しかない。その政策傾向を示すものとしては、上院の投票歴くらいしかない。あとは選挙キャンペーンでの主張である。上院では、一〇〇人いる議員のうち最もリベラルという評価を得ている。外交・安全保障面では、基本的に軍事増強、ミサイル防衛（MD）などに反対の姿勢があり、同盟国との関係よりも国際機関を重視し、ならず者国家に対しても対話路線を打ち出す。反戦組織“Move On”などはオバマを支持してきた。しかし選挙キャンペーンでは、超リベラルの言動は控え、穏健派のイメージを前面に出してきた。これがオバマの政治的立場の穏健化、中道化を意味するのか、あるいは選挙戦術にすぎないのかは、今後の大統領として打ち出す政策を見てみなければ分からないとされた。

◉――テロとの戦い

米外交政策では、テロとの戦いが継続的な課題である。オバマは選挙戦を通じて、「アルカイダや他の過激派の脅威を真剣に受け止めていることを明確にした。またアフガニスタンへの部隊増派とパキスタン国内のアルカイダに対する米国による単独攻撃を主張し、テロリストによる大量破壊兵器の入手という最悪の事態を防ぐために、もっと物的・人的資源を投入すると約束した」[6]。

オバマは十一月四日のシカゴでの勝利演説で、「世界を破壊しようとする者達よ。われわれはあなた方を撃退する。平和と安全を求める者達よ。われわれはあなた方を支援する」と、テロとの戦いの継続を鮮明にした[7]。これは、二〇〇一年同時多発テロの一週間後の米議会上下両院合同会議で、ブッシュ大統領が、「すべての国、すべての地域は今決断しなければならない。あなた方はわれわれに付くか、テロリストに付くか、どちらかである」と訴えたことを彷彿とさせる内容だった。[8] オバマはイラク戦争に反対し、イラク駐留米軍撤収を主張するなど、一見反戦政治家のように見えるが、テロとの戦いに消極的なわけではない。イラク戦争に対しては、アルカイダとその最高指導者であるウサマ・ビンラディンを撃退するというテロとの戦いの本来の目的から見て、寄り道であるがゆえに反対してきた。米軍は、二〇〇二年にアルカイダ、タリバンの残留勢力をアフガニスタン東部辺境のトラボラに追い詰めた時、それを壊滅させるまで徹底して追及すべきだったと主張してきた。大統領選挙戦でも、アルカイダ、ビンラディンを粉砕すると明言している。十一月五日の国家安全保障会議によるオバマへの最初の引継ぎブリーフィングは、イラク、イラン、アルカイダに関してであった。これを反映して、オバマのアフガニスタン、パキスタンへの姿勢はブッシュ以上に強硬でさえある。

バラク・オバマ大統領はブッシュ前政権の外交からの転換、変化を掲げて就任したが、外交・安全保障政策の最優先課題がテロとの戦いであるという点で継続性を維持している。オバマ大統領は二〇〇九年一月二十日の就任演説で、「わが国は戦時下にある。暴力と憎しみの大規模なネットワークとの戦争である」と述べた。[9] ただテロとの戦いの焦点、方法論が前政権とは異なるだけである。

ブッシュ前政権のテロとの戦いは、ウサマ・ビンラディン率いる国際テロ組織アルカイダによる米本土への壊滅的テロ攻撃への反応として始まった。この反応は当初、アルカイダの本拠地、隠れ家になっていたタリバン政権下のアフガニスタンへの軍事作戦で始まり、国際的なイスラム過激派摘発として展開された。その後、焦点がアルカイダと核兵器をはじめとする大量破壊兵器の結びつきへと移り、アルカイダに核兵器など大量破壊兵器を移譲するリスクが最も高い国としてイラクが名指しされ、イラク戦争へとエスカレートしていった。ブッシュ前政権の外交・安全保障政策は二〇〇三年三月以降、イラクを中心に展開することになる。

オバマ大統領は、テロとの戦いの焦点をイラクからアフガニスタンおよびパキスタンに引き戻した。アルカイダの指導者ビンラディンとその側近がいまだに拘束も殺害もされておらず、パキスタン・アフガニスタン国境地帯に秘密の根拠地を定めてアルカイダを指揮していると見られること、さらに二〇〇一年十一月に政権崩壊の憂き目を見たタリバンが復活し、アフガニスタン、パキスタンを脅かしているという切迫した現実がその背景にある。アフガニスタンに展開する米軍、北大西洋条約機構（NATO）軍の国際治安支援部隊（ISAF）は簡易爆発装置（IED）を駆使するタリバンに苦戦しており、駐アフガン米軍司令官マクリスタル大将は最高四万人の米軍増派を要請している。大量破壊兵器、とくに核兵器がアルカイダなどのテロ組織の手に渡る危険は継続しており、オバマ大統領も核兵器の移転を阻止することを優先課題の一つにしている。

ブッシュ前政権はテロとの戦いを専ら軍事力により進めようとしたが、オバマ大統領は軍事だけでなく、外交、政治、経済、社会にまたがる包括的対応で進めようというビジョンを掲げている。これはクリントン国務長官が指名承認公聴会で「スマートパワー」という言葉を使って打ち出したアプローチで、「外交、経済、軍事、政治、法律、文化など米国が活用できるあらゆる手段を状況に応じて臨機応変に駆使する」ことである。[10] またオバマ大統領は就任演説で、「防衛については、安全と理想の間の二者択一を誤りとして拒絶する」と述べ、テロとの戦いと人権、法治主義、自由といった原則との両立を宣言した。さらに同大統領は就任演説で、「先人たちが、ミサイルや戦車だけでなく、確固たる同盟と揺ぎない信念も武器にして、ファシズムや共産主義に立ち向かったことを思い起こそう。彼らは、軍事力だけでは自分たちを守れないことも、軍事力が好きなように振舞う資格を与えるわけではないことも理解していた」と強調した。[11]

アルカイダは中東のイエメン、アフリカのソマリアなど政治的、社会的、経済的混乱が悪化している国にテロ訓練基地を含む新しい拠点を置く兆候が出てきている。このため、オバマ政権のテロとの戦いの地理的焦点は、南アジア、中東、アフリカに置かれており、そこに軍事力だけでなく、外交的対話、経済援助、民生技術援助などを含むスマートパワーを駆使してテロ対策を展開するという構図が浮かび上がっている。オバマ大統領は就任直後の一月二十二日に国務省で就任後初めての外交政策演説を行ったが、中東和平とアフガニスタン情勢を重要外交課題として挙げ、「中東和平は米国にとって重要だし、私個人にとっても重要だ」と語った。[12]

◉——主要外交演説

オバマ大統領はこれまで、主要な外交演説を、プラハ、カイロ、モスクワ、アクラ（ガーナ）、東京で行った。これらの演説で同大統領は、イランの核開発、イスラエル・パレスチナ和平、アフガニスタンやパキスタンなどでのイスラム過激主義との戦い、核兵器、核物質の管理・削減に向けて米ロ協力、アフリカへの開発援助など政権の主要外交テーマを打ち出し、米国の政策ビジョンを説明した。

オバマ大統領が二〇〇九年四月五日にチェコ共和国プラハで行った外交演説では、核兵器、核物質の削減、核テロの脅威に焦点を当てた。[13]同大統領は、「何千発もの核兵器の存在は、冷戦が残した最も危険な遺産」であると述べ、「世界規模の核戦争の脅威が少なくなる一方で、核攻撃の危険性は高まっている」、「テロリストは、核爆弾を購入、製造、あるいは盗む決意を固めている」と、核テロの脅威を訴えた。同大統領は、「テロリストが決して核兵器を入手することがないようにしなければならない。これは、世界の安全保障に対する最も差し迫った、かつ最大の脅威である。一人のテロリストが核兵器を持てば、膨大な破壊力を発揮することができる。アルカイダは、核爆弾の入手を目指す、そしてためらうことなくそれを使うと言っている」と述べた。プラハ演説はいわば核なき世界を目指す演説である。

核兵器使用のリスクを削減するため、同大統領は、「米国は国家安全保障戦略における核兵器の役割を縮小し、他国にも同様の措置を取ることを求める」と明言した。ロシアと新しい戦略兵器削減条約の交渉を開始し、年内に法的拘束力をもつ新合意を達成するという目標を打ち出した。これがモスクワ演説に続くことになる。さらに同大統領は、包括的核実験禁止条約の米国による批准を目指すとともに、兵器級核物質の生産を禁止する条約締結を推進する方針を示した。同大統領は、「世界中の脆弱な核物質を四年以内に保護管理することを目的とした新たな国際活動を発表する。……ロシアとの協力を拡大し、こうした機微物質を管理するための新たなパートナーシップの構築に努める」と語った。これとともに同大統領は、「闇市場を解体し、物質の輸送を発見してこれを阻止し、金融手段を使ってこの危険な取引を停止させる活動を拡充しなければならない」とし、米国が主催して核安全保障に関する国際サミットを一年以内に開催する方針を明らかにした。このほか、同大統領は、核不拡散条約の強化、そのための国際的査察強化のための資源と権限の増強、条約違反、脱退への制裁強化、原子力の民生利用に関する協力枠組みの構築などの必要性を強調した。

核拡散問題に関連して、同大統領は北朝鮮の長距離ミサイル発射実験に言及し、核拡散防止のより変革な国際体制が必要であり、「われわれが協力して北朝鮮に圧力をかけ、方針を変更するよう迫らなければならない」と訴えた。また、イランに関しては、「イランとの相互の利益と尊敬に基づき、イランとの関与を求めてゆく」とし、「対話の中で明確な選択肢を提示してゆく」と語った。さらに、「イランからの脅威が続く限り、われわれは費用対効果の高い実績のあるミサイル防衛システムの導入を続けてゆく」とし、イランの脅威に対抗することを念頭に欧州にミサイル防衛システムを配備する意図を示した。

オバマ大統領は二〇〇九年六月四日のカイロでの演説で、(一) あらゆる形態の暴力的過激主義、(二) イスラエル・パレスチナ問題、(三) 核兵器に関する各国の権利と責任、(四) 民主主義の拡大、(五) 信教の自由、(六) 女性の権利、(七) 経済開発と経済機会、という七つの課題を指摘した。[14] イスラム世界との新たな関係構築を目指す演説である。

同大統領は、「米国の安全保障に重大な脅威をもたらす暴力的な過激派には容赦なく立ち向かう」という基本姿勢を表明し、「アルカイダは、罪のない人々を情け容赦なく殺害することを選び、これを実行したという声明を出し、今も大量殺害の決意を表明している。彼らは多くの国々に支部を持ち、さらに勢力範囲を拡大しようとしている」と、アルカイダの脅威が継続している現実を強調した。同大統領は、「可能な限り多くの米国民を殺害しようと決意した暴力的な過激派が、アフガニスタンに、そして現在ではパキスタンにもいないと確信できるならば、喜んで米兵を一人残らず帰還させる。しかし、まだそうした状況にはなっていない。米国が四六カ国の連合と提携しているのはそのためである」と、アフガニスタン米軍駐留を正当化した。

同大統領はアフガニスタン、パキスタンへの取り組みでは、「スマートパワー」のアプローチを適用している。同大統領はカイロ演説で、「軍事力だけでは、アフガニスタンとパキスタンにおける課題を解決できないことは分っている。そのためにわれわれは、今後五年間、毎年一五億ドルを投資して、パキスタンと提携し、学校、病院、道路、事業施設を建設すること、そして難民救済に何億ドルもの投資を行うことを計画している。また、アフガニスタン国民が自国の経済を発展させ、国民が必要とする各種サービスを提供できるようにするために、二八億ドルを超える資金を提供する」と述べ、軍事、経済、社会を含む包括的対応を強調した。これに関連して、同大統領は、「米国は、イスラム教徒が過半数を占める国々と提携して、少女たちの識字率向上を支援し、人々の夢の実現に役立つマイクロファイナンスを通じて若い女性の就職を支援する」方針を示した。

同大統領は、「各地のイスラム社会とのパートナーシップ拡大」をうたい、「米国と世界中のイスラム社会の財界指導者、財団、社会起業家の繋がりを強化する方法を見つけるために、今年、企業サミットを主催する」、「科学と技術に関して、イスラム教徒が過半数を占める国々で技術開発を支援し、アイデアを商品化して雇用創出につなげられるようにするための新たな基金を設立する」などの構想を打ち出した。

同大統領はまた、二〇一〇年八月までに米軍の戦闘旅団をイラクから撤退させることを指示したことを明らかにし、「七月までにイラクの各都市から戦闘部隊を撤退させ、二〇一二年までにイラクから米軍をすべて撤退させるというイラク民主政府との合意を守る」と明言した。さらに、「イラクによる治安部隊の訓練と経済開発を支援する」方針を示した。

テロとの戦いに関連して、同大統領は、「私は、米国が拷問を使うことを明確に禁止するとともに、来年初めまでにグアンタナモ収容施設を閉鎖するよう命じた」とし、より人権重視のアプローチを強調した。

同大統領は、中東和平に関して、「米国は、尊厳と機会と自らの国家を求めるパレスチナ人の正当な願望に背を向けることはない」、「ハマスは、暴力に終止符を打ち、過去の協定を承認し、イスラエルの生存権を承認しなければならない」、「唯一の解決法は、イスラエル人とパレスチナ人がそれぞれ平和で安全に暮らすことのできる二つの国家によって、双方の願望を達成することである」などと明言した。「ロードマップの下で当事者同士が合意した義務」を強調した。イスラエルに対しては、「米国は、イスラエルの入植地存続の合法性を承認していない」ことを再確認し、入植地建設の中止を呼びかけた。

オバマ大統領は二〇〇九年七月七日、モスクワでの演説で、大量破壊兵器削減問題に触れ、「メドベージェフ大統領と私は、われわれの保有する核弾頭および運搬手段を大幅に減少させる新たな条約の交渉を前進させた」、また「四年以内に脆弱な核物質を管理するという目標の達成に不可欠な、核の安全保障面での協力を強化することで合意した」、さらに「イランおよび北朝鮮の弾道ミサイルを含む、二十一世紀の弾道ミサイルの脅威評価を合同で行うことについて合意した」と語った。同大統領は、「欧州におけるミサイル防衛計画にロシアが反対していることは承知している。私の政権は、米国、欧州、および世界の安全保障強化のために、配備計画を見直している。私はこのシステムが、イランによる攻撃の防止を目的としていることを明確にしている。これは、ロシアとは全く関係ない」と、イランの脅威に対応する形での欧州ミサイル防衛配備の方向性を示唆した[15]。

同大統領は、「暴力的な過激派」との戦いに関して、「米国は、アフガニスタンとパキスタンでアルカイダとその仲間達を分裂させ、解体し、打ち負かすという明確な目標を立てている」と強調した。「われわれが望むのは、ロシアを含むパートナー諸国と協力し、アフガニスタンとパキスタンの国民が自らの安全保障と繁栄を推進できるよう援助することだ」と語った。さらに、「イスラエルとパレスチナという二つの国家が、平和と安全の中で共存するという目標を追求している」と述べたうえで、「ロシア国民はわれわれと共通の目標を持ち、その成功によって恩恵を受けると、私は確信している」と語った。すなわち、テロとの戦い、大量破壊兵器管理、削減、中東和平、貿易などで米国とロシアの協力関係を強化することを打ち出した演説である。

オバマ大統領は二〇〇九年七月十一日にはアフリカのガーナ共和国で演説した[16]。同大統領は、アフリカで「部族主義、利権主義、縁故主義」といった腐敗が国の発展を阻害している現実に触れ、「他国の支配から脱することは重要だが、自分達の国家を建設することはさらに重要だ」と指摘し、アフリカ諸国が「民主主義、機会、保健、紛争の平和的解決」という分野で大変革を進めるよう促した。同大統領は、「本当の意味で成功の証しと言えるのは、人々が辛うじて暮らしていけるだけの援助を米国が永続的にしていくことができるかどうかではなく、大変革に必要な能力の構築においてパートナーであるかどうかだ」と語り、アフリカ諸国への援助よりも自助努力を強調した。同大統領は、「米国の三五億ドルの食糧安全保障イニシアチブが、単に米国の生産者や農産物をアフリカに送るだけでなく、農家が利用できる新たな農法や技術にも重点を置いているのはそのためだ」と語り、「対外援助の目的は、援助を必要としない環境を作り上げることでなければならない」と明言した。とくに同大統領は、民主主義は選挙を実施することに止まるのではないとし、「蛮行や贈収賄の支配が法の支配に取って代わるような」専制政府を廃するよう呼びかけた。さらに同大統領は、「アフリカは強い統治者を必要としていない。強力な機関・制度を必要としている」と述べた。また同大統領は、米国が「包括的でグローバルな医療戦略」を通して、エイズ、マラリア、結核、ポリオなどの撲滅に向けた公衆医療援助に六三〇億ドルを支出する方針を明らかにした。オバマ大統領はアフリカ系というルーツのゆえか、過去の米大統領に比べアフリカへの関心が強く、対外援助よりも民主主義機関、制度の整備に向けた技術支援に重点を置いているのが特徴である。

◉——東京演説

オバマ大統領は二〇〇九年十一月十四日にアジア歴訪の最初の訪問地である東京で外交演説を行い、米外交は中東その他の地域に当面焦点を当てているが、米国が「太平洋国家」としてアジア太平洋地域に対して強いコミットメントを維持していることを確認した。[17] この演説は、核廃絶を提唱した同年四月のプラハ演説と並ぶ主要外交演説と位置づけられており、オバマ外交におけるアジア重視を印象付ける狙いもあったとされる。

オバマは同演説で「米国は何世代にもわたり太平洋国家できた。米国は太平洋によりアジアと隔てられているのではなく、結びつけられている。米国はアフガニスタンとイラクで戦争に従事していても、日本及びアジアの安全保障へのコミットメントは揺るぎない。日本を筆頭に韓国、豪州、タイ、フィリピンとの協定に基づく同盟関係も不変である」と力説している。いわば米国が太平洋国家であり、地域への関与を深めることを明確に宣言した。米国をアジア・太平洋国家と位置付け、同地域の主要プレーヤーとして、安全と繁栄の維持、拡大のため、積極的な関与を続けると公約したことである。鳩山首相が標榜する「東アジア共同体」が米国抜きの構想と伝えられ、ワシントンに鳩山首相への疑念が広がったが、オバマ・ホワイトハウスはそのいきさつも踏まえて、アジアに「米国外し」の風潮が広がるのを封じ込める「反攻」に打って出たと

オバマ大統領東京演説（2009年11月）（毎日新聞社提供）

見ることもできる。[18]

アジア政策では、オバマのアジア政策顧問に中国専門家が多いこともあり、中国重視の政策になるとの見方があった。オバマの外交顧問格のズビグニュー・ブレジンスキー元国家安全保障大統領補佐官（カーター政権）も中国重視外交推進派である。ヒラリー・クリントンは、二〇〇七年十月十五日付『フォーリンアフェアーズ』への寄稿論文で、「中国との関係が今世紀において世界で最も重要な二国間関係になる」と強調し、対照的に「日本」の文字は二回出ただけだった。二回の言及も「豪州、インド、日本と同盟強化の新たな道を探る」と述べた部分と「中国、日本と協力してクリーンな環境資源開発を進める」としたくだりに過ぎない。日米関係には全く触れていない。ビル・クリントン大統領も、中国について、「戦略的パートナー」と呼んで、積極的な関与外交を進めたが、ヒラリー・クリントンもその路線を踏襲している。[19]

オバマの外交顧問はもちろん、日米関係の重要性を指摘しており、日米関係がアジア政策の基軸になるという考えを示している。オバマ自身、少年時代に鎌倉を訪問して大仏像に感銘を受けるなど親日的感情を持っているとされ、二〇一〇年の日米安全保障条約締結五十周年を重要視して、日米安保体制の再確認、強化の節目として準備作業を進め、その折には自ら日本を訪問する意欲を持っているともされた。オバマは二〇〇七年四月、当時の安倍首相訪米前に上院本会議で演説し、日米同盟を「戦後の偉大な成功例」、「日本がアジアの安定と安全確保を果たすための中核」と位置づけ、自衛隊の役割拡大を歓迎した。[20]

ただオバマは、日米同盟関係や米韓同盟関係を重視するよりも、地域的安全保障の枠組みを提唱するなど、多国間主義のアプローチを支持している。オバマは選挙戦を開始した初期の二〇〇七年六月八日、外交政策を発表し、北東アジアでは、従来の日本などとの二国同盟を軸にした外交を超えた地域全体を包括する多国間の枠組みによる外交を推進する方向性を示唆した。オバマはその中で、「安定と繁栄に貢献し、国境を越えた脅威に対抗する東アジアの国々を集めた包括的な基盤が必要だ」と述べた。[21]北朝鮮への対策では、北朝鮮のテロ支援国家指定解除に一定の評価を与えており、北朝鮮とは対話に前向きの姿勢を示してきた。

オバマ大統領は東京演説で、米国は台頭する中国に脅かされてはいないとし、伝統的同盟国としての日本との緊密な関係を維持しつつも対中関係の強化も模索する意思を明確にした。同大統領は「(オバマ政権の)アジア・太平洋地域での取り組みは、永続的で活性化された日米同盟に根ざす」と強調している。大統領は同演説で「(日米同盟が)持続してきたのは日米両国が共通の価値観を有しているからだ。両国民とも自分の夢を実現する民主的権利を共有し、変化を公約に掲げた鳩山首相と私が国のリーダーになれる自由で、民主的な国だからだ」と強調している。一方中国にたいして同大統領は、「相互に結び付いた世界においては、力はゼロ・サム・ゲームである必要はなく、国々は他国の成功を恐れる必要はない。競合する勢力圏ではなく、協調圏を培うことがアジア太平洋地域の進歩につながる」と述べ、「共通の関心事項に関して中国と実用主義的協力を追求することが重要である」、「米国も含めいかなる国も単独で二十一世紀の挑戦課題に対処できない。だから米国は中国を封じ込めることは求めていないし、米中関係の深化は日米同盟の弱体化を意味しない」と語った。[22] 同大統領は人権問題について言及したが、それを中国やチベットの問題に結び付けることはしなかった。また同大統領は北朝鮮に対して、六カ国協議に復帰するよう呼びかけ、さもなければ国際的孤立を深めることになると警告した。同大統領はより和解と友好を追求する米国のイメージを強調し、東アジア・サミットなどアジア地域の多国間組織に関しても、ブッシュ前政権の孤立主義的姿勢から関与へと転換を示唆した。

オバマ大統領は二〇〇九年十一月の中国訪問で、中国とは「二十一世紀の地球規模の課題」への対処に向けた関係発展を訴えるなど、米国のアジア政策の重心が中国にさらに移行していることをうかがわせた。米中首脳会談では十二年ぶりに包括的共同声明を出し、核不拡散や気候変動などの地球的問題で米中が主導的役割を務める方向性を打ち出した。[23] 貿易不均衡の是正を目指すことを相互に確認し、米国は消費抑制を、中国は内需拡大を約束した。また安全保障面でも、北朝鮮、イランの核問題、アフガニスタン情勢などで米中が協力を強化することを強調した。

中国は持続的な経済成長により、二〇三〇年までに米国の世界最大の経済力を追い抜いて世界第一の経済大国になると予想されてきた。輸出依存型の中国経済が現在の世界的経済危機により大きな打撃を受けたことは間違いないが、輸出が落ち込んだとしても中国は国内の中産階級の支出による内需により、一定の経済成長を維持できる潜在力を持つ。経済専門家の中には、米国の経済不況が長期化すれば、中国が米国の経済力に追いつき、追い越す時期は二〇三〇年よりも早まると予測している。中国が経済成長の鈍化により、軍備拡張に投入する資金を抑制するかどうかは不明瞭だが、米国を脅かす経済力を持ちながら、軍備拡張、近代化を推進し、外交面でも世界的に積極外交を展開することになれば、中国は米国を脅かす軍事大国にもなる可能性がある。米国は深刻な経済問題のゆえに、すでに新兵器開発、偵察機などの予算を削減する可能性が現実的になっており、国防予算の抑制は避けられない状況になりつつある。

このため、オバマ政権は、対中政策を、経済協調と安全保障面での警戒をバランスを取って進めなければならない。ただ当面は経済協力を優先せざるをえず、中国との経済関係を強化する道を選択する可能性が強い。オバマは二〇〇七年六月に発表した外交政策案で、中国の役割強化も提唱し、「対中競争力を強化するとともに、中国との協力を拡大する関係作り」を主張した。[24] オバマ政権はアジア政策において、中国を最も重視せざるを得ず、日本、韓国との関係の重要性は相対的に低下することが考えられる。

◉――遠大なビジョン

こうしたオバマ大統領の外交政策のビジョンは遠大だが、就任以後の具体的な外交成果となると、特筆に価する成果はないというのが現実である。二〇〇九年十一月二十四日付米紙ニューヨークタイムズのコラムニストのロジャー・コーエンによる「迷路にいるオバマ」と題する論説によると、コーエンはニューヨークでの夕食で座っていたヘンリー・キッシンジャーにオバマについての評価を聞いた。この時に、キッシンジャーは、「彼は緒戦で六つの試合を同時にこなしたチェスの名人を思い起こさせる。しかし、どれ一つ試合を完了しておらず、一つでも完了してほしいと思う」と答えた。[25] 要するに完結した成果がないということである。コーエン自身はオバマ外交について、「アイデアは良いが、アイデアをそれ以上のものにする温かさ、説得力、巧妙さが欠けている」と評している。コーエンは、「オバマの国際的イニシアチブは広範囲に及ぶ。四月にプラハで発表された核兵器のない世界構想があり、九月に国連で反復された。……過去十五年間の最も懸念を抱かせる世界的傾向である兵器拡散が逆転しない限り、その夢は単なる気分を良くさせる概念にすぎなくなる」と強調した。

オバマ大統領に二〇〇九年のノーベル平和賞が授与されることが明らかにされ、授賞式が行われたが、賞は具体的な平和の実績に対して与えられたものでなく、同大統領が掲げる平和のビジョンを後押しするために授与されたと言われており、それに相応しい平和の成果がもたらされるかどうかは今後の同大統領の外交手腕にかかっている。しかし、ノーベル平和賞授与理由が発表された翌日、米紙ワシントンポストは「オバマ大統領は核廃絶の目標を設定したが、それ以上のものはない」として、目標決定だけで授与する意図に疑念を表明した。[26]

同大統領は「変革を起こしてきた数多くの人々の仲間入りする資格は私にはないというのが、本当の気持ちだ」と語り、「しかし、歴史を通じてノーベル賞は、個々の業績をたたえるためばかりでなく、一連の運動を起こすための弾みとしても利用されてきた」と大統領は指摘した上で、この賞は「すべての国家、すべての国民に、二十一世紀の共通の課題に立ち向かうよう呼び掛ける」ものだと主張した。[27]

ニューヨークタイムズ紙は「イラクでは、秩序ある撤退への道のりはいまだに遠い。アフガンでは、ブッシュ氏が果たさなかったこと、つまり、米軍と同盟国軍を勝ち目のない終わりなき戦争に陥らせることなく、アルカイダを打倒し、タリバンを封じ込める戦略を近いうちに決定する必要がある。核兵器のない世界の実現というオバマ氏が唱える目標に向けて真の前進を図るには、米国とロシアの双方が核兵器の大幅削減に同意する必要がある。イランが不正な核活動の放棄を拒絶するのであれば、厳しい制裁を科すよう、オバマ氏は主要国に強く求めなければならない。また北朝鮮の核計画を押しとどめるために、より効果的な戦略を策定する必要もある。」と主張する。[28]

とくにオバマ大統領のアフガニスタン・パキスタン政策は正念場に来ており、地域平和、世界平和に影響が大きい決断を迫られている。

すでにパキスタンでは食品、石油価格の高騰で二〇〇九年にはインフレが一五パーセント以上になることが予想されたなど経済状態が悪化し、それが政治情勢をも不安定にしている。米国に端を発した金融危機はパキスタンの経済危機を深める結果になっているが、これはパキスタンにおける民族対立を悪化させ、アルカイダなどのイスラム過激派の脅威を高めている。パキスタンはサウジアラビアとともに、アルカイダの優先的標的になった。サウジアラビアを支配すれば石油資源を手にして欧米のエネルギー供給源を脅かすことができるし、パキスタンを支配すれば核兵器を手にして核テロ能力達成の夢を叶えることができる。このため、オバマは米国防衛のためには、パキスタン、アフガニスタンに焦点を当てざるをえない。オバマは、テロとの戦いの焦点をイラクからアフガニスタンに移すことになるゆえんである。

オバマ大統領は二〇〇九年三月に二万一〇〇〇人のアフガニスタンへの増派を発表し、アフガニスタン駐留米軍は六万八〇〇〇人となっているが、マクリスタル司令官はさらなる増派を強く要請し、最大四万人の増派を求めていた。具体的提案としては、二万から二万五〇〇〇人増派、三万人増派、四万人増派、増派数を特定しない案という四つの提案がオバマ大統領に提出されている。オバマ大統領の取り巻きの間でも意見が分かれており、マレン統合参謀本部議長やペトレアス中央軍司令官はアフガン増派を支持している。ゲーツ国防長官、クリントン国務長官、マレン統合参謀本部議長はアフガニスタンへの三万人以上の米軍増派を支持している。[29] これに対して、バイデン副大統領、エマニュエル大統領首席補佐官、ジョーンズ国家安全保障担当大統領補佐官らホワイトハウスの関係者は追加増派を支持していないか、慎重姿勢を取っている。慎重派は、アフガニスタン軍、治安部隊の訓練に重点を置き、アフガニスタン政府・軍に治安も任せてゆくべきだという立場を示している。

オバマ大統領は増派決定を遅らせていたが、時間をかけすぎという批判が強まっていた。ビンラディンなどアルカイダ幹部拘束の目途は全く立っていないし、パキスタン政府までがイスラム過激派の脅威にさらされているという点では状況は悪化している。オバマ大統領は二〇〇九年十二月一日、ニューヨーク州ウエストポイントの陸軍士官学校で演説し、タリバンを攻略しアフガン政府を強化してアフガンから最終的に二〇一一年七月から撤退できるようにするための新戦略の概要を明らかにした。[30]

十二月一日の新戦略演説ではオバマ大統領はアルカイダの過激活動の震源地であるアフガンとパキスタン両国で、米国の安全保障が危機にさらされているとし、そのため三万人の米軍増派を決定したと表明した。また両国内で新たな攻撃が企てられていると警告し、アルカイダを放置すれば核武装したパキスタンが乗っ取られる恐れがあると指摘した。二〇一〇年夏までの米軍増派と撤退開始時期を明確にした“Surge & Exit”演説として反響を呼んだ。同大統領はアフガン・パキスタン両国の生き残りはアルカイダとタリバンの打倒に懸かっていると力強く述べた。しかし、パキスタンを最終的に説得して過激派と全面的に対決させるには、もっと多くの「アメとムチ」が必要である。大統領は、増派により二〇一〇年三〇〇億ドルの追加戦費が必要になる可能性を明らかにし、支出確保に向け「議会に協力を働き掛ける」ことを約束した。大統領と議会はこの問題に、「速やかに、かつしっかりと」対処しなければならない[31]。大統領が約束した二〇一一年七月の撤退開始期限を守るには、アフガン治安部隊の訓練とアフガン政府の能力の改善にさらなる前進が必要である。それを実現させるためには国防総省は、アフガン治安部隊の要員補充、訓練、実戦能力の維持のために、「もっと努力」しなければならない[32]。

ワシントンポスト紙とABCテレビが二〇〇九年八月十三―十七日に共同で実施した世論調査では、アフガニスタン戦争について「戦う価値がない」が五一パーセントになり、「価値がある」四七パーセントを初めて上回った。また「米国が間違った方向に進んでいる」に同意した回答者が五五パーセントにのぼった[33]。この支持率低下には、米国民の雇用など米経済状態、医療保険改革への不満とともに、アフガンなど米外交が成果をあげていないことへの苛立ちも大きな要因になっている。米世論調査機関ギャラップが十一月二十日に発表した世論調査では、オバマ大統領の支持率が四九パーセントになり、同調査では初めての五〇パーセントを割った。不支持率は四四パーセントだった。ギャラップ調査によると、第二次世界大戦後の米大統領で、支持率が五〇パーセントを下回ったのが最も早かったのはフォード（三カ月）で、クリントン、レーガン、オバマの順になっている[34]。

中東和平の問題も、オバマ政権はイスラエルの入植地建設反対を打ち出すなど新しい外交姿勢を示したものの、パレスチナ側の交渉拒否による行き詰まりを打開できておらず、具体的成果がないままである。

ブッシュはロードマップに沿った中東和平を追求してきたが、ガザ地区におけるハマス、レバノンにおけるヒズボラの勢力強化の結果、中東和平努力は頓挫した形になっている。オバマは、イスラエル・パレスチナ紛争に関して、「現状維持は持続できない」として、和平努力の緊急性を強調してきた。このため、イスラエル・パレスチナ和平交渉の復活にブッシュ政権より積極的に乗り出す可能性が強い。中東和平問題では、従来のイスラエル重視姿勢を継続する。オバマは、民主党大統領候補指名を事実上確定した二〇〇八年六月四日に、ワシントンでの米イスラエル公共政策委員会（AIPAC）総会で演説し、イスラエルに対して向こう十年間の三〇〇億ドル援助保証などコミットメントを表明した。またガザ地区のハマス政権に関しても、ハマスがテロ、暴力を放棄し、イスラエルの存在権を認め、過去の和平合意を尊重するという前提条件を満たさない限り、ハマスとの交渉は拒否するという姿勢を明瞭にした。[35] このため、オバマの中東政策は、ブッシュ政権の政策と大きな違いはないものになるだろうとされたが、オバマはブッシュが二期目の後半になってようやく中東和平に本腰を入れ始めたことを批判しており、早い時期に中東和平交渉再開の道を模索することが予想された。

パレスチナ自治政府は交渉の当事者だが、マフムード・アッバス同議長は二〇一〇年一月の自治政府の議長選に当初は立候補しない意向を表明しており、また他の幹部も辞任をほのめかすなど、同自治政府崩壊が懸念されている。アッバスはイスラエルとの二国家共存による和平を目指す穏健派で、イスラエルの和平推進派も信頼している。アッバス辞任となれば、和平路線を引き継ぐ有力な後継者はおらず、中東和平交渉はさらに混迷することになる。評論家トーマス・フリードマンは二〇〇九年十一月八日のニューヨークタイムズ紙論説で、「イスラエル・パレスチナ和平プロセスはまずい演劇になってしまった。……誰ももはやそれを信じていない。……和平プロセスを今日継続させているのは、惰性と外交習慣だけである」と喝破した。フリードマンは、「オバマ・チームの信用を損ねるだけの機能障害の和平プロセスは終わりにする時が来ている」と述べた。[36]

テロとの戦いで、オバマ大統領は、世界中のイスラム教徒との関係を修復することを目標にしてきたが、二〇〇九年十一月五日にテキサス州のフォートフッド陸軍基地で発生したイスラム教徒軍医による銃乱射事件（一三人死亡）、その後の米国内のイスラム教徒への差別の危険は、この目標を後退させる可能性を秘めている。[37]

このほか、ロシアとの核兵器削減交渉、核物質管理、イラン、北朝鮮の核兵器開発阻止といった核安保問題でも、政策構想は色々打ち出しているが、具体的成果はまだ達成されていない。北朝鮮は依然として六カ国協議への復帰を拒んでいるし、イランも核兵器、弾道ミサイルの開発を継続し、米国からの対話の誘いかけには積極的には応じていない。

中東における次の最大の脅威になりうるイランについては、オバマは当初、アフマディネジャド大統領に前提条件なしで首脳会談すると言っていた。しかしオバマはその後、「アフマディネジャドが現在会うに相応しい人物がどうか分からない」と言っており、明らかにトーンダウンしている。ただオバマは、イランの指導者との直接外交は、米国がより厳しい国際的制裁をイランに適用する際に米国の立場を強めるとしており、イラン核開発阻止に向けたイランに対する外交的圧力を強化することが予想される。これはイスラエルがイランの核施設に対する一方的軍事行動に出るのを防止するためでもある。オバマは、イランの核武装は全力で阻止するとも述べている。イランに対する直接外交は十分な準備の上に行うとしている。

オバマ政権は二〇〇九年十月から十一月にかけて、イランとの核問題交渉の行き詰まりを打開するため、裏チャンネルでイラン指導者に貯蔵されている濃縮ウランをトルコなどの国に一時的保管のために輸送していいという譲歩措置を提案したが、これもイラン政府に無視されている。[38] 柔軟姿勢を示してそれが拒否されれば、米国の威信が損なわれるだけだという懸念が表明されている。十一月十一日には、北方限界線（NLL）を侵犯して韓国領海に侵入した北朝鮮警備艇に対して韓国海軍艦艇が砲撃を行い、北朝鮮警備艇が打撃を受けて退却するという事件が起こった。こうした銃撃戦は二〇〇二年以来七年ぶりである。二〇一〇年三月には韓国哨戒艦が、北朝鮮潜水艦による魚雷攻撃で沈没し、四六人の犠牲者を出し、朝鮮半島をめぐる情勢は緊張している。

クリントンは北朝鮮政策で、核問題に関する枠組み合意を含め北朝鮮との関与外交を推進し、オルブライト国務長官を北朝鮮に派遣し、自らもミサイル開発停止に関する合意を追求して北朝鮮を訪問する直前までいった。しかしブッシュの場合は、北朝鮮の金正日政権に露骨に不信感を表明し、北朝鮮に対しては当初クリントン外交とは正反対の強硬路線を取った。ブッシュは二期目に入って、北朝鮮に対しては関与外交に転じ、六カ国協議を通して対朝宥和政策とも見られる政策を進めた。オバマは、ブッシュが北朝鮮への関与政策を開始するのが遅すぎたと批判しており、北朝鮮に対する宥和政策、対話路線をより早い時期に強化する姿勢を示してきた。北朝鮮に対するテロ支援国家指定解除も、適切な政策として評価した。オバマのアジア外交顧問の中心人物の一人、フランク・ジャヌージ上院外交委員会スタッフは二〇〇八年九月の時点で、北朝鮮の核問題に関して、北朝鮮との直接対話の必要性を強調した[39]。

イランは二〇〇九年夏にイラク北部クルド人地区を歩いていた米国人旅行者三人を拘束し、同年十一月九日に三人をスパイ容疑で捜査していると発表した。クリントン国務長官ら米政府関係者はこの容疑に根拠はないと否定しており、米イラン関係も緊張している。

オバマは大統領就任演説で「われわれが今日問うべきなのは、政府の大小ではなく、政府が機能するか否かだ」と語り、世界に対して、「われわれの大義の正しさと模範を示す力、そして培った謙虚さと自制」に基づく米国の指導力を約束した。またテロリストには「われわれはお前たちを打ち負かす」と明言し、独裁者たちには「歴史の誤った側に立っている」と告げた。また世界の貧しい人々には「農場を豊かにし、きれいな水が流れるようにし、飢えた体と心をいやすために、ともに働く」ことを約束した。[40] イラクとアフガニスタンのテロとの戦いから、ガザの戦闘、イランと北朝鮮の核問題、インド・パキスタンの緊張、ダルフールとミャンマー、コンゴ、ジンバブエの悲惨な状況まで国際問題は多岐にわたる。

オバマ大統領にとって、過去一年間は、国内的には金融危機、経済危機の中で景気後退からの脱却、米経済の再建を最優先課題にしたが、対外的には国際情勢の現実を経験し、外交政策構想を再調整し、具体的な外交イニシアチブをまとめる準備期間だったと見ていい。オバマ大統領の外交は、同大統領がようやく打ち出しつつある具体的外交目標をいかに実施してゆくか、それがどういう成果を生み出すかという今後の結果により評価される。

◉——独自色出し始めるオバマ外交

ニューヨークタイムズ紙は二〇一〇年四月十四日、「オバマが外交政策課題で独自色」という分析記事を掲載した。この中で、同紙のピーター・ベーカー記者は、「オバマ大統領は昨年就任した時、外交政策顧問団に、対処しなければならない課題が二つのバスケットに入っていると語った。最初のバスケットは、前任者から引き継いだ遺産としての課題、例えば、イラク、アフガニスタン、世界における米国のイメージという課題だ。二番目は、未来に向かっての独自のアジェンダである」と書き出している。[41] 後者の独自のアジェンダこそ、オバマ大統領が本当に取り組みたい課題であり、歴史に自分の業績として残したいライフワークということになる。

オバマ大統領は就任以来十五カ月間に、負の遺産として継承した頭の痛い問題に対処してきた。イラク、アフガニスタンではいまだに、イスラム過激派武装勢力の勢いが強い。とくにアフガニスタンでは、タリバンの武装勢力と厳しい戦闘が繰り返されており、戦況は楽観を許さない。継承した外交課題の中で最優先課題と言えるアフガニスタン問題では、オバマ大統領は一年近い検討、見直し作業の後、二〇〇九年十二月一日にウエストポイント陸軍士官学校でのアフガニスタン問題演説で、二〇一一年七月からの米軍撤退開始とともに、三万人の米軍増派を打ち出した。[42] 現在までにその約半分が現地に派兵されている。この演説は、「ほぼ間違いなく就任以来最も重要な外交演説」だった。

二〇一〇年五月十二日にホワイトハウスで行われたカルザイ・アフガニスタン大統領との首脳会談では、緊張していた二国間関係を友好トーンで修復し、アルカイダ、タリバンを打倒するという共通目的を確認した。会談後の共同記者会見で、オバマ大統領は、アフガニスタン治安部隊の訓練はほぼ予定通り進んでおり、二〇一一年七月からの米軍撤退開始に繋げることができるという展望に自信を表明した。[43] 米軍は二〇一〇年夏から、タリバンの最大の牙城であるカンダハルでの掃討作戦を開始することになったが、この戦闘が軍事作戦の正念場になる。これは、アフガニスタン国民が、カルザイ政権への信頼を取り戻し、未来に希望を抱くことができるかどうかを賭けた戦いでもある。ホワイトハウスは、「長期戦になる可能性が強い」として厳しい戦いを予測しているが、対アフガン政権は一つの軌道に乗って動き始めている。またイラクではイスラム過激派によるテロが繰り返されているが、米軍撤退はほぼ順調に進められている。

継承した外交課題が一段落した頃に、内政の緊急課題だった医療保険改革も、法案が議会に承認されてようやく落ち着いた。オバマ大統領は「現在、外交政策の独自のビジョンを積極的に推進しつつあり、世界舞台で自分自身の持ち味をさらに明確に示しつつある」[44]。

米国の国際社会への関与を推進する非営利組織（NPO）、米国関与基金（CUSF）のナンシー・ソダーバーグ会長は元外交官だが、「（オバマ大統領が）内政面で後に残す遺産はおそらく医療保険改革だ。しかし外交政策面で後に残す遺産はおそらく（核物質などの）不拡散のアジェンダだ」としている。同会長は、「いま、彼は就任してからやろうと考えていた本来のアジェンダに立ち返りつつある」と指摘する。オバマ大統領が独自の外交ビジョンとして打ち出している中で最重要課題が、「核のない世界」をつくるというビジョンであり、その方策が核物質・兵器不拡散、世界的核管理体制の構築である。この第一歩が、二〇一〇年四月十二、十三日にワシントンで四七カ国の首脳級を集めて開催した核安全保障サミットだった。これは過去数十年間で最大規模の首脳会議であり、オバマ大統領の力の入れ方を反映している。オバマ大統領は、「アルカイダのような組織は、核兵器を獲得しようと試みている過程にある。彼らは大量破壊兵器である核兵器を使用することに何の躊躇もない」と警告しているが、この課題はテロとの戦いの焦点でもある。

核サミットでは、核物質の防護策と違法取引防止策が討議され、四年以内の核物質防護体制確立を目指す声明と行動計画が採択された。これは、オバマ大統領が二〇〇九年に行った最初の主要外交演説であるプラハ演説で、中心的焦点として打ち出した構想で、同大統領のライフワーク的アジェンダと言っていい。ワシントンポスト紙は「オバマ氏はこの（核テロの脅威）問題に世界の注意を集め、米国の核戦力を削減する措置を講じることで、こうした課題の解決を求める圧力と国際的支持が拡大することを望んでいる。その成否はともかく、オバマ氏がじきじきにロシアや他の国々にウランとプルトニウムの廃棄や徹底管理を迫っていることは正しい。これこそオバマ氏の外交能力を最も生かせる分野である」と核サミットの意義を強調している。[45]

オバマ大統領が二〇〇九年四月五日にチェコ共和国プラハで行った外交演説では、核兵器、核物質の削減、核テロの脅威に焦点を当てた。核兵器使用のリスクを削減するため、同大統領は、「米国は国家安全保障戦略における核兵器の役割を縮小し、他国にも同様の措置を取ることを求める」と明言した。ロシアと新しい戦略兵器削減条約の交渉を開始し、年内に法的拘束力をもつ新合意を達成するという目標を打ち出した。さらに同大統領は、包括的核実験禁止条約の米国による批准を目指すとともに、兵器級核物質の生産を禁止する条約締結を推進する方針を示した。同大統領は、「世界中の脆弱な核物質を四年以内に保護管理することを目的とした新たな国際活動を発表する。……ロシアとの協力を拡大し、こうした機微物質を管理するための新たなパートナーシップの構築に努める」と語った。[46]

オバマ大統領は、ブッシュ前政権から継承したいくつかの外交問題に一区切りをつけ、本来のオバマ・アジェンダに取り組む転機は、米国内で医療保険改革法が成立した時期と一致したことは重要である。医療保険改革こそ、オバマ大統領の最も重要な業績だという声もあるが、それは米国民が最も重要な課題と考えている医療保険改革を成立させたことが、外交政策の展開への「追い風」を作ったからである。二〇一〇年四月に調印された米ロ間の新たな戦略兵器削減条約（新ＳＴＡＲＴ条約）も、この「追い風」を受けて達成された。

この条約は、一九九一年に調印された第一次ＳＴＡＲＴ条約、一九九三年に調印された第二次ＳＴＡＲＴ条約を踏まえて作成された重要な軍備管理条約であり、オバマ大統領の主要な外交成果と言っていい。

オバマ政権は、プーチン政権との「強力なパートナーシップ」や、イランと北朝鮮の核拡散問題に対する多国間協力、さらには「核なき世界」に向けた一歩になるとして、新ＳＴＡＲＴ条約の意義を強調した。しかし、ワシントンポスト紙が指摘しているように、そのような多数の野心的目標や長期的ビジョンと関連づけなくても、新ＳＴＡＲＴ条約の内容は米ロの戦略核兵器の着実な削減を実現する有意義なものであり、条約それ自体が外交成果として評価されていい[47]。

ピューリッツァー賞を三度受賞したニューヨークタイムズ紙のコラムニスト、トーマス・フリードマンは、二〇一〇年四月二十一日のコラムで、次のように述べている[48]。

大統領は医療保険改革を成立させたが、それが彼の最も重要な外交政策の業績になりそうである。政治でも外交でも、成功が権威を生み出し、権威がさらなる成功を生む。ウサマ・ビンラディンはそれを最もうまく述べている。〝人々は強い馬と弱い馬を見る時、自然に強い馬を好む〟と。世界の国々は間違いなく、米国内の医療保険改革の議論を注視していた。誰が強い馬なのか、オバマなのか、それとも医療保険問題でオバマに敵対する民主党、共和党議員なのかを、見守っていた。その議論が交わされる度に、米国の敵や競争相手は、その結果が、その真価がまだ問われていない米国の大統領をどこまで振り回すことができるかを推し量っていた。医療改革法案成立の結果、米国人の健康が長期的に見て向上するかどうかはまだ分らない。しかし短期的には、オバマが地政学的により健康になったことは間違いない。

フリードマンは、オバマの内政における勝利が、ロシアとの関係に具体的に影響したことを指摘する。

政府当局者によると、医療保険改革法案可決の翌朝、新しいSTART核兵器削減条約を詰めるために、ロシアのドミトリー・メドベージェフ大統領がオバマと電話で話した時、核について話す前に、〝大統領、医療保険改革成立おめでとうございます〟と言った。これは単なるお世辞ではなかった。米交渉担当者によると、医療保険改革議論と並行する形で進んだ兵器交渉の全期間を通じて、ロシアは兵器合意が達成されても〝本当に上院にそれを批准させられるのか？〟と言い続けた。医療保険改革法案の成立は、オバマが難しい法案の承認を得る能力を持っていることをロシアに見せ付けたのだ。米国の敵国も間違いなく、それを心に留めた。

医療保険改革法案の議会審議が正念場を迎えた時、オバマ大統領は、日米関係最大の懸案である普天間飛行場移設、米海兵隊移転に直接関係するグアム訪問をはじめ、オーストラリア、シンガポールというアジア歴訪を数日後に控えていた。しかしオバマ大統領はアジア歴訪を数カ月延期し、米国内に止まって医療保険改革法案成立を見届けることを選んだ。これは医療保険改革が外交の成否にも影響するという政治的現実をオバマ大統領が認識していたからにほかならない。

ゲーツ国防長官も、医療保険問題に費やした時間、エネルギー、政治的資本から考えて、「失敗は一方的軍縮に匹敵した。（医療保険改革の）失敗は大統領が他国と交渉する力、さまざまな国家安全保障問題を実行する能力をひどく弱める結果になっただろう」とフリードマンに語っている。ジェームズ・ジョーンズ国家安全保障担当大統領補佐官が最近、北大西洋条約機構（NATO）の重要な相手と朝食会合した際、その相手は最後に医療保険改革法案成立を祝し、「米国は帰ってきた」と言ったという。

ブッシュ前政権の国務省政策企画部長で現在、外交政策評議会（CFR）会長のリチャード・ハースは、「（医療保険改革成立は）オバマを強固にするとともに解放し、帆に追い風を受けて他の課題に取り組める立場に立たせた。……ロシアとの（核兵器削減）条約、核サミット、その他のイニシアチブは、オバマ氏にとって進展の始まりである。これらは大転換ではないが、外交政策において重要なことはボールをフィールドで正しい方向に転がし続けるということであり、それが今起こりつつある」と、最近のオバマ外交を前向きに評価している。[49]

◉——現実的政治手法のオバマ・ドクトリン

その意味で、オバマ外交の真価が発揮されるのは、これからである。実際、すでにオバマ大統領は医療保険改革成立後、強引とも見える積極的な外交を展開し始めている。オバマは民主党リベラル派で、ジミー・カーターと似たイメージがあった。カーターは力の均衡からなる国際政治の現実を無視して、人道的理想主義に基づく人権外交や弱腰外交を展開し、大きな混乱を引き起こした。オバマについても、その繰り返しになるのではないかという懸念が一部にあった。しかし、この懸念はいい意味で裏切られている。オバマは人権問題は重視するが、外交においては人権を前面に出さず、むしろキッシンジャー的とも言える力の均衡に立脚した大国外交を展開している。

オバマは、「ミサイル防衛の制限を求めるロシアの要求に譲歩することを拒否し、軍備管理条約をものにした。その内容は控え目なものであるけれども、（ロシアとの）良好な関係の足がかりを作った。イスラエルとアフガニスタンの首脳と目立つ喧嘩をした。そして今、イランに対する新規制裁を課する連合を形成できるかどうかという重要な試験に直面している」。オバマ大統領は中東和平問題で、イスラエル・パレスチナ和平交渉が至難である現実を甘く見すぎていた教訓を学んだ。しかしオバマ大統領は、長引くイスラエル・パレスチナ紛争は、米国の安全保障を直接脅かすと明言し、中東和平問題に改めて取り組む決意を表明している。

「ほとんどの大統領にとって、外交政策は学習経験のプロセスであり、世界的指導者としての自信を得るまで、学習に数カ月、数年かかることもある。外交顧問によると、オバマ氏の場合も、時間とともに国際関係の舵取りに自信を得てきている」。二〇一〇年に入ってからの積極的外交は、その自信の表れといっていいだろう。

二〇一〇年四月十四日のニューヨークタイムズ紙のオバマ外交についての分析記事は、こう指摘している。[50]

オバマ・ドクトリンなるものが出来つつあるとすれば、それは前任者よりはるかにリアルポリティック（現実的政治）的である。伝統的な大国との関係に焦点を当て、人権、民主主義といった問題は二次的な考慮事項に追いやられている。

ブッシュ前政権関係者であるスティーブン・レイドメーカー元国務次官補は、「民主党リベラル派から大統領になった人物にしては珍しく、グレートパワー（大国）戦略を追求している。ほとんどキッシンジャー的と言ってもいい。余りセンチメンタルではない。人権問題は彼の外交政策では大きな要因になっていない。民主主義の促進という問題もほとんど重視していない」と指摘している。

オバマ大統領は、国内で人権抑圧をしている首脳にも平気で会談している。カザフスタンのナザルバーエフ大統領はその例で、首脳会談では人権、民主主義の問題も非公式に話し合いはしたが、焦点は専らテロとの戦いにおける協力を獲得するという地政学的目標に絞っていた。オバマ大統領はナザルバーエフ大統領から、カザフスタン領空を通過してアフガニスタンの米軍部隊に補給物資を運搬することに関する合意を獲得した。

オバマ外交は帆に追い風を受けて当面、順調な航海をしているが、全くの順風満帆というわけではない。岩だらけの海域を通過している船のように、いつ座礁するかもしれないし、予期しない嵐に見舞われるかもしれない。アフガニスタン問題に代表される遺産外交が一つの区切りを迎えたといっても、問題解決とは程遠い。テロの脅威は変わりなく存続している。

ブッシュ前大統領は、テロと核の接点となる脅威としてイラク、イラン、北朝鮮を「悪の枢軸」と名指しし、核テロの脅威に対抗するため先制的防衛を唱え、イラク戦争を開始することになり、それが泥沼化した。オバマ大統領が核物質の世界的管理体制を重視するのも、アルカイダのような核兵器獲得・使用の意思をもつテロリストが管理の杜撰な核物質や核兵器を入手し、それを米国や同盟国に使用するというテロと核の接点の脅威があるからである。対処の仕方は異なるにしても、同じ脅威が存在し続けている。現在、ウサマ・

ビンラディンなどアルカイダの幹部は核兵器保有国であるパキスタン辺境部に拠点を置き、パキスタンを不安定化させながら、対米テロを狙っている。テロと核が結びつく脅威はむしろ高まっていると言っていい。

アフガニスタンの戦況も予断を許さない。タリバンの攻勢は継続しており、米軍、NATO軍は苦戦している。二〇一〇年夏に開始予定のカンダハル掃討作戦はこれまでにない厳しい戦いになる見込みで、二〇一一年七月の米軍撤退スケジュールもその戦況に大きな影響を受ける。アフガニスタン駐留米・NATO軍司令官を務めたスタンレー・マクリスタル大将は、連合軍がカンダハルのタリバン拠点に対する掃討作戦を開始すれば、暴力的戦闘が予想され、犠牲も大きくなりうると警告した。アフガニスタンのカルザイ大統領は、タリバン非イデオロギー的人員を社会復帰させるアイデアについてアフガニスタン国民から広く意見を募ることを計画している。タリバンへの対応をめぐり米国とアフガニスタンの足並みが乱れる危険もある。

イラクでも武装勢力による爆弾テロが連日のように継続しており、イラン問題、中東和平問題など不安定な中東情勢があいまって、課題は山積している。

またフリードマンが指摘するように、「米国が今日直面する最も重要な外交政策課題は、自国内におけるネイション・ビルディングをうまく実行する能力である。米国が財政赤字を抑制し、新規創業企業の新世代を啓発し、鉄道とインターネットを改善し、世界の最も頭脳明晰でエネルギッシュな移民を引き付け続けることができなければ、オバマの医療保険改革法案成立の成功とそこから得た弾みも、一時的な気休めにすぎなくなる」[51]。米国の累積財政赤字は、経済・金融危機への対応、戦争遂行などで支出が嵩んだことを反映して、一二兆九〇〇〇億ドルに達している。米国経済はまだ危機を脱しきったとは言えず、財政赤字問題をはじめいつ爆発するかもしれない爆弾を抱えている。オバマ大統領が引き継いだ負の遺産は、まだまだ大統領の双肩に重くのしかかっており、米外交の足かせになっている。

◉ Endnotes

1 "President Obama: A New Direction in Challenging Times, A New Dawn in the Nation's Long Struggle to Bridge Its Racial Divide," *Washington Post*, November 5, 2008.
http://www.washingtonpost.com/wp-dyn/content/article/2008/11/04/AR2008110404508_pf.html

2 Barack Obama's 2004 Democratic Convention Speech, Boston, July 27, 2004.
http://www.2004dnc.com/barackobamaspeech/index.html

3 "The Next President," *New York Times*, November 5, 2008.
http://www.nytimes.com/2008/11/05/opinion/05wed1.html?sq=obama%20economic&st=nyt&scp=3&pagewanted=print

4 *Ibid.*

5 "President Obama: A New Direction in Challenging Times, A New Dawn in the Nation's Long Struggle to Bridge its Racial Divide," *op. cit.*

6 "Mr. Obama's War: The President-elect Must both Sustain and Reform the Fight against Terrorism," *Washington Post*, November 9, 2008.
http://www.washingtonpost.com/wp-dyn/content/article/2008/11/08/AR2008110801989_pf.html

7 Remarks of President-Elect Barack Obama : Election Night, Chicago, IL, November 04, 2008.
http://www.barackobama.com/2008/11/04/remarks_of_presidentelect_bara.php

8 拙稿「米国、国際テロとの戦いに突入」『問題と研究』、二〇〇一年十一月号、問題と研究出版参照。

9 President Barack Obama, "A New Era of Responsibility," Inaugural Address, The White House, January 21, 2009.
http://www.whitehouse.gov/the_press_office/President_Barack_Obamas_Inaugural_Address

10 Nomination Hearing to Be Secretary of State, Hillary Rodham Clinton, Secretary of State, Statement before the

Senate Foreign Relations Committee, January 13, 2009.
http://www.state.gov/secretary/rm/2009a/01/115196.htm

11 Obama, "A New Era of Responsibility," *op. cit.*

12 President Obama, Remarks to State Department Employees, CQ Transcriptions, January 22, 2009.
http://www.washingtonpost.com/wp-dyn/content/article/2009/01/22/AR2009012202550.html?sid=ST2009012300232

13 Remarks By President Obama, Hradcany Square, Prague, Czech Republic, The White House, April 5, 2009.
http://www.whitehouse.gov/the_press_office/Remarks-By-President-Barack-Obama-In-Prague-As-Delivered/

14 Remarks By President Obama on A New Beginning, Cairo University, Cairo, Egypt, The White House, June 4, 2009.
http://www.whitehouse.gov/the_press_office/Remarks-by-the-President-at-Cairo-University-6-04-09

15 Remarks By President Obama at the New Economic School Graduation, Gostinny Dvor, Moscow, Russia, The White House, July 7, 2009.
http://www.whitehouse.gov/the_press_office/Remarks-By-The-President-At-The-New-Economic-School-Graduation/

16 Remarks By President Obama to the Ghanaian Parliament, Accra International Conference Center, Accra, Ghana, The White House, July 11, 2009.
http://www.whitehouse.gov/the_press_office/Remarks-by-the-President-to-the-Ghanaian-Parliament/

17 Remarks by President Obama at Suntory Hall, Tokyo, Japan, The White House, November 14, 2009.
http://www.whitehouse.gov/the-press-office/remarks-president-barack-obama-suntory-hall
http://www.whitehouse.gov/files/documents/2009/november/president-obama-remarks-suntory-hall-japanese.pdf
(日本語)

18 「オバマ大統領の『サントリーホール演説』」『ワシントン・ウオッチ』、二〇〇九年十一月十六日号、三頁。

19 President Barack Obama, "Renewing American Leadership," *Foreign Affairs*, 86 (July/Aug 2007).

http://www.foreignaffairs.org/20070701faessay86401/barack-obama/renewing-american-leadership.html?mode=print
バラク・オバマ「キャンペーン二〇〇八―アメリカの リーダーシップを刷新する(Renewing American Leadership)」、『フォーリン・アフェアーズ（日本語版）』、二〇〇七年七月号。

20 President Barack Obama, "The Visit of Prime Minister Shinzo Abe," The Library of Congress, Senate, April 25, 2007.
http://thomas.loc.gov/cgi-bin/query/C?r110:./temp/~r110bi2vkz
"Occasional Analysis: U.S. Presidential Candidates' Views on Relations with Asia," A Quarterly E-Journal on East Asian Bilateral Relations, CSIS, October 2008, p.3.
http://www.csis.org/media/csis/pubs/0803qprescandidate_views.pdf#search='obama one of the great successes of the postwar era'
"Obama Says He's Committed to Japan, Asia," *Japan Times*, September 18, 2008.
http://search.japantimes.co.jp/print/nn20080918f1.html

21 Obama, "Renewing American Leadership," *op. cit*.

22 Obama at Suntory Hall, *op. cit*.

23 Joint Press Statement by President Obama and President Hu of China, Great Hall, Beijing, China, The White House, November 17, 2009.
http://www.whitehouse.gov/the-press-office/joint-press-statement-president-obama-and-president-hu-china

24 Obama, "Renewing American Leadership," *op. cit*.

25 "Obama in His Labyrinth," *New York Times*, November 24, 2009.
http://www.nytimes.com/2009/11/24/opinion/24iht-edcohen.html?_r=1&pagewanted=print

26 "Reactions Similar Only in Their Intensity," *Washington Post*, October 10, 2009.
http://pqasb.pqarchiver.com/washingtonpost/access/1876601131.html?FMT=FT&FMTS=ABS:FT&date=Oct+10%2C+2009&author=Eli+Saslow&desc=Reactions+Similar+Only+in+Their+Intensity&free=1

27 Remarks By President Obama on Winning the Nobel Peace Prize, The White House, October 9, 2009.
http://www.whitehouse.gov/the_press_office/Remarks-by-the-President-on-Winning-the-Nobel-Peace-Prize

28 "The Peace Prize," *New York Times*, October 10, 2009.
http://www.nytimes.com/2009/10/10/opinion/10sat1.html?sq=obama iraq bush&st=nyt&scp=1&pagewanted=print

29 "3 Obama Advisers Favor More Troops for Afghanistan," *New York Times*, November 11, 2009.
http://www.nytimes.com/2009/11/11/world/asia/11policy.html?ref=politics&pagewanted=print

30 Remarks by President Obama in Address to the Nation on the Way Forward in Afghanistan and Pakistan, Eisenhower Hall Theatre, United States Military Academy, West Point, New York, December 1, 2009.
http://www.whitehouse.gov/the-press-office/remarks-president-address-nation-way-forward-afghanistan-and-pakistan

31 "The Afghanistan Speech," *New York Times*, December 2, 2009.
http://www.nytimes.com/2009/12/02/opinion/02wed1.html?sq=obama afghanistan pakistan&st=nyt&scp=4&pagewanted=print

32 "Afghanistan's Army," *New York Times*, December 5, 2009.
http://www.nytimes.com/2009/12/05/opinion/05sat1.html?sq=obama afghanistan&st=nyt&scp=6&pagewanted=print

33 "Public Opinion in U.S. Turns against Afghan War," *Washington Post*, August 20, 2009.
http://www.washingtonpost.com/wp-dyn/content/article/2009/08/19/AR2009081903066_pf.html

34 "Obama Job Approval Down to 49%: President Becomes Fourth Fastest to Slip below the Majority Approval Level," Gallup, November 20, 2009.
http://www.gallup.com/poll/122627/Obama-Job-Approval-Down-49.aspx?version=print

35 Remarks of Senator Barack Obama: AIPAC Policy Conference, Washington, DC, June 4, 2008.
http://www.barackobama.com/2008/06/04/remarks_of_senator_barack_obam_74.php

36 "Call White House, Ask for Barack," *New York Times*, November 8, 2009.
http://www.nytimes.com/2009/11/08/opinion/08friedman.html?pagewanted=print

37 "Obama Offers Sympathy and Urges No 'Jump to Conclusions'," *New York Times*, November 8, 2009.
http://www.nytimes.com/2009/11/08/us/politics/08address.html?sq=muslim forthood obama&st=Search&scp=13&pagewanted=print

38 "Iran Said to Ignore Effort to Salvage Nuclear Deal," *New York Times*, November 9, 2009.
http://www.nytimes.com/2009/11/09/world/middleeast/09iran.html?sq=iran turkey obama&st=nyt&scp=1&pagewanted=print

39 "Asia Policy Debate 2008: The Next President's Strategy for Engagement," The National Bureau of Asian Research, National Press Club, September 22, 2008, p.27.
http://www.nbr.org/asiapolicydebate/APDebate_transcript.pdf
「米大統領選、アジア政策で討論　日米関係の重要性強調」共同ニュース、二〇〇八年九月二十三日。
http://www.47news.jp/CN/200809/CN2008092301000258.html

40 Obama, "A New Era of Responsibility," *op. cit.*

41 "Obama Puts His Own Mark on Foreign Policy Issues," *New York Times*, April 14, 2010.
http://www.nytimes.com/2010/04/14/world/14prexy.html?sq=Obama Puts His Own Mark on Foreign Policy Issues&st=cse&scp=1&pagewanted=print

42 Obama at West Point, *op. cit.*

43 Remarks by President Obama and President Karzai of Afghanistan in Joint Press Availability, The White House, May 12, 2010.
http://www.whitehouse.gov/the-press-office/remarks-president-obama-and-president-karzai-afghanistan-joint-press-availability

44 "Obama Puts His Own Mark on Foreign Policy Issues," *op. cit.*

45 "A Summit Goal: Making Plutonium and Uranium Harder to Get," *Washington Post*, April 14, 2010.

http://www.washingtonpost.com/wp-dyn/content/article/2010/04/13/AR2010041304018_pf.html

46 Obama at Prague, *op. cit.*

47 "A Worthy U.S.-Russia Arms Control Treaty," *Washington Post*, March 27, 2010.
http://www.washingtonpost.com/wp-dyn/content/article/2010/03/26/AR2010032604410_pf.html

48 "Everybody Loves a Winner," *New York Times*, April 21, 2010.
http://www.nytimes.com/2010/04/21/opinion/21friedman.html?sq=Everybody loves a winner&st=cse&scp=1&pagewanted=print

49 "Obama Puts His Own Mark on Foreign Policy Issues," *op. cit.*

50 *Ibid.*

51 "Everybody Loves a Winner," *op. cit.*

〔わ〕

〔や〕

〔ら〕

〔ま〕

〔は〕

〔な〕

〔た〕

〔さ〕

〔か〕

索引

◉ profile

Asakawa Koki

浅川公紀（あさかわ こうき）

1944年山梨県生まれ。

早稲田大学大学院政治学研究科国際政治専修 修了。

筑波女子大学教授、筑波学院大学教授を経て、現在、武蔵野大学政治経済学部教授（大学院兼任）。同・国際交流センター長。

主な著書に、『アメリカの外交政策』（勁草書房、1991年）、『新比較外交政策論』（学陽書房、1992年）、『冷たい平和』（PHP研究所、1993年）、『現代アメリカ政治の分析』（行研、1994年）、『戦後日米関係の軌跡』（勁草書房、1995年）、『戦後アメリカ外交の軌跡』（勁草書房、1997年）、『名著に学ぶ国際関係論』（有斐閣、1999年）、『アメリカ大統領と外交システム 』（勁草書房、2001年）、『アメリカ外交の政治過程』（勁草書房、2007年）などがある。

戦後《せんご》米国《べいこく》の国際関係《こくさいかんけい》

発行日――――――2010年10月1日　初版第1刷

著者――――――浅川《あさかわ》公紀《こうき》

発行――――――武蔵野大学出版会

〒202-8585 東京都西東京市新町 1-1-20
武蔵野大学構内
Tel. 042-468-3003 Fax. 042-468-3004

印刷――――――モリモト印刷株式会社

装丁・本文デザイン――田中眞一

ISBN 978-4-903281-18-6 C1031

武蔵野大学出版会ホームページ
http://www.musashino-u.ac.jp/shuppan/